高等教育自学考试学习用书

WTO 与国际经贸惯例

主编 汪素芹 张玉和

苏州大学出版社

图书在版编目(CIP)数据

WTO 与国际经贸惯例/汪素芹,张玉和主编. —苏州:苏州大学出版社,2004.11(2021.11重印)
ISBN 978-7-81090-393-6

Ⅰ.W… Ⅱ.①汪…②张… Ⅲ.国际惯例:贸易惯例-高等教育-自学考试-教材 Ⅳ.F744

中国版本图书馆 CIP 数据核字(2004)第 106151 号

WTO 与国际经贸惯例

汪素芹　张玉和　主编

责任编辑　张　维

苏州大学出版社出版发行
(地址:苏州市十梓街1号　邮编:215006)
广东虎彩云印刷有限公司印装
(地址:东莞市虎门镇北栅陈村工业区　邮编:523898)

开本 850×1168　1/32　印张 10.75　字数 277 千
2004 年 11 月第 1 版　2021 年 11 月第 4 次印刷
ISBN 978-7-81090-393-6　定价:35.00 元

苏州大学版图书若有印装错误,本社负责调换
苏州大学出版社营销部　电话:0512-67481020
苏州大学出版社网址　http://www.sudapress.com

《WTO 与国际经贸惯例》编写组

主　　编　汪素芹　　张玉和
编写人员　（按姓氏笔画为序）
　　　　　卢映西　　汪素芹
　　　　　张玉和　　凌冬梅
　　　　　戴晓芳　　翟冬平

前 言

西方有一句谚语:要参加游戏,先要了解游戏的规则。我国已经于2001年11月正式加入世界贸易组织(WTO),这便意味着我国的企业也必将在这一契机中,在更广范围、更深程度上参与到全球自由贸易的"游戏"当中。由此,我国的企业必须了解并遵守国际自由贸易的相关规则和惯例。目前,绝大部分国际自由贸易的规则是由WTO制定的,少数是由有关的国际组织,如国际商会、联合国国际贸易法委员会等制定的。这些国际规则和国际惯例,规范着企业与企业之间的跨国贸易往来,使得WTO所倡导的自由贸易不至于"自由"得无章可循,无规可依。我国企业要参与到这个"游戏"中,理当遵循这些国际规则和国际惯例,在行使WTO所赋予权利的同时,还必须履行WTO所规定的义务。

随着我省外向型经济的迅速发展,除了从事贸易和投资的专业人士需要对WTO规则和相关的国际经贸惯例作精深的研究外,一般从业人员也要或多或少地了解其基本知识,以便在工作中加以运用。

目前有关WTO规则和国际惯例的书可谓"汗牛充栋",但它们几乎都是以深奥难懂的甚至有点晦涩的法律条文的面目出现,对于大部分读者来说,了解、掌握并应用它们并不是一件容易的事,而且没有时间也没有必要,所以并不适合作为自学教材。为了普及WTO基本知识,便于读者自学,我们组织南京财经大学国际经济与贸易学院的专家们编写了这本教材。本教材无意于详细罗列有关 WTO 的全部内容,也不打算对每一条规则作极度精深和专业的解释,而是力图通过案例等形式,对 WTO 主要规则和其他主要的国际经贸惯例的具体条文作出精炼、浅显的解释,并进行归纳和总结,帮助读者轻松了解和掌握主要的 WTO 规则和相关的国际经贸惯例。

江苏省自考教材建设指导小组
2004 年 8 月

目 录

第一章 世界贸易组织和国际经贸惯例概述 (1)
  第一节 世界贸易组织概述 (1)
  第二节 国际经贸惯例概述 (17)

第二章 WTO货物贸易国际惯例 (30)
  第一节 农产品贸易国际惯例 (30)
  第二节 纺织品与服装贸易国际惯例 (35)
  第三节 倾销与反倾销国际惯例 (39)
  第四节 补贴与反补贴国际惯例 (44)
  第五节 卫生与动植物检疫国际惯例 (49)
  第六节 技术性贸易壁垒国际惯例 (53)
  第七节 货物通关国际惯例 (59)
  第八节 保障措施国际惯例 (67)

第三章 货物贸易其他国际惯例 (73)
  第一节 货物交易程序国际惯例 (73)
  第二节 国际贸易术语惯例 (79)
  第三节 国际货物运输惯例 (88)
  第四节 国际货运保险惯例 (92)
  第五节 国际贸易结算惯例 (105)
  第六节 国际贸易合同履行惯例 (115)
  第七节 国际商事代理惯例 (125)

第四章 WTO服务贸易国际惯例 (131)
  第一节 国际服务贸易概述 (132)

第二节　WTO《服务贸易总协定》的主要内容……（136）
　　第三节　金融服务贸易国际惯例……………………（147）
　　第四节　电信服务贸易国际惯例……………………（158）
第五章　WTO与贸易有关的国际投资惯例……………（165）
　　第一节　WTO与贸易有关的投资规则概述…………（165）
　　第二节　世界贸易组织禁止的投资措施………………（172）
第六章　WTO与贸易有关的知识产权国际惯例………（178）
　　第一节　WTO知识产权保护的基本原则……………（179）
　　第二节　WTO《与贸易有关的知识产权协议》的主要内容
　　　　……………………………………………………（185）
　　第三节　WTO知识产权规则的执行…………………（207）
第七章　WTO贸易争端解决国际惯例…………………（220）
　　第一节　WTO贸易争端解决机制概述………………（221）
　　第二节　WTO贸易争端解决机制的框架……………（230）
　　第三节　WTO国际仲裁惯例…………………………（242）
第八章　WTO其他国际惯例……………………………（251）
　　第一节　政府采购协议…………………………………（251）
　　第二节　民用航空器贸易协议…………………………（255）
　　第三节　贸易政策审议规则……………………………（257）
　　第四节　电子商务规则…………………………………（265）
第九章　中国"入世"承诺及应对策略…………………（271）
　　第一节　中国"入世"承诺……………………………（271）
　　第二节　中国应对WTO国际惯例的策略……………（282）
　　第三节　应对WTO最根本的对策——提高企业的国际竞争能力
　　　　……………………………………………………（296）
附录　考试大纲……………………………………………（304）
参考文献……………………………………………………（329）
后记…………………………………………………………（332）

第一章 世界贸易组织和国际经贸惯例概述

学习目的与要求:通过本章的学习,要了解世界贸易组织和关贸总协定的框架、国际经贸惯例的含义和性质;掌握 WTO 的主要规则、国际经贸惯例形成的原因、发展的趋势。

第一节 世界贸易组织概述

世界贸易组织(WTO)是根据其前身关贸总协定(GATT)乌拉圭多边谈判回合决议而产生的,其核心是 WTO 协议。这些协议是在关贸总协定的基础上,由 100 多个成员通过谈判签署的一整套处理成员之间货物贸易、服务贸易、与贸易有关的知识产权和投资措施等的多边协定。

一、世界贸易组织与关贸总协定

世界贸易组织成立于 1995 年 1 月 1 日,其前身是"关税与贸易总协定"。关贸总协定是 1947 年 10 月,由美国、英国等 23 个总协定的缔约方签署的调整国家之间关税与贸易关系的多边国际协定。

(一)从关贸总协定到世界贸易组织

20 世纪前半叶的两次世界大战给人类带来了深重的灾难。在二战即将结束时,人们痛定思痛,思考着如何建立稳定的战后政治经济新秩序,以确保人类纠纷的和平解决及人类资源和市场的公平和合理利用。为此,以美国为代表的一些发达的资本主义国家,主张设立以安全理事会为核心的联合国,并建立国际货币基金组织、世界银行和国际贸易组织,作为支撑战后世界经济体系的三大支柱。由于种种原因,只有国际贸易组织没有形成,但建立国际贸易组织的原计划的部分,为后来的关贸总协定提供了一个组织和框架。最终,由 23 个国家发起的 GATT 于 1948 年 1 月 1 日生效。

GATT 是一项关于减让关税的多边贸易协定。缔约方全体大会是总协定的最高权力机构,每年召开一次会议,审议重大问题。缔约方全体大会休会期间,由理事会主持和管理缔约方之间的关税与贸易关系。总协定设有关贸秘书处,负责日常事务。从 1948 年至 1995 年的 47 年间,GATT 逐渐发展成为 100 多个主权国家和单独关税区参加的,进行多边贸易谈判、制定多边贸易规则和解决国际贸易争端的场所,进行过 8 轮多边贸易谈判。

1947 年 4 月,第一轮多边减让关税谈判在日内瓦举行。美国、法国、中国等 23 个国家参加了谈判,签订了 123 项关税减让协议,涉及商品关税 45 000 项。同年 10 月,又在哈瓦那制定了《国际贸易组织宪章》。但因美国等国家的立法机构认为该宪章与其国内法相抵触,这个组织最后流产了。但各国将在关税减让谈判中取得的协定和哈瓦那宪章中的有关贸易政策合在一起,形成了《关税与贸易总协定》,并于 1948 年 1 月 1 日起实施。

1949 年 4 月至 10 月,第二轮多边减税谈判在法国的安纳西举行,有 33 个国家参加,达成双边协议 147 项,增加关税减让 5 000 项。

1950 年 9 月至 1951 年 4 月,第三轮多边减税谈判在英国的托奎举行,有 39 个国家参加,谈判中达成双边协议 150 项,增加关税减让 8 700 项,参加谈判国家的贸易占当时世界进口总额的 80%

和出口总额的 85% 以上。

1956 年 1 月至 5 月,第四轮多边减税谈判在日内瓦举行,有 28 个国家参加,所达成的关税减让涉及 25 亿美元的贸易额。

1960 年 9 月至 1962 年 7 月,第五轮多边关税减让谈判在日内瓦举行,又称"狄龙回合",有 45 国参加,涉及贸易额约为 49 亿美元。

1964 年 5 月至 1967 年 6 月,第六轮多边关税贸易谈判在日内瓦举行,又称"肯尼迪回合",有 54 个国家参加,谈判结果使工业国的进口关税下降了 35%,涉及贸易额 400 亿美元,并首次通过反倾销协议。

1973 年 9 月,第七轮多边关税贸易谈判在日本东京开始,故又称"东京回合",于 1979 年 4 月在日内瓦结束。这次减免税采取一揽子办法,99 个参加国(包括 29 个非缔约国)的减税幅度在 25%～93%之间。另外,在东京回合中还达成 9 项关于非关税壁垒协议和允许发展中国家享有优惠待遇的"授权条款"。

1986 年 9 月,第八轮多边贸易谈判在乌拉圭举行,亦称"新一轮谈判"。"新一轮谈判"成立了关税、非关税措施、自然资源产品、纺织品和服装、农产品、热带产品、总协定条款、多边贸易协定、保障措施、补贴和反补贴、与贸易有关的知识产权问题、与贸易有关的投资措施、解决争端、总协定体制的作用和服务贸易等 15 个谈判组。"新一轮谈判"原计划于 1990 年 12 月 7 日在布鲁塞尔召开的 107 国部长参加的会议上结束,但因美国和欧共体就农产品补贴问题的谈判出现僵局,乌拉圭回合谈判被迫延期。直至 1994 年 4 月 15 日,乌拉圭回合参加方在摩洛哥马拉喀什签署了乌拉圭回合谈判的最后文本和《建立世界贸易组织协定》。该协定于 1995 年 1 月 1 日正式生效,世界贸易组织正式宣告成立。

(二)世界贸易组织和关税与贸易总协定的关系

WTO 与 GATT 的联系表现在 WTO 是在 GATT 的基础上

建立的,是对 GATT 的继承和发展。

GATT 包含有两个方面的含义:第一,它是一个国际协议,主要是从事国际贸易所应遵守的规则;第二,也可以指后来建立的用以支持该协议的准国际贸易组织。虽然 1995 年以后,GATT 作为准国际组织已不存在,但 GATT 作为协议仍然存在,并成为 WTO 的重要组成部分。

WTO 和 GATT 的主要区别表现在:

(1) WTO 是永久性的,GATT 是临时性的。WTO 是根据《维也纳条约法公约》正式批准生效成立的国际组织,具有独立的国际法人资格,是一个常设性、永久性存在的国际组织。GATT 从未得到成员国立法机构的批准,其中也没有有关建立组织的条款。它仅是"临时适用"的协定,不是一个严格意义上的国际组织。

(2) 从管辖范围看,GATT 主要管辖货物贸易,而 WTO 还大量涉及服务贸易和知识产权。GATT 产生于货物贸易占国际贸易绝大多数的 20 世纪 40 年代末,加之建立国际贸易组织的"哈瓦那宪章"未能生效,因此,GATT 主要管辖货物贸易。而 WTO 则不仅管辖货物贸易的各个方面,还努力通过加强贸易与环境保护的政策对话,强化各成员方在经济发展中对环境的保护和资源的合理利用。因此,WTO 将货物、服务、知识产权等都置于其管辖范围之内。

(3) WTO 争端解决机制与 GATT 争端解决机制相比,速度更快,更具权威性。WTO 增强了争端解决机构解决争端的效力。争端解决仲裁机构作出的裁决,除非 WTO 成员完全协商一致反对,否则视为通过。而在 GATT 机制下,只要有一个缔约方提出反对通过争端解决机构的裁决报告,即视为没有"完全协商一致",GATT 不能作出裁决。WTO 还对争端解决程序规定了明确的时间表,使其效率大大提高,权威性亦得以确立。

(4) WTO 拥有"成员",GATT 拥有"缔约方"。这也从另一个角度说明了 WTO 是一个国际组织,而 GATT 只是一个法律文本。

中国是 WTO 的前身 GATT 的原始缔约方,因历史原因与 GATT 中断了联系。1986 年,中国提出恢复 GATT 原始缔约方地位的申请,于 2001 年 12 月 11 日正式成为 WTO 的成员。

二、世界贸易组织的宗旨与主要职能

(一) WTO 的宗旨

WTO 在其章程的序言中将其宗旨表述为:提高生活水平,保证充分就业,大幅度和稳定地增加实际收入和有效需求;扩大货物、服务的生产和贸易;按照可持续发展的目的,最优运用世界资源,保护环境,并以不同经济发展水平下各自需要的方式,加强采取各种相应的措施;积极努力,确保发展中国家,尤其是最不发达国家在国际贸易增长中获得与其经济发展需要相称的份额。

我们将 WTO 宗旨概括起来,可分为以下几个方面:

1. 提高人类生活水平

WTO 章程的序言开宗明义地指出,各成员方"认为它们在贸易和经济领域的各种关系中,应旨在努力提高生活水平"。

2. 保证充分就业、实际收入和有效需求的持续增长

WTO 的各项规则、规章和制度的确立,就是要创造一个宽松、有序的国际贸易环境,通过国际贸易的发展,来促进全球的就业机会,促进人民收入不断增长,丰富国际商品和服务市场。

3. 扩大货物生产与货物贸易,并扩大服务贸易

WTO 章程的序言明确规定了"扩大服务贸易"是该组织的主要目标之一,这是因为各成员方"认识到服务贸易对世界经济增长和发展具有日益增长的重要性"。为实现这一宗旨,乌拉圭回合专门达成一项《服务贸易总协议》和其他相关的文件。

4. 适宜地利用世界资源

在资源利用问题上，WTO 的章程在序言的表达上与 GATT 相比有很大的变化：GATT 序言规定"发展世界资源的充分利用"（developing the full use of there sources of the world），而 WTO 序言的措辞是"根据可持续发展之目标，最适宜地利用世界资源"（optimal use of the world's resources in accordance with the objective of substainable development）。可见，WTO 的这一表述更具有科学性，因为它还同时考虑到资源利用与环境保护的合理关系以及资源利用与不同经济发展水平的适当关系。

5. 保证发展中国家的国际贸易增长份额和经济发展

WTO 章程在序言中单列一段，指出"需要积极努力来保证发展中国家，特别是其中的最不发达者，在国际贸易的增长中获得与其经济发展相称的份额"。

6. 建立一体化的多边贸易机制

WTO 章程的序言表达了各成员方的一个共同决心，即："开发一个一体化的、更为可行的和持久的多边贸易制度"。

（二）WTO 的主要职能

WTO 的主要职能主要有三个方面：

1. 制定和规范国际多边贸易规则

WTO 是执行国际贸易全球规则的惟一国际组织，其主要职能是保证国际贸易顺利、可预测和自由的进行。

如何才能确保贸易尽可能公平和自由？通过协商确定规则，并遵守制定的规则。WTO 的规则，即各项协定，是 WTO 全体成员国协商的结果，是各成员方必须遵循的共同的行为准则。

WTO 制定和实施的一整套多边贸易规则涵盖面非常广泛，几乎触及到当今世界经济贸易的各个方面。随着世界经济和国际贸易的发展，WTO 的涵盖范围已经从原先纯粹的货物贸易、在边境采取的关税和非关税措施，进一步延伸到服务贸易、与贸易有关

第一章 世界贸易组织和国际经贸惯例概述

的知识产权、投资措施,包括即将在新一轮多边贸易谈判中讨论的一系列新议题,如竞争政策、贸易与劳工标准、环境政策和电子贸易等。

2. 组织多边贸易谈判

组织成员方就贸易问题进行谈判,为成员方谈判提供机会和场所,是WTO从GATT继承来的一项重要职能。WTO组织谈判的职能主要体现在两个方面:一是为成员方在执行《建立世界贸易组织协定》各附件所列协定的过程中遇到问题时,提供谈判场所,以解决有关的多边贸易关系问题;二是为各成员方继续进行新议题的谈判提供场所。乌拉圭回合结束时,不可能完全解决国际贸易中的所有问题,有许多问题由于在谈判中难以达成一致,不得不留待以后继续谈判并予以解决,如贸易与环境保护问题、贸易与劳工标准问题、政府采购问题和具体服务贸易部门自由化问题等。在乌拉圭回合结束后,WTO按照部长会议举行有关谈判的决议,已组织了涉及服务贸易部门的多项谈判,有些谈判达成了有关协议,如《全球金融服务协议》、《基础电信协议》等。2001年在多哈会议上还启动了WTO的新一轮多边回合谈判。

WTO及其前身GATT已经组织了8轮回合的多边谈判,各成员方大幅度削减了关税和非关税壁垒,极大地促进了国际贸易的发展。自GATT成立以来的50年间,发达国家的平均关税水平已从1948年的40%左右,降到目前的4%左右,发展中国家的平均关税水平也已降到10%左右。

3. 解决成员方之间的贸易争端

WTO的争端解决机制在保障WTO各协议实施以及解决成员方之间贸易争端方面发挥了重要的作用,为国际贸易顺利发展创造了稳定的环境。随着该机制从法律上和程序上的不断加强,越来越多的WTO成员,特别是发展中国家成员开始利用争端解决机制。解决贸易争端的职能使WTO能够采取有效的措施解决成员方在实施有关协议时发生的争议,保证其所管辖的各协议能够顺利实施。

三、世界贸易组织的主要规则

WTO 与成员之间是通过契约的形式来约束的。也就是说,一旦加入 WTO 就要遵守该组织的全部基本规则和原则。WTO 规则主要包括:国际货物贸易规则、服务贸易规则、与贸易有关的知识产权规则、国际贸易争端解决规则四个方面的内容。这些规则的基本精神(或原则)主要是:

1. 以市场经济为基础,开展自由竞争的原则

这是 WTO 的最基本原则,也是由 WTO 推动贸易自由化的任务与目标所决定的。

2. 互惠原则,或称对等原则

这是 WTO 的一个主要原则,它反映了 WTO 的宗旨。根据这一原则,任何一个加入 WTO 的成员都要为该组织的所有其他成员提供进入市场的便利,当然,同时它也能享受所有其他成员提供的种种优惠待遇。这就是权利与义务相平衡的原则。

3. 非歧视原则

这是 WTO 的基石,它包括无条件的最惠国待遇和国民待遇。所谓最惠国待遇,是指一个缔约方给予另一个缔约方的贸易优惠和特权必须自动给予所有其他缔约方。"无条件"是指不得附加条件,避免因附加条件而使最惠国待遇失败。国民待遇简单地说,是指对待国外企业、公民与国内企业、公民一视同仁。

非歧视原则是 WTO 及其法律制度的一项首要的基本原则,也是现代国际贸易关系中最基本的准则。乌拉圭回合的有关协议将 WTO 关于非歧视原则的适用范围进一步扩展。首先,在涉及货物贸易的保障措施协议、装运前检验协议和贸易的技术壁垒协议等文件中均含有非歧视原则的规定;其次,在与货物贸易相关领

域的协议(如与贸易有关的投资措施协议、与贸易有关的知识产权协议)中也规定了非歧视原则;最后,非歧视性原则还是服务贸易领域最基本的准则。

4. 关税保护与关税减让原则

关税保护原则,是指关税作为惟一的保护手段,即只许利用关税而不许采用非关税壁垒的办法进行保护。WTO之所以确立关税保护原则,是因为与非关税措施相比,关税措施具有较高的透明度,便于其他国家和贸易经营者辨析保护的程度,同时,关税措施对贸易竞争不构成绝对的威胁。

"关税减让"是多边国际谈判的主要议题。关税减让谈判一般在产品主要供应者与主要进口者之间进行,其他国家也可参加。双边的减让谈判结果,其他成员按照"最惠国待遇"原则可不经谈判直接适用。从关税总水平来看,关税总水平必须不断降低,以削减贸易保护,提高贸易自由化的程度。

5. 透明度原则

这一原则要求各成员方将管理对外贸易的各项政策、措施、法律、法规、规章、司法判决等迅速加以公布,各成员方政府之间或政府机构之间签署的影响国际贸易政策的现行协定和条约也应加以公布,以便于其他成员方的政府和贸易经营者了解与熟悉。

6. 公平贸易原则

这一原则要求各成员国和出口贸易经营者,都不应采取不公正的贸易手段进行国际贸易竞争和扭曲国际贸易竞争。因此,WTO对于以不同方式来自不同国家的补贴和倾销都分别规定了相应的规则和纪律。所以,公平贸易原则主要是指反对倾销和反对出口补贴。所谓倾销,是指企业以低于国内价或低于成本向外国出口产品。各成员方的出口贸易经营者不得采取不公正的贸易手段,进行国际贸易竞争或扭曲国际贸易竞争,尤其不能采取倾销和补贴的方式在他国销售产品。WTO强调,以倾销或补贴方式出口本国产品,给进口方国内工业造成实质性损害,或有实质性损害威胁时,该进口方可以根据受损的国内工业的指控,采取反倾销和反补贴措施。WTO同时强调,反对成员滥用反倾销和反补贴措施达到其贸易保护的目的。

7. 一般禁止数量限制原则

只允许在某些例外情况下实行进出口产品数量限制,否则被视为违规。在货物贸易方面,WTO仅允许进行"关税"保护,而禁止其他非关税壁垒,尤其是以配额和许可证为主要方式的"数量限制"。

8. 协商与协商一致原则

无论是总协定及其实践中产生的法律文件,还是WTO章程和其他乌拉圭回合协议,都是在各谈判参与方多次、反复、广泛协商的基础上形成的。总协定第22条和第23条之外的条文,历次多边贸易谈判达成的各项守则,以及乌拉圭回合最后文件所载的各项协议,都普遍规定了"协商"义务,可以说,协商原则贯穿于总协定及WTO规则调整的各个领域,并成为总协定及WTO决策程序的一项基本准则。WTO章程第9条更为明确地规定:"WTO应继续依1947年关贸总协定以协商一致进行决策的惯例"。

9. 保障措施和原则例外

WTO考虑到成员方经济发展水平的不一致,以及为减少经济发展中出现的不稳定和突发因素的破坏作用,允许成员方采取例外和保障措施,即不承担和不履行已承诺的义务,对进口采取紧急的保障措施,如提高关税、实施数量限制和特殊限制等。总协定第19条是关于保障措施的主要条款。该条款规定:当一缔约方由于发生意外情况,或者因为承担了总协定的义务,致使某一产品进口数量激增,严重损害或严重威胁到国内同类产品的生产者时,该方可以全部或部分地免除其承担的总协定义务,采取紧急限制性措施,撤销或修改其承诺的关税减让。但是,这些措施应只限于受损害的产品,并且必须严格控制使用这种措施的范围、程度和时间。根据第 19 条采取紧急限制措施时,必须是非歧视的,并有透明度,以书面形式向其他缔约方通报所采取的措施。

例外的条件、商品和国家如下:(1)防止或缓和出口成员方的粮食及必需品的严重匮乏;(2)多种纤维协议已有的数量限制;(3)缓解严重的国际收支赤字和急剧增长的贸易逆差;(4)维护一国的公共道德,如限制烈性酒;(5)维护居民和动植物的生命安全;(6)黄金白银进出口;(7)保护知识产权;(8)监狱劳动产品;(9)涉及保护传统文化的艺术品和文物;(10)维护国家安全;(11)发展中国家成员方尤其是最不发达国家成员方;(12)因承担义务而出现的严重损害或严重损害威胁;(13)为保证经济发展或经济过渡计划的完成;(14)区域集团之间相互的优惠等。

实施保障措施的约束条件有:(1)无歧视地实施数量限制;(2)实施保障措施以前的调查要公开化;(3)在紧急情况下,进口成员方采取的临时性保障措施,不许超过 200 天,且须提供明确证据;(4)实施保障措施的期限一般不超过 4 年,因特殊原因需延长者,也不能超过 8 年;(5)任何成员方不得寻求、采取或维持任何自愿出口限制、有秩序的出口销售安排等灰色区域措施;(6)建立对所有成员方的保障措施委员会,以监督实施保障措施的正当性。

四、世界贸易组织的管辖范围

(一)有关货物贸易的多边协议

WTO 的各项协定使各成员国在一个非歧视的贸易体制中享受各自的权利并履行义务。在这一体制中,每个成员国都得到保障:其出口将在别国市场上受到公平、一致的待遇;每个成员国必须承诺采取同样的原则对待各项进口。该体制还规定,发展中国家在实施承诺的过程中可享受一些灵活性。1947 年至 1994 年间,GATT 成为协商降低关税和减少其他贸易障碍的论坛;

GATT 还制定了一些重要原则,尤其是非歧视原则。自 1995 年起,经过不断完善的 GATT 成为 WTO 中关于货物贸易的主要协定。其中的附件专门对一些具体领域,如农业和纺织品,及一些具体问题,如国家贸易、产品标准、补贴和反倾销行为等作出了规定。

该协议具体包括:(1) GATT1994;(2)《农业产品协议》;(3)《关于卫生和植物检疫措施的协议》;(4)《纺织品和服装协议》;(5)《贸易技术壁垒协议》;(6)《与贸易有关的投资措施协议》;(7)《反倾销协议》;(8)《海关估价协议》;(9)《装船前检验协议》;(10)《原产地规则协议》;(11)《进口许可证程序协议》;(12)《补贴与反补贴协议》;(13)《保障措施协议》。

(二)《服务贸易总协定》及附件

《服务贸易总协定》是管理国际服务贸易的基本准则,它所适用的服务范围包括任何部门的服务,只有为实施政府职能所提供的服务除外。《服务贸易总协定》的宗旨是:确认服务贸易在世界经济增长和发展中的重要性日益增加,为在透明和逐步自由化的条件下扩大服务贸易,建立一个关于服务贸易原则和规则的多边框架,以此作为促进所有贸易伙伴经济增长和发展中国家发展的手段。

(三)《与贸易有关的知识产权协定》

WTO 的知识产权协定由有关思想和创造力等方面的贸易和投资规则构成。这些规则阐明了如何利用专利、商标及地理名称来识别产品。它指出,贸易中的知识产权应该予以保护。

(四)《关于争端解决规则和程序的谅解》

WTO 的争端解决制度是 WTO 的一个十分重要的机制,是在对 GATT 的争端解决机制进行了很大补充和改进而形成的。它是 WTO 正常运行的保障。WTO 争端解决机制比较集中地体现在 WTO 章程的附件《关于争端解决规则和程序的谅解》中。

《关于争端解决规则与程序的谅解》明确指出"WTO 的争端

解决制度是保障多边贸易体制的可靠性和可预见性的核心因素。"

《关于争端解决规则与程序的谅解》将成员间的贸易争端解决置于多边制度的约束下。WTO成员不得采取单边行动以对抗其发现的违反贸易规则的事件,而应在多边争端解决制度下寻求救济,并遵守其规则与裁决。

WTO总理事会作为争端解决机构(DSB)召集会议,以处理根据乌拉圭回合最后文件中的任何协议提起的争端。争端解决机构有权建立专家小组,通过专家小组作出上诉报告,保持对裁决和建议的执行的监督,在建议得不到执行时授权采取报复措施。

《关于争端解决规则与程序的谅解》强调,争端的迅速解决是WTO有效运作的基本要求。因此,它非常详细地规定了解决争端所应遵循的程序和时间表。WTO争端解决机制的目的在于"为争端寻求积极的解决办法"。因此,对于成员方之间的问题,它鼓励寻求与WTO规定相一致、各方均可接受的解决办法。通过有关的政府之间的磋商,找到解决办法。因此,争端解决的第一阶段要求进行这样的磋商。如果磋商失败了,并经双方同意,在这个阶段的案件可以提交给WTO的争端解决机构。

(五)贸易政策审议机制

贸易政策审议机制,是指WTO成员集体对各成员方的贸易政策及其对多边贸易体制的影响,定期进行全面审议。实施贸易政策审议机制的目的,是促使成员提高贸易政策和措施的透明度,履行所作的承诺,更好地遵守WTO规则,从而有助于多边贸易体制平稳运行。

贸易政策审议对象主要是WTO各成员方的全面贸易政策和措施,审议范围从货物贸易扩大到服务贸易和知识产权领域。贸易政策审议机制还要求对世界贸易环境的发展变化情况进行年度评议。贸易政策审议的结果,不能作为启动争端解决程序的依据,也不能以此要求成员增加新的政策承诺。

贸易政策审议职责由 WTO 总理事会承担,其审议有别于 WTO 各专门机构的审议。

贸易政策审议机制的作用在于:(1)为 WTO 审议各成员方的贸易政策,以及评估国际贸易环境的发展变化提供了场所和机会,有助于增强多边贸易体制的透明度;(2)接受审议的成员对其贸易及相关政策进行解释和说明,有助于增加成员之间的相互了解,减少或避免贸易争端;(3)各成员方参与审议和评估,可以为接受审议的成员在贸易政策的制定和改进方面提供一些意见或建议,有助于督促其履行作为 WTO 成员的义务。

(六)诸边贸易协议

包括《民用航空器贸易协议》和《政府采购协议》等。

五、WTO 在协调多边贸易关系中的作用

在 GATT/WTO 的体制下,不同国家的交易双方须按市场经济的供求规律来确定各国进出口商品的价格与数量,在没有政府约束行为和干预的情况下,进行自由竞争。GATT 成立近半个世纪来的历史表明,它在减少国际贸易障碍、降低关税、削减非关税措施、扩大资源的利用、解决贸易争端等方面发挥了重大的作用,从而推动了全球贸易自由化的进程。而且,它制定的规则条例,不仅仅限于单纯的货物贸易,而是已扩大至服务贸易、知识产权及与贸易有关的投资措施等新领域,事实上已成为综合性的全球经济贸易法律规则。继之于 1995 年建立的 WTO,标志着一个以贸易自由化为中心、囊括当今世界贸易诸多领域的多边贸易体制大框架已经构筑起来。其作用主要表现在:

(一)有利于解决国际贸易争端

随着贸易规模的扩大和可供交换的货物、服务的增多,以及参与贸易的国家、地区及公司的增加,国与国之间的贸易争端在所难免。WTO 有助于在较为公平和建设性的基础上解决这些争端。

第一章 世界贸易组织和国际经贸惯例概述　15

如果没有 WTO 的争端解决机制,各国间的贸易争端只局限在双边基础上解决,则极易导致国家间的严重冲突。各成员方应按照 WTO 规则,而不是按某一成员国贸易立法或政策措施来裁决,争端双方必须执行裁决结果。WTO 成立 9 年多的时间,就处理了 200 多起贸易争端,充分说明其运作的效率,这也为国际贸易的发展创造了良好的制度环境。

（二）为国际经济贸易新秩序的建立奠定了基础

WTO 的运作,使国际上首次出现管辖全球商品贸易、服务贸易、投资措施、知识产权与世界环境保护规则的"世界经济联合国",这有助于世界经济的稳定与发展,为新的国际经济贸易秩序的建立奠定了基础。具体表现在:一是在 WTO 的多边约束下,各种地区性经贸集团的排他性受到遏制;二是在投资、知识产权等方面的自由化加强,为跨国公司的经营活动开辟更广阔的空间;三是随着国际贸易关系的调整与新关系的确立,世界经济中出现的区域经济集团化、全球经济一体化与市场经济自由化趋势不断加强;四是随着世界市场自由化程度的提高,世界市场将进一步统一,世界资源、各种生产要素将得到合理配置与再组合,加速科技进步,提高劳动生产率,促进世界经济的发展。

（三）增进人们的经济福利

WTO 通过多边贸易谈判,降低贸易壁垒并在各成员方之间平等地实施这些协议,使各国生产商品和提供服务的价格下降,从而降低生活成本,改善人民生活质量。WTO 的专题研究表明,美国对纺织品和服装的进口限制及高关税使该类商品的价格在 20 世纪 80 年代后期上升了 58%;服装进口限制使英国的消费者每年多支出 50 亿英镑;《纺织品服装协议》的实施可为全世界的消费者带来至少 233 亿美元的经济利益,其中美国 123 亿美元,加拿大 8 亿美元,欧盟 22 亿美元,发展中国家 80 亿美元。

据估计,"乌拉圭回合"协议的实施将使世界有关国家的经济收入增加1 090亿~5 100亿美元。所以,WTO协议的执行与实施,促进了参与国的经济增长,有利于创造更多的就业机会,增进人们的经济福利。与贸易保护主义的消极保护就业的做法相反,WTO更多是通过促进经济发展和产业结构的调整来解决失业问题的。

(四) 促进经济效率的提高

WTO的一些基本原则使各成员方的企业能在一个更为公平、公正、客观和透明的竞争环境中从事生产经营和对外贸易,并使企业避免因各国贸易法规、政策的巨大差异而导致的交易成本上升和经营风险的加大。更重要的是,它们使一国国内的生产要素可以在国内外市场进行合理配置与流动,增强市场与市场机制在配置资源方面的基本功能,促使企业降低生产经营成本,提高经济效率。

WTO也有助于政府从本国的长远利益出发去参与国际贸易、投资活动,平衡国内利益集团的要求与利益,从而为提高一国经济及企业的国际竞争力而提高其服务质量与水平,而不是考虑某一局部的狭小的利益问题。WTO新设立的具有鲜明特色的"贸易政策评审机制",对生产经营企业来说,则意味着国际上将有更加确定和清晰的商业竞争环境,政府必须增强决策的民主性、合理性和科学性,提高管理质量和管理效率,从而降低企业管理成本,培育并促进企业经济竞争力的有效发展。

(五) 国际贸易进一步发展的驱动器

由于WTO多边贸易体制管辖范围较之GATT大大拓宽,如增加了服务贸易、投资领域及与贸易有关的知识产权领域,使WTO这一组织不仅要协调国际货物贸易的发展,而且还要管理国际技术贸易、投资、广泛的国际经济合作、服务贸易、知识产权保护等。特别是有关知识产权保护的条款的设立,既能防止国际侵权行为和冒牌贸易的蔓延,维护知识产权所有者的正当权益,又可以促进技术传播、技术转让和公共利益的发展,并能取得减少因产权保护而造成的贸易扭曲、尊重各国知识产权立法的双重效果。在此基础上,高技术贸易将会获得发展空间。但应指出的是,发达国家之间高技术贸易的迅速发展,会相对缩小发展中国家获得技术发展的空间,国际贸易将面临着新的不平衡发展和更加不平等的国际分工。而投资措施的约束,将极大地鼓励发展中国家吸收、利用外资,缓解资金匮乏之困境。在WTO管辖的"服务贸易总协定"中,由于充分考虑了发展中成员国家"逐步开放服务业部门"的要求,并对此提供了较大的灵活性处理规则,发展中国家将可依据自身的经济发展需要,逐步开放服务业市场,参与到国际竞争中去从而推动世界服务贸易的进一步发展。

根据WTO的资料,由于执行"乌拉圭回合"协议,发展中国家的平均关税水平在2000年已降到10%~12%,发达国家降到3%~5%,配额和许可证管理的最后一个堡垒——纺织品的数量限制也将在2005年取消。根据《信息技术协议》要求,2000年有270多种信息技术产品、零部件的进口关税降为零。这些都将进一步推进世界贸易自由化、全球化的发展。尤其是各国电信市场的开放,更是贸易自由化的先导,在电信业自由化之后,全球贸易的自由化进程将大大加快。

总之,WTO的建立与运转,将从根本上决定世界经贸格局与发展走势,促进全球贸易的进一步开放与自由化,给众多的成员国与地区提供更多的合作与贸易机会。

第二节 国际经贸惯例概述

人类的经济活动客观上要求有一定的规则,也只有通过一定的规则才能形成文明和有序的经济关系。国际经贸惯例正是规范国际经济活动的一种规则。

一、国际经贸惯例的概念、特征及种类

(一) 国际经贸惯例的概念

国际经贸惯例的概念如何界定,目前尚不统一,主要有以下几类:

(1) 国际经贸惯例,通常指在长期国际经济交往的实践中逐渐形成的习惯与做法,或者说,它是世界上大多数国家(或地区)在相互间的经济贸易中自愿遵循的各种约定俗成的规矩,只对自愿约定遵循它的各方当事人具有约束力。

(2) 国际经贸惯例,是对在国际经贸活动中的各种习惯做法加以集中和系统化,并修改和补充而制定的世界性的、区域性的、行业性的公约、协定、规则、通则等。世界性、区域性的公约、协定等一般具有强制力,但行业协会的一些规定、通则等则不具有强制性。

(3) 国际经贸惯例,是国际经贸活动中的一种各方行为规范,是成员方必须遵循的行为准则,多由联合国经济贸易组织和其他有关世界性组织制定。

综合以上观点,国际经贸惯例的概念有狭义与广义之分。狭义的国际经贸惯例是指在长期的经贸活动中逐步形成的一种习惯与做法,以及行业协会的规定、通则等,不具有法律强制性,但对自愿遵守的各方当事人具有约束力。广义的国际经贸惯例还包括各国际经济贸易组织制定的各种经济与贸易条约与协定,是用于规范经济主体行为的国际经济规则,对其成员方具有约束力。本书所阐述的国际经贸惯例主要是指后者。由于 WTO 成员国(或地区)已达 140 多个,WTO 框架下所形成的各种规则已成为各成员方必须遵守的共同的行为准则,并对非成员国也产生很重要的影响,绝大部分国家或地区也自动或自觉地适用 WTO 规则,因此,WTO 规则是影响国际经贸活动的最重要的国际惯例。

(二) 国际经贸惯例的特征

国际经贸惯例的内容涉及国际经济贸易的各个领域、各个行

业和各个环节。一般认为,国际经贸惯例具有如下特征:一是通用性,即在国际上大多数国家和地区通用;二是稳定性,不受政策调整和经济波动的影响;三是效益性,即被国际交往活动所验证是成功的;四是重复性,即被重复多次地运作;五是强制性,受到国际经济贸易组织约束,具有约束力。值得我们注意的是,并非每一类惯例都同时具备这几个特征。

(三)国际经贸惯例的种类

国际经贸惯例种类繁多,内容十分广泛,涉及到经济活动的方方面面。一般来说,对它的分类主要有以下几种:

(1)从它存在的领域看,包括了生产、交换、分配、消费、贸易、营销、投资、租赁、信贷等。

(2)从它的具体作用看,包括保证经济活动中各个利益与行为主体独立地位的确立(即"生产者主权"、"消费者主权"、"投资者主权"的形成)、经济活动主体之间平等关系的建立、各种类型市场的正常运作、等价交换法则的实行、正常竞争格局与形式的确立等。

(3)从实务角度看,可按国际商品贸易、国际技术贸易、外汇交易、证券交易、现代银行体系、国际投资与经济合作、国际会计、国际经济统计与审计、劳务进出口、国际旅游等若干方面分类。

本书主要就WTO所涉及的货物贸易规则、服务贸易规则、与贸易有关的投资措施、与贸易有关的知识产权规则、国际贸易争端解决规则及WTO未涉及的重要的货物贸易规则作介绍。

二、国际经贸惯例的形成、变革与发展趋势

(一)国际经贸惯例的形成

国际经贸惯例是随着西方市场经济的发展和经济国际化进程,经过无数次重复、冲突与协调,形成和发展起来的。

人总是处于各种关系之中,而人们在生产、交换、分配、消费等

过程中结成的经济关系,无疑是最基本的社会关系之一。交换行为是在人们拥有剩余产品之后出现的,人与人之间的交易关系由此形成。随着生产力的发展,剩余产品增多,交易的品种、地域和次数不断增加,交易活动也变得复杂起来。于是,交易规则应运而生。交易规则为每个交易者规定了相应的交易条件,即能够且必须按照一定的条件进行交易。交易规则大大减少了交易活动中的不确定性,使千百万人所从事的复杂的交易活动得以协调,形成比较文明和有序的交易关系。

经济国际化进程使得严格意义上的封闭经济不复存在,各国之间的经济联系日益密切,交易规则也不断演化、扩展,形成一个庞大的规则体系。国际经济活动正是在这些规则的调节下才得以有秩序地进行,国际经贸惯例正是国际经济活动规则的重要组成部分。

与国际经济活动中的其他交易规则相比,国际经贸惯例具有更浓厚的历史色彩。从历史与逻辑相结合的角度来探讨,国际经贸惯例的形成主要有以下几个方面的原因:

1. 最小化交易成本

交易成本作为人们在处理人与人之间交易关系中的耗费,存在于交易关系中的各个方面。由于人们受追求利益最大化的驱使,为了获取尽可能大的利益,最小化交易成本成为确立和改善人与人之间交易关系的基本动力。

经济生活中的交易活动涉及到信息搜寻、信用确定与风险防御。与此对应,交易成本也可分为交易信息成本、交易信用成本与交易风险成本。在没有交易规则规范的情况下,交易当事人的行为存在着极大的不确定性,人们难以获悉一项交易及交易当事人的真实情况,也无法判定交易实际上将如何进行,交易后果更是难以预知,总之,交易是在一个高度不确定的环境中进行的。为了消除这种不确定性,保障交易的正常进行,每个交易者都必须就每一项交易的每个方面、每个环节实施信息搜寻、信用确定与风险防御等行为,这当然耗费很大。但如果不这样做,一个高度不确定的交易结果就可能与交易当事人的预期相差甚远。正是规则的确立,使这种赌博式的交易变得较为安全、理性、可预期与有利可图。可以说,最小化交易成本是规则确立与形成的第一个理由。

没有一项规则是亘古不变的。随着经济、技术与知识的进步,新的交易成本更小的交易规则必然出现。这时,最小化交易成本又成为了规则变革的理由。当然,前提是改变旧规则的成本不能太大,得不偿失的变革同样不符合最小化交易成本的要求。这同时也说明,交易规则一经确定便具有一定的稳定性。

2. 习俗

习俗是促成交易规则重复使用的最重要因素之一。习俗是一种习惯心理,在特定环境的刺激下所做出的行为复制;是依靠一种稳定的心理定势和人类在长期实践活动中形成的习性及趋向来进行的,往往遵循着某种传统的惯例。习俗一旦形成,对行为主体来说,是很方便也容易适应的。

由于习俗的存在,使得最初的行之有效的约定能得以不断地、反复地被采用,并逐渐得到广泛认同,成为交易当事人所普遍遵守的惯例。

3. 冲突与协调

经济关系中形成的交易方式和交易规则,是经济行为主体之间的"一致性约定",但这种"一致性约定"不是外生的,也不是理所当然、显而易见的,而是各经济行为主体之间利益冲突与协调的结果。

利益冲突的原因在于每个经济行为主体都力图实现自己的交易成本最小化。但对交易的愿望当然会促使冲突各方倾向于协调,而不是放弃交易,只要"协调成本"不太高的话,协调就有可能通过持久的谈判与复杂的妥协来实现。

4. 经济国际化

人类经济活动尤其是市场经济活动受其内在的利益机制的驱使,具有扩张倾向,必然要求经济活动的领域不断扩大直至全世界。从历史上看,人类社会经济发展经历了三个时期,即地方经济时期、国民经济时期和国际经济时期。从经济关系和交易的角度来看,这是一个经济联系与交易地域逐步扩大、交易主体不断增加的过程。与此过程相对应,交易规则或经济惯例的适用范围也随之扩大,因为世界经济越是一体化、国际化,越离不开使经济活动得以规范运转的交易规则或经济惯例。因此,原先在各地方形成和适用的交易规则或经济惯例,经过冲突与协调,必然随着经济的国际化,从地方惯例扩展为国民惯例,进而突破国家界限而扩展为适用于国际经济活动的国际经贸惯例。纵观世界经济发展史,现代意义上的商品经济与市场机制最早发源于欧洲。在18世纪到19世纪的大约200年间,欧洲、北美和日本先后建立了统一的国民经济和统一的国民市场。然后,随着19世纪70年代发生的以交通运输革命为标志的第二次产业革命,大机器工业、铁路和轮船等现代化的生产和交通工具相继出现,世界经济面貌发生极大改变,国际经济代替了国民经济,国际市场最终形成。与此过程相对应,先前仅适用于欧洲地方经济的地方经济惯例,随着经济国际化进程逐渐演化、扩展为国民经济惯例和国际经贸惯例。

5. 经济利益

利益及利益最大化是经贸惯例形成、演化、扩展与稳定的根本原因。首先,正是交易成本最小化的利益要求,使交易规则得以形成和实行。而在习俗这一因素的作用下,成功的交易规则得以不断、反复地使用,最终成为经济惯例。从一定意义上说,习俗的存在与运用,也是人类利益追求最大化或交易成本最小化的体现。因为习俗使人们面对复杂纷繁的具体的交易过程可以去繁就简,依例而行。其次,经济惯例适用范围的扩展来自经济活动范围的扩展,而经济活动范围的扩展,又是利益驱动所致。最后,正是由于利益的驱动,经济惯例在具有相对稳定性的同时,也具有不断变革的内在禀性。当经济、技术和知识的进步创造出新交易规则,当新交易者的加入带来新的规则,当由于力量对比与主导的变化产生新的规则时,经济惯例的变革就可能发生。

经济惯例的背后是利益的追求、冲突与协调。国际经贸惯例因利益而产生,也必然会因利益而变革。

(二) 国际经贸惯例的变革与发展趋势

国际经贸惯例的形成机制与内在构成表明,国际经贸惯例不是一个能够按照兼容、普适或公平的原则对复杂的交易环境及时作出回应的系统,也难以反映所有的经济主体的利益要求。当今世界已经发生了巨大而深刻的变化,经济国际化进程越来越使众多不同文化背景、不同经济体制、不同政治制度和不同发展水平的国家成为世界经济格局中的重要组成部分,它们的影响和作用日益增大;世界经济、技术和知识水平有了极大提高;发展中国家的崛起使国家间的力量对比发生变化。面对这样一个快速发展的多元化、多极化世界,国际经贸惯例的认同受到挑战,内容与规则不可一成不变。

展望未来,主要有两大因素影响着国际经贸惯例的变革趋势:一是信息化,二是世界经济一体化。

信息技术的飞速发展与信息工具的广泛普及,带给世界一种崭新的交往工具,使国际经济交往更广泛、更便捷。这不仅已经从技术上降低交易成本,而且必定会促生新的与信息时代相称的交易规则,从而使国际经贸惯例进一步变革,以达到交易成本的最小化。新的交往工具的使用与国际交易成本的降低,还会使"交易门槛"降低,从而吸引更多的交易者参与国际经济活动。信息化也从技术上促使世界经济一体化进程日益加快。

世界经济一体化进程,使越来越多的国家的经济活动在世界范围内有机地联系在一起,各国经济活动的相互依存加深,国际贸易和国际经济合作空前发展。同时,新兴工业化国家的迅速崛起使世界经济格局呈现多元化和多极化。这些因素一方面必定会推动世界经济的蓬勃发展,另一方面会使交易环境更加复杂与不平衡,国际经贸惯例的交易条件不对等和交易成本不对称现象将日益突出。因此,关于国际经贸惯例等规则的矛盾与冲突将越来越激烈,越来越普遍。随着这些矛盾与冲突的解决,一个包括新的国际经贸惯例在内的新的国际经济秩序将会出现。

三、按国际惯例办事

在经济活动中,没有统一的交易规则来规范和约束交易者的交易行为,交易就很难按预期进行和完成,甚至根本无法进行。国际经贸惯例当然是得到广泛认同的交易规则,是沟通国际经济关系的桥梁和纽带。因此,"按国际惯例办事"现已成为人们的一项共识。但由谁来按国际惯例办事、按什么样的国际惯例办事、怎样按国际惯例办事,则是需要我们加以讨论的问题。

(一) 由谁来按国际惯例办事

按国际惯例办事主要是对涉外经济活动的要求,而涉外经济活动的主体可分为两类,一类是国家,一类是私人(包括个人、法人和其他经济组织),因此,按国际惯例办事的主体分别是国家和私人。私人所从事的是国际商业活动;而国家在国际经济领域中除可从事国际商业活动之外,主要是以主权者的身份进行国际经贸管理活动,这样,在实践中就产生了适用于不同主体的两类国际惯例。

私人所遵循的国际惯例为国际经贸惯例,即适用于国际货物买卖、国际技术转让、国际投资等国际商业活动的惯例。国际经贸惯例为进行国际经济交往的当事人提供约束。这些惯例可确定当事人之间的权利义务关系,使他们在确立其经济交往关系(合同关系)时就可以对各自的行为后果有所预见,在履行各自的合同义务时有所依据,而在当事人之间出现争端时,国际惯例又可成为解决争端的依据。但当事人之间的权利义务关系又不完全靠国际惯例予以确定。在对外经济交往中,当事人完全可以依照自己的意愿处分自己的权利,并以合同条款的形式予以确定。在通常情况下,当事人选择适用国际惯例(如在国际货物买卖合同中规定适用国际贸易术语解释通则),只是为了简化合同文本。

国家以主权者的身份在国际经济领域中行为时,所遵循的国际惯例为国际公法上的惯例。这方面的国际惯例在三种情况下约束国家:一是在国家相互交往时(如在两国之间确定对对方的知识产权所有人的权利的承认和保护程序及措施时),国家可依据国际惯例来约定彼此间的权利义务关系(如彼此对对方国民在专利权申请方面给予国民待遇),并通过条约予以确认;二是在一国对其涉外经济活动实施管理时,可参照国际惯例来制定其有关的法律,使其涉外经济管理行为与世界上多数国家的实践相一致;三是当国家之间出现经济领域中的争端时,争端当事国或处理该项争端的机构依据可适用的国际惯例来解决此项争端。

国家也可以民事主体的身份从事国际经济交往,如以政府的名义从外国商业银行借款。这时,国家与对方当事人自然可以选择国际经贸惯例(而不是国际公法上的惯例)来确定彼此之间的权利义务关系。这种情况下所适用的惯例在性质和作用上与私人之间的国际经济交往中所适用的惯例是一致的,除非参加该项经济交往的国家不放弃主权豁免的权利,从而拒绝第三方(外国法院)对该项惯例的强制适用。

从本书所涉及到的国际惯例来看,既包括国际公法上的惯例,也包括国际私法上的惯例。例如,WTO中最惠国待遇、国民待遇等规则属于主权国家必须遵循的;反倾销、知识权保护等规则,则属于国际私法上的惯例。

（二）按什么国际惯例办事

国际惯例因适用主体的身份的不同而分为两类：即国际公法上的惯例和国际经贸惯例。国际公法上的惯例能否无一例外地约束所有国家，这需要视惯例所包含的内容而定。一般地说，国际惯例不能约束一贯地反对这一惯例的国家，因为国际法规范从总体上说属于国家之间约定的规范，即在国际社会中没有超越国家之上的立法机构不管个别国家的意志而制定必须由各国统一遵行的规则。

在国际经济领域，由于各国利益的直接冲突，国际惯例的确立十分困难。例如，关于一国对外国投资进行国有化的补偿标准问题，尽管广大发展中国家都认为应适用适当补偿原则，并把该项原则视为国际惯例，但发达国家却并不将其看做是国际惯例。许多发达国家认为，即使适当补偿原则是一项国际惯例，它也不能约束反对它的国家，因为不能证明它是一项国际法强行规范。值得注意的是，国际经济领域中的国际惯例的形成过程直接受到各国经济实力的影响。仍以国有化的补偿标准为例，尽管多数发展中国家都主张适用适当补偿原则，但这些国家在同发达国家所签署的投资保护协议中却时常接受发达国家提出的补偿标准，即充分、及时、有效补偿。

国际经贸惯例（狭义的国际经贸惯例）是经过国际经济交往当事人的反复实践所形成的一些通行的规则。这些惯例往往经过某些专业行会的编纂而表现为书面的规范，如经国际商会编纂出版的《国际贸易术语解释通则》及《跟单信用证统一惯例》等。国际经贸惯例在效力上有别于国际公法上的惯例。如果一个国家不是经常地反对一项国际公法上的惯例，那么该惯例对其便是有效的；而国际经贸惯例对当事人的效力则通常只能基于当事人的明示的同意。在通常情况下，国际经济交往的当事人不仅可以决定是否采用及采用何种国际惯例，而且可以在采用某一惯例时对其内容加以修改。所以说，国际经贸惯例经常起着一种标准合同条款的作用。但也有例外的情况,有时当事人没有选择适用国际惯例,但法官或仲裁员却可能主动地依其认为应适用的国际惯例来确定当事人之间的权利义务关系,这时所适用的国际惯例便更具法律规范(而不是合同条款)的性质了。

(三) 怎样按国际惯例办事

怎样按国际惯例办事其实是如何适用国际惯例的问题。在这方面,我们应特别注意以下两个问题。

首先,我们应该注意国际惯例的辨别,不要把那些不是惯例的规则或做法当作是国际惯例。前面我们已经讨论过两种国际惯例的性质和特征,但目前一些著作或教材在介绍"国际惯例"时经常出现的误解是:第一,把一些国际经济的基本概念作为国际惯例来加以介绍,如介绍什么是外汇、什么是提单。第二,把多数国家的国内法所确认的某些原则和规则笼统地称为国际惯例。通过前面的分析我们已经看到,多数国家的立法实践可能形成国际公法上的惯例,但前提是这种立法涉及到国家之间关系的处理。例如,多数国家有关专属经济区的立法实践可能导致这方面的国际惯例的生成,而各国有关合同、公司、保险等方面的立法实践则极少有机会形成国际公法上的惯例;对于国际经济交往的当事人来说,多数国家的立法实践不能、至少不宜看做是国际惯例,因为各国的国内立法通常只是大体上相近,不可能不存在细节方面的冲突,而国际经贸惯例的价值则是其内容的确定性。而且在国际经济交往中,国内立法与国际经贸惯例在效力程度上是有区别的。当事人可对国际经贸惯例任意取舍,但合同的准据法(通常为某一国内法)则是相对确定的,无论它是当事人所选定的法还是法院或仲裁机构认为应该适用的法。如果当事人愿意适用某一国家的法律,他们可以选择其为合同的准据法;如果这种选择存在不被承认的风险(许多国家对当事人选择法律的自由设有限制),那么当事人可以将类似的内容规定到合同中去,这比将多数国家的立法实践当作国际惯例更具有可操作性和稳定性。第三,把一些标准合同笼统地称之为国际惯例。在国际经济交往的各个领域中,如融资、海运、工程承包等,都存在着一些标准合同,对这些标准合同的性质不能一概而论。有的标准合同经行业协会制定或推荐在很长的时期被广泛地采用,的确可称为国际惯例;而有些标准合同只是个别公司单方面制定,并在有限的范围内使用,这时就不能认定其为国际惯例。如果把那些不属国际惯例的标准合同当作国际惯例对待,我们显然会失去合同磋商过程中的谈判力量。

其次,应注意国际惯例的选择适用。适用国际惯例本身不是目的,而是为了更好地获取利益。而且,国际惯例在绝大多数情况下都不能约束反对其适用的国家或当事人,这样,我们就应该而且可以有选择地适用国际惯例。对于国家而言,对那些被一些国家称之为国际惯例而不能被我国所接受的规则或实践,我们应明确表明反对的立场。例如,由于国际上存在着许多载有"充分、及时、有效"国有化补偿标准的双边投资保护协议,所以有人断言这种补偿标准已形成为国际惯例。如果我们不准备接受这一"国际惯例",就应该通过国内立法和其他方式明确表明这种立场,以消除将来可能出现的麻烦。对于国际经济交往的当事人而言,是否选用国际经贸惯例以及选用什么样的惯例也应该依据趋利避害的原则而定。任何一方当事人都没有义务接受对方所提出的任何建议,即使这是一项国际惯例;同时,为了避免将来法院或仲裁机构将你并未选用的(或有意规避的)国际惯例强行对你适用,你可尽力通过合同条款来冲消这类惯例对你们的合同关系的影响。因为国际经贸惯例属于任意性规范,而任意性规范在效力上要让位于合同条款。

四、中国经贸发展与国际惯例

国际经贸惯例是伴随着市场经济的发展和经济国际化的进

程,经过长期的重复、冲突与协调不断形成与发展起来的,具有很强的有效性与合理性。中国经济要走向世界,应遵循或参照既有的国际经贸惯例,降低交易成本,促进国际贸易和国际经济合作。

经过二十多年的改革与开放,我国逐渐摆脱了僵化的计划经济模式和自我封闭、内外隔绝的状态,正在逐步建立社会主义市场经济新体制,逐步走向国际市场,特别是在中国加入WTO后,中国融入世界经济一体化的步伐正在加快。

但是,我国在对外经济活动中,经济纠纷与摩擦越来越频繁。例如,我国自1996年以来,已成为世界上出口产品受反倾销调查最多的国家,特别是近两年来,中国产品遭遇反倾销几乎涉及所有出口产品类别。从1997年到2002年,共有30多个国家和地区对我产品发起500多起涉及反倾销和保障措施的调查,影响我国出口金额170多亿美元。2003年,对我产品的反倾销和保障措施调查案件共50起,涉案金额18.5亿多美元。世界银行首席经济学家威尔·马丁指出,由于对中国产品实行非市场待遇,在未来15年内,中国70%的产品容易遭受反倾销措施的攻击。因此,我们必须尽快全面研究国际规则,熟悉国际规则,讲究规则,应用规则,更好、更快地融入世界经济体系,以促进我国经济贸易健康、快速发展。

思考题
1. WTO的宗旨是什么?
2. WTO有哪些主要规则?
3. WTO的争端解决机制是如何运行的?
4. 什么是国际经贸惯例?WTO的规则属于哪种国际经贸惯例?
5. 如何理解按国际惯例办事?

第二章　WTO货物贸易国际惯例

学习目的与要求：通过本章的学习，要掌握WTO有关货物贸易所涉及的主要非关税壁垒规定：倾销与反倾销、补贴与反补贴、卫生与动植物检疫、技术性贸易壁垒、货物通关、保障措施；还要掌握农产品协议、纺织品与服装协议的主要内容，从而明确既能采用各种非关税壁垒措施对付进口产品不公平的竞争，保护国内产业，又能在国外滥用非关税壁垒限制我国产品出口时，据理力争，打破壁垒，还能抓住纺织品与服装配额取消的机遇扩大出口。

第一节　农产品贸易国际惯例

由于农业是关系到一国的粮食安全、就业等诸多方面的重要产业部门，世界各国都对农产品的国际贸易非常重视，并采取各种措施对本国农业生产和贸易加以保护，因而，农产品贸易的自由化进程遇到极大的阻力。乌拉圭回合多边贸易谈判最终通过了《农产品协议》，使长期游离于贸易自由化进程之外的农产品贸易第一次被纳入多边贸易自由化规则之中。该协议主要内容包括：农产品市场准入的承诺、国内支持承诺和削减农产品出口补贴的承诺等。

一、扩大市场准入

所谓扩大市场准入，是指通过各缔约方实施的关税、进口数量

限制等国境措施,削减和废除市场准入的保护,建立公平的、市场指向性的农产品贸易体系。其具体内容包括:

(一) 非关税措施的关税化

对于在农产品贸易中所实施的各种非关税措施,各成员方必须先将其转换成同等保护程度的关税措施,然后再逐步降低进口税率。具体做法是以1986年~1988年的平均值为基准,根据内外价格差额,把非关税措施(如进口数量限制、进口许可证限制、配额限制等)转化为等额关税,再加上产品原有的正常关税税率构成混合关税,并逐步削减。

(二) 最低市场准入承诺

鉴于某些国家和地区长期以来对某些农产品所实施的非关税进口限制措施保持着极高的贸易保护程度,非关税措施关税化的结果往往会出现极高的进口税率,从而仍具有禁止进口的效果。为此,协议允许这些成员方不将其实施的非关税措施转化成关税,但必须保证每年以较低的关税水平进口一定数量的外国农产品,这就是最低市场准入承诺。

(三) 特别保障措施

农产品非关税措施关税化以后,如果进口急剧增加,并对国内产业造成严重的影响,成员方可以援引GATT1994的保障条款、《保障措施协议》及《农产品协议》规定的特别保障措施,以维护自身的贸易利益。但只能在上述协议所规定的措施中,选择其中一种使用,不能同时并用。

(四) 削减关税税率

各成员方承诺在实施期内按一定比例逐年削减关税税率。其中发达国家和过渡经济国家均承诺在协议实施期内(1995年~2000年)平均削减36%的关税,发展中国家成员方在其协议实施期内(1995年~2005年)平均削减24%的关税。同时,为了防止某些成员方出于保护本国特定农产品的目的,对无关紧要的产品多削减,对需要保护的产品少削减或不削减,协议还规定了每一项产品的最低削减幅度:发达国家为 15%,发展中国家为 10%,最不发达国家则不承担农产品关税削减的义务。

(五) 最低关税配额准入

关税配额管理是指成员方承诺对有关产品每年关税配额准入量内的进口按低税率(配额内税率)征税,超过配额准入量的进口则按高税率(配额外税率)征税。各成员方的关税配额准入量应至少保持在实施期开始之前的水平上,即不低于基期(1986 年～1988 年)的平均进口量;如果这一进口不足国内近 3 年平均消费量的 3%,则应以消费量的 3%确定配额量,并承诺配额在实施期内逐年递增,至实施期末达到国内消费量的 5%。

二、国内支持承诺

国内支持是各成员方对农产品实施的价格支持、直接支持以及其他补贴形式的国内保护措施,而国内支持承诺是指各成员方对给予国内农产品生产者的上述各种支持措施实施削减的承诺。《农产品协议》把国内支持政策分为"绿箱"政策和"黄箱"政策两大类,并分别作了不同的规定。

(一)"绿箱"政策

所谓"绿箱"政策,是指没有或仅有最微小的扭曲贸易或影响生产的措施,以及没有对生产者提供价格支持的补贴。协议允许使用这类补偿,并且不必承担削减的义务。这类补贴措施主要包括:

(1) 在农业研究、病虫害控制、特定产品的检验和升级、营销和促销活动等方面的政府开支。

(2) 政府用于资助生产者的收入保险和收入保障计划的开支。

(3) 救济自然灾害的开支。

(4) 通过下述计划给予的结构调整资助:旨在便利从事可销

售农产品生产人员退休计划;旨在从可销售农产品生产中转移土地或其他资源的资源轮休计划;旨在帮助生产者对运营进行财政或实物结构调整的投资支持。

(5) 环保计划下的开支。

(6) 对落后地区援助计划的开展。

(二)"黄箱"政策

"黄箱"政策为必须承担削减义务的支持政策,是指普遍适用于所有农产品的生产补贴和收入补贴,主要包括国内价格支持补贴。各成员方承诺对其给予国内农产品生产者的所有保护措施(协议明确规定可免除减让义务的措施除外)予以削减。具体的减让比例是:发达国家在6年内按基数水平(1986年~1988年补贴的平均水平)平均削减国内支持总量的20%,发展中国家在10年内平均削减国内支持总量的13%。上述绿色补贴并不包括在总量支持之中。

三、出口补贴减让义务

为了把农产品的出口价格压低,提高其竞争力,某些国家对农产品出口商或生产者实行出口补贴。《农产品协议》专门对各成员方的出口补贴问题进行了规定,要求各成员方承诺不提供该协议所禁止的出口补贴,并按规定及各自的具体承诺承担出口补贴的减让义务。

(一) 应实施减让的出口补贴的范围

(1) 政府或其代理机构根据出口实绩向企业、行业、农产品生产者提供的各种直接补贴(包括实物支付)。

(2) 政府或其代理机构以低于市场价格的低价出售非商业性的农产品库存以供出口。

(3) 官方资助农产品的出口,包括出口退税行为。

(4) 为降低出口经营成本而提供的补贴,包括农产品的处理、分级或其他加工成本补贴,以及提供优惠的运输费用等。

(5) 由政府以比国内运输价格更优惠的条件提供或代理的出口装运。

(6) 依据在出口商品中包含的农产品程度提供的补贴。

(二) 出口补贴的减让承诺

以1986年～1988年补贴平均数为基数,发达国家成员方在实施期内(1995年～2000年)将农产品出口补贴金额和受补贴产品的数量分别削减36%和21%;发展中国家成员方在实施期内(1995年～2005年)将分别削减24%和14%。

除上述承诺外,各成员方还同意在农产品贸易中实施《实施卫生与动植物检疫措施协议》(具体内容详见本章第五节)。

案例:

1997年10月8日,美国诉称由于加拿大对出口奶制品予以补贴和对牛奶进口实行关税配额制,因此对美国奶制品的销售市场产生扭曲影响。加拿大把牛奶分为5类:前4类用于供应国内市场,第5类(a)至(c)包括可用做在国内和国外销售的奶制品的牛奶,第5类(d)指用于制造出口奶制品的牛奶,第5类(e)指用于消除国内市场剩余牛奶。其中第5类(d)和第5类(e)的产品价格一般都大大低于用来供应国内市场的奶制品。美国认为,加拿大的出口奶制品的生产商可以得到价格低于国产奶制品的原料,构成了《农产品协议》第9条所说的出口补贴。此外,美国指出,加拿大规定其关税配额进口液体奶只允许每次20加元以下、用于个人直接消费,与其减让表不符,违反GATT第2条。1998年3月25日,争端解决机构为此案设立了专家小组。澳大利亚和日本声明保留第三者的权利。专家小组经审查认为,加拿大采取的措施违背其在协议条款中承诺的义务。1999年7月15日,加拿大就专家小组报告中的法律问题提出上诉。上诉机构经审查,基本维持了专家小组的决定。1999年10月27日,争端解决机构通过了上诉机构的报告和修改后的专家小组报告。

第二节 纺织品与服装贸易国际惯例

在WTO建立之前,纺织品、服装贸易一直游离于关贸总协定确立的自由贸易原则之外。发达国家作为纺织品、服装的主要进口国,通过数量限制、配额等歧视性措施来阻碍纺织品、服装贸易的自由化。在乌拉圭回合谈判中,发展中国家经过努力,终于实现了纺织品、服装贸易向关贸总协定的回归,达成了《纺织品与服装协议》。该协议规定,从WTO建立之日起的10年内,即到2005年1月1日,实现纺织品、服装贸易的自由化。

一、一般规则

《纺织品与服装协议》适用的一般规则如下:

(1) 该协议适用的产品范围是以商品名称及条码协调制度定义的6位数字的纺织品和服装分类清单。

(2) 在纺织品、服装部门被纳入关贸总协定的过渡时期内,要保证纺织品、服装的小供应者在市场准入方面的实质性的增长,并为纺织品、服装领域的新的参加者提供发展其贸易的机会。

(3) 在执行协议的规定时,应体现产棉国的具体利益,并对非《多种纤维协议》成员方给予特殊待遇。

(4) 各成员方应进行持续的、自动的产业调整,以增强其市场竞争力。

二、一体化进程

一体化进程是有关纺织品、服装贸易逐渐被纳入GATT1994的过程。《纺织品与服装协议》第2条就纺织品、服装贸易的一体化进程规定了详细的时间表及具体做法。

(一) 数量限制的通报

各成员方在世贸组织协定生效日之前采取的有关纺织品、服装贸易的数量限制措施,应在协定生效后的60天内将有关数量限制的程度、增长率和灵活性规定等详细情况通报纺织品监督局。如果有未予通报的限制措施,则这些措施不得再继续实施。

(二) 分阶段取消《多种纤维协议》项下的数量限制

根据规定,纺织品、服装贸易回归关贸总协定的一体化进程具体包括以下几个阶段:

在WTO协定生效之日,各成员方将其1990年进口的纺织品、服装产品总量的不少于16%的产品纳入GATT1994;在协定生效后的第37个月的第1天,各成员方将其1990年进口产品总量的不少于17%的产品纳入GATT1994;在协定生效后的第85个月的第1天,各成员方将其1990年进口产品总量的不少于18%的产品纳入GATT1994;在协定生效后的第121个月的第1天,各成员方将其余部分全部纳入GATT1994。即经过10年过渡期后,纺织品、服装贸易将完全回归关贸总协定,只准用关税保护纺织品与服装业。

(三) 分阶段提高受限产品进口配额的增长率

乌拉圭回合之前,纺织品、服装贸易主要受《多种纤维协议》的约束,而该协议允许成员方之间通过签订双边协议,相互给予配额形式限制纺织品、服装贸易的发展。《纺织品与服装协议》规定,这种限制措施应在10年过渡期内逐步取消,即进口国给予纺织品、服装出口国的配额数量应逐年增加。具体做法是:自WTO协定生效之日起至其生效后第36个月的期间,配额的年增长率不得少于16%;自第37个月至第84个月的期间,配额水平的年增长率不低于25%;自第85个月至第120个月的期间,配额水平的年增长率不低于27%。

(四)分阶段取消非《多种纤维协议》项下的限制性措施

《纺织品与服装协议》要求,对于那些非《多种纤维协议》项下的限制性措施和没有被关贸总协定认可的措施,应在协议要求的有效期内(1995年～2005年)逐步加以取消。逐步取消限制的具体方案将由进口方制定,并提交纺织品监察局审议并监督实施。

三、过渡性保障措施的实施

为了防止在实施纺织品与服装贸易自由化的过程中,某些长期受配额保护的市场可能会受到严重的冲击,《纺织品与服装协议》允许各方在过渡期内采取保障措施。协议规定,当某一产品进口增加的数量已造成对该成员方境内工业生产所直接竞争产品的严重损害或实质性威胁时,则可采取过渡期保障措施。但是,必须证明损害和威胁与来自出口方的进口数量急剧增加之间存在着因果关系。如果该损害和威胁是由于技术上的改变或消费者偏好的变化等因素造成的,则不能采取保障措施。

《纺织品与服装协议》规定,确定损害的经济参数主要有:产量、生产率、开工率、库存、市场份额、出口、工资、就业、国内价格、利润和投资等。判断对某一工业造成严重损害或实质性威胁时,必须综合考察上述各种因素,而不能仅就某一指标来加以说明、判断。

按照《纺织品与服装协议》的规定,有权使用保障条款的成员方有两类:一类是维持《多种纤维协议》的限制,并列出一体化方案的协议方;另一类是未维持《多种纤维协议》限制,但作出适当安排的协议方。

《纺织品与服装协议》要求,成员方在使用过渡期保障条款时,要特别考虑下列各成员方的利益:(1)最不发达国家、纺织品出口量小于其他各成员方出口量或其出口仅占进口国该产品总量一个很小比例的各成员方;(2)生产羊毛产品的发展中国家成员方;(3)外部加工贸易国。

《纺织品与服装协议》规定,提出采取保障措施的一方应与受该行动影响的另一方或各方协商达成谅解。如果协商之后未能达成谅解,可在协商期(60 天)后 30 日内的进口之日或出口之日实施限制,并同时将此事通知纺织品监察局。在特殊情况下,如果拖延将导致难以挽回的损害,一方也可采取临时性行为,但应在采取行动后不超过 5 个工作日,发出请示协商通知,并通知纺织品监察局。保障措施的限制标准不应低于该国在 12 个月之内、提出磋商要求前 2 个月的进出口实际水平。保障措施最长为 3 年。如果该项产品从协定的范围内被取消,则保障措施也应停止实施。

四、对《纺织品与服装协议》执行的监督

各成员方同意为了防止由于转运、改道而规避对该协议的执行,谎报原产地和原产国,伪造正式文件和其他规避或违纪行为的发生,应制定必要的法律和行政程序加以管理。一旦发生了上述规避行为,有关成员方应进行磋商,如达不成协议,则可由 WTO 纺织品监督局调节。经过调查,如有足够的证据证明有规避行为发生,进口方可采取包括拒绝货物进口,或在货物已进口的情况下,按正式情况调整限制水平等措施。

另外,如果出口方谎报纤维成分、数量、货品名称和归类,也被认为是规避行为,则进口方可以在符合其国内法律和程序的情况下,对涉及的进出口商采取适当的措施,但该规定不得妨碍各方对申报中的疏忽性错误作技术性调整。

案例:

美国从 1995 年 4 月 18 日开始强行限制进口印度的羊毛织物男式衬衣和女式衬衣。在措施实施以前,美国和印度就前者的主张——进口羊毛织物男式衬衣和女式衬衣会对国内企业引起严重损害进行了磋商。由于磋商没有产生令人满意的解决办法,印度就把案件提交给世贸组织解决。

在审核事实之后,专家组发现,在认定增加进口是否会引起对国内企业的损害时,美国没有审查在《纺织品与服装协议》第 6 条中列出的全部经济变数。而在认定损害国内企业和增加进口之间的因果关系时,必须把这些变数考虑进去。美国也没有像条款要求的那样,去审查对国内企业的损害是不是顾客喜好变化或技术更新的结果。因而,专家组得出结论:美国实施临时性保护措施,违背了《纺织品与服装协议》规定的义务。美国执行了专家组的决议,撤销了过渡性保护措施。

第三节 倾销与反倾销国际惯例

反倾销协议的正式名称为《关于履行 1994 年关贸总协定第 6 条的协议》,简称《反倾销协议》,于 1994 年 4 月 15 日在马拉喀什部长会议上获得通过,成为世界贸易组织统管的多边贸易协议的一部分。

一、倾销的确定

一项产品从一国出口到另一国,如果该产品的出口价格低于出口国国内"同类产品"的价格,即低于其正常价值,该产品就被认为是倾销。由此可见,认定倾销是否存在取决于两个价格的比较:"正常价值"与"出口价格"。如果经调查认定倾销成立,则二者之间存在的差额即是倾销幅度。

(一)"正常价值"的确定

确定"正常价值"有 3 种方法。其中第一种方法是最主要、最常用的方法,另外两种方法只有在第一种方法由于存在特殊情况不能使用时才会被使用。

(1) 如果出口国国内有该产品的销售价格,并且该产品的销售是用于国内消费的,则该销售价格即是"正常价值"。

(2) 以产品出口到第三国市场销售的价格作为"正常价值"。

(3) 以结构价格作为确定"正常价值"的依据。所谓结构价格,是指产品原产地国的生产成本加上合理数额的管理费、销售费、一般费用和利润。

(二)"出口价格"的确定

一般情况下,出口价格指出口商将产品出售给进口商的价格。具体到每一笔交易,出口价格的确定取决于交易双方使用的价格术语,不同的价格术语代表着不同的价格条件。

(三)倾销幅度的确定

正常价值与出口价格比较的目的,是为了最终确定进口产品是否存在倾销及倾销幅度的大小。作比较时,须对两种价格作必要的调整,把两种市场上的相同或同类产品的价格放在同一商业环节或同样贸易水平上进行比较,以得出公平合理的结论,最终决定是否存在倾销,并计算出倾销幅度。

二、损害的确定

确定进口国的"国内产业"遭到了损害,是进口国对倾销产品征收反倾销税的另一个主要条件。

(一)"国内产业"的认定

"国内产业"是指进口国国内生产相同或类似产品的生产者全体,或虽不构成全体,但构成其国内生产相同或类似产品产业的大部分生产者。所谓"相同或类似产品",是指那些与被调查的进口产品同样的产品,即在所有方面都和该产品相似的产品;如果不存在所有方面都跟该产品相似的产品,则指那些虽在所有方面与其不尽相同,但在物理性质与功能上一样或最接近的进口国其他产品,而且必须能从进口厂商的资料和数据上分辨出来。

该规定的意义在于,确定损害时强调的是普遍性的损害,也就是说,不能根据少数几个生产商所受到的损害就确定发生了损害。

(二) 损害的确定

反倾销中的损害,指因倾销的存在对某一"国内产业"造成了重大损害、形成重大损害的威胁或对某一产业的建立造成严重的阻碍。确定损害应包括对以下几方面的客观审查:(1)倾销进口产品的数量是否存在大量增加的情况;(2)倾销进口产品对价格的影响;(3)倾销进口产品对国内相同产品的生产商造成的影响。

(三) 倾销与损害的因果关系

如果经过调查,认定既存在倾销,也存在损害,并不能当然导致反倾销措施的实施,还应证明倾销与损害之间的因果关系。因为,有时国内相关产业的损害可能是由其他原因造成的。如果损害的发生同时也受到其他因素的影响,显然,这种损害不能单单归咎于倾销。

三、反倾销措施的实施

(一) 反倾销调查

要发起反倾销调查可以有两种方式:一是由国内受到倾销影响的产业提起申请,提出发起反倾销调查的申请人,必须能够代表国内相关产业;二是由反倾销调查当局自主决定进行反倾销调查。其中,前一种形式在实际中运用较多。

(二) 反倾销裁定

反倾销调查当局应分别对倾销和损害作出初步裁定和最终裁定。初步裁定是反倾销调查的初步结论,如果初步裁定存在倾销和损害,可以采取临时反倾销措施或实施价格承诺;如果初步裁定不存在倾销和损害,则应终止反倾销调查。最终裁定是反倾销调查当局在肯定性初步裁定的基础上,继续对申请人提出的反倾销指控作进一步调查后作出的最后结论。肯定性的最终裁定一般将导致采取反倾销措施;否定性的最终裁定(无论是对倾销的最终裁定还是对损害的最终裁定)将导致案件以不采取反倾销措施的结论结束。

(三)反倾销措施

反倾销措施包括临时措施、价格承诺和征收反倾销税。

1. 临时措施

在符合下列条件时,调查当局可采取临时反倾销措施:(1)已开始调查,已予以公告,并已给予有利害关系的当事人提供资料和提出意见的充分机会;(2)已作出倾销存在和对国内相关产业造成损害的肯定性初步裁定;(3)调查当局认定采取临时措施对防止在调查期间继续发生损害是必须的。

临时措施的种类包括:(1)征收临时反倾销税;(2)采用担保方式,支付现金或保证金。临时反倾销税和保证金的数额不得高于初步裁定确定的倾销幅度。

2. 价格承诺

价格承诺,是指进口国调查当局与出口商或出口国政府,就提高倾销产品价格或停止以倾销价格向进口国出口,以便消除损害影响而达成的一种协议。其中,以提高倾销产品价格形式作出的价格承诺,其价格提高不得超过经初步裁定已确认的倾销幅度。

作出价格承诺的前提是已经作出了肯定性初步裁定。价格承诺一旦作出,进口国反倾销调查当局应立即停止调查程序。在承诺执行期间,如果发现违反承诺的情况出现,调查当局可终止承诺协议的执行,并立即重新启动反倾销调查程序,调查当局可根据现有的证据资料立即采取临时反倾销措施。

3. 反倾销税

反倾销税是最主要的一种反倾销措施,它是在反倾销调查当局在最终裁定中作出肯定性的结论时所征收的税项。但是否征收反倾销税,将由进口成员方当局自己决定。

征收反倾销税,应遵循以下原则:(1)征收额度应低于或等于倾销幅度。(2)多退少不补。如果最终确定的反倾销税额高于临时反倾销税或低于临时反倾销税,则高出部分不能要求出口商补交,而出口商多交的部分税款应当退还。(3)非歧视原则。反倾销税的征收应一视同仁,其税率不能因国别不同而有差异。

反倾销税应自征税之日起5年内结束,但如果在5年期限到来之前的一段合理时间内提出了复审要求,则在作出复审结论之前,反倾销税应继续征收。然后根据复审结论再决定是否继续征收。

案例:

1996年10月15日,墨西哥向世贸组织争端解决机构(DSB)提起申诉,称危地马拉当局针对从墨西哥进口的波特兰水泥发起的反倾销调查违反了《反倾销协议》第2条、第3条、第5条和第7条第1款的规定。经磋商未能解决争议,1997年2月4日,应墨西哥要求,争端解决机构于1997年3月20日成立了专家组。对该争议问题,美国、加拿大、洪都拉斯和萨尔瓦多保留作为第三方的权利。

专家组经过审查,认为危地马拉违反了《反倾销协议》第5条第3款的规定,其发起反倾销调查所依据的证据基础《倾销、损害以及二者之间的因果关系》是不充分的。1998年6月19日,专家组将其报告提交给世贸组织全体成员方。

在纠纷处理过程中,危地马拉提出"初步异议",认为墨西哥的请求不在专家组的权限范围内,因为根据《反倾销协议》第17条和《关于争端解决规则和程序的谅解》第4条和第6条,专家组在反倾销争端中仅能审查当事方在设立专家组请求中所确认的、与《反倾销协议》不相符的3种"措施"(即征收最终反倾销税的措施、接受价格承诺和具有重大影响的临时措施),而墨西哥未能适当地提请专家组审查这3种措施中的任何一种,所以专家组应驳回墨西哥的起诉。对于危地马拉提出的"初步异议",专家组采用了两种不同的推理方式,得出了予以驳回的结论。

1998年8月4日,危地马拉就其中的某些法律问题(包括初步异议问题以及有关协议的解释问题)诉诸争端解决的上诉机构。上诉机构经审查推翻了专家组的报告,认为本案中墨西哥未能依据《关于争端解决规则和程序的谅解》第6条第2款的规定,在其设立专家组的请求中确认"争议中的具体措施",因而它的请求在专家组成立之前就不符合《关于争端解决规则和程序的谅解》的程序规定,上诉机构也就不能就专家组报告中的任何实质性问题作出判断。上诉机构在其报告中强调它所作的结论并没有剥夺墨西哥就此事提起新的争端解决申请的权利。1998年11月25日,在争端解决机构召开的会议上通过了该报告。

第四节 补贴与反补贴国际惯例

补贴是各国政府为了支持国内某些产业部门的发展而提供的财政资助或其他形式的收入或价格支持措施。反补贴是各国政府为了保障本国经济发展而针对从其他国家进口的补贴产品采取的限制措施。

为了协调和规范各国的补贴与反补贴措施,防止补贴与反补贴措施对国际贸易造成扭曲与损害,乌拉圭回合在东京回合《反补贴协议》的基础上,通过了新的《反补贴协议》。

一、禁止性补贴及其救济

(一)禁止性补贴

所谓禁止性补贴,是指不允许成员方政府实施的补贴,一旦实施,任何受其影响的其他成员方可以直接采取反补贴措施,又称为"红色补贴"。这类补贴实际上是很明确地专门用于影响贸易的补贴,因此最有可能对其他成员方的利益造成损害。根据《补贴与反补贴协议》的规定,下列补贴为禁止性补贴:(1)政府对出口企业直接给予的现金补贴;(2)给予出口企业的外汇留成或其他类似的鼓励措施;(3)在运输上为出口货物运输提供更优惠的待遇;(4)在生产上和服务上为出口企业提供更优惠的待遇;(5)减免、退回或缓征出口企业应缴或已缴的直接税和社会福利缴款;(6)给予出口企业比内销企业更高的征税基数折扣;(7)对出口企业在间接税上予以较内销企业更优惠的减免、退还、缓缴待遇;(8)在按生产流程分级征收的间接税上,给予出口企业较内销企业更优惠的减免、退还、缓缴待遇;(9)对出口企业因生产出口产品所使用的进口原材料实行进口退税超过进口关税实际征收额;(10)以更优惠的条件向出口生产企业提供信贷担保或保险;(11)政府给予出口企业的信贷利率低于市场实际利率;(12)对初级产品以外的任何出口产品给予直接或间接补贴,导致其出口售价低于可比的内销价格;(13)以任何形式向出口经营活动和进口替代经营活动所提供的其他政府补贴。

（二）针对禁止性补贴的救济措施

针对被禁止使用的补贴措施,世贸组织设定了确认程序和采取反措施的程序。受到此类措施损害的成员方,应先提请与实施该措施的成员方进行磋商。如果在磋商之后30天之内达不成解决办法,参与磋商的任何一方可将有关事宜提交补贴与反补贴委员会。委员会在接到请求之后90天内完成调查工作。如委员会认定属实,首先应劝告有关成员方撤销有关补贴,如拒不接受劝告,受到该补贴损害的成员方便可采取适当的反补贴措施。

二、可诉的补贴及其救济

（一）可诉的补贴

可诉的补贴是指在一定范围内允许实施,但如果对其他成员方的经济贸易利益造成了损害,受到损害的成员方可就此采取反补贴措施的补贴,又称为"黄色补贴"。

根据规定,下列情况可以认为是因实施可诉的补贴对其他成员方的利益造成了损害:

(1) 对另一成员方的国内产业造成损害。

(2) 取消或者损害了其他成员方根据关贸总协定直接或间接获得的利益,特别是根据关贸总协定规定的关税减让利益。

(3) 严重侵害其他成员方的利益。主要包括以下 4 种:第一,对一种产品的补贴超过该产品总价值的 5%;第二,对一个行业的全部经营损失进行补贴;第三,对一个企业的全部经营损失进行补贴,这种补贴是指经常性的、重复提供的补贴;第四,直接免除债务及偿还债务。

(二) 对可诉的补贴的救济措施

如果任何成员方证明其他成员方实施该类补贴,并对自己造成损害,便可向实施该补贴的成员方提交有关证明文件,并邀请其进行磋商。如果在 60 天之内达不成解决办法,任何一方可将有关事宜提交补贴与反补贴委员会,委员会在接到请求之后 120 天内完成调查工作。如委员会认定属实,实施补贴的成员方应在裁定的时间内撤销补贴或消除损害;如拒不执行,受到损害的成员方便可采取适当的反补贴措施。

三、不可诉补贴

不可诉补贴是指成员方所采取的、为世贸组织规则所允许的、一般不受其他成员方反对或因此而采取反补贴措施的补贴,又称为"绿色补贴",主要包括:

(1) 对所有企业都适用,而非专门向某些特定企业提供的补贴。

(2) 为推动科学研究与技术进步而向某些企业提供的补贴。

(3) 以环境保护为目的的补贴。

（4）在一定的地理区域内对所有企业都适用的补贴。
（5）严格限制在短期内实施、并逐步取消的补贴。
（6）在执行前一个月已经通报补贴与反补贴委员会和各成员方，并未得到任何反对意见的补贴。
（7）政府按商业惯例提供的产权资本、贷款、贷款担保、供应或购买商品或服务。

四、反补贴措施

反补贴措施是指进口方针对出口方对其出口产品进行法律不允许的补贴而对该产品征收反补贴税的措施。各成员方采取反补贴措施必须依据法定的程序和标准进行。

（一）反补贴调查

《反补贴协议》规定，任一成员方如果有证据证明其他成员方采取的补贴措施对本国国内产业造成了损害，都可向本国调查当局提出发起反补贴调查的书面申请。在特殊情况下，调查当局在掌握足够证据的条件下也可自主发起反补贴调查。

（二）补贴对产业损害的确定

损害的确定是决定是否最终采取反补贴措施的关键。其具体内容包括：

（1）确定损害应当考察3个方面的情况，即补贴进口的总量、补贴进口对国内相同产品价格的影响和补贴进口对国内相关生产者的影响。

（2）对于重大损害威胁的判断，应当基于事实，特别应考虑以下因素：一是补贴的性质及其可能对贸易造成的影响；二是进口产品大量增加的可能性；三是正在进口的产品的价格是否会对国内相同产品产生压价、抑价作用；四是被调查进口产品的库存情况。

（3）应当证明补贴进口与对国内产业造成损害之间存在因果关系。

(三) 反补贴措施

从调查当局决定发起一项反补贴调查到作出最后决定,可以采取的反补贴措施有以下几种:

1. 临时措施

临时措施的形式是征收临时反补贴税,具体形式包括交付现金或存款保证书,其数额应与临时估计的补贴数额相等。临时措施应自发起调查之日起 60 天后方可采取,实施期限不得超过 4 个月。

2. 承诺

在调查当局作出肯定性的初步裁决之后,出口成员方政府或企业为了避免征收反补贴税可以自愿承诺取消或限制补贴,或提高价格以消除损害影响。对于这种自愿承诺,调查当局可自主决定是否接受。

调查当局与出口方或出口商之间一旦达成有关承诺的协议,调查应当终止。如果一旦发现其违反承诺,调查当局可以立即适用临时措施。

3. 反补贴税

《反补贴协议》规定,在调查最终结果表明存在补贴、损害及二者间存在因果关系时,是否征收反补贴税由调查当局自主决定。如果决定征收反补贴税,所征数额应与补贴数额相等或比之更少。反补贴税的征收应对所有被发现有补贴及造成损害的进口产品征收,不得对任何一方有歧视。

反补贴税适用的期限应以足以抵消补贴造成的损害为限,最长期限不得超过 5 年,但在期满前经审查发现终止征收反补贴税有可能导致补贴与损害的继续或重新发生者除外。

五、发展中国家成员方的特殊待遇

发展中国家成员方可在《补贴与反补贴措施》实施后 8 年内,

以渐进的方式逐步取消出口补贴。由计划经济向市场经济过渡的成员方,可以在该措施实施后3年内继续实施某些被禁止的补贴措施。

案例：

1998年5月4日,美国诉称澳大利亚对其汽车用皮革生产商和出口商实施了禁止性补贴,涉及政府优惠贷款2 500万澳元和非商业性拨款3 000万澳元。美国认为上述措施违反了澳大利亚根据《反补贴协议》第3条承诺的义务。1998年6月22日,争端解决机构设立专家小组。专家小组经审查,认为澳大利亚的政府贷款不属于《反补贴协议》第3条第1款a项所指的禁止性出口补贴,但它属于《反补贴协议》第1条所指的补贴,也应予以禁止。1999年6月16日,争端解决机构通过了专家小组报告。

第五节 卫生与动植物检疫国际惯例

世贸组织各成员方为了保护人类及动植物的生命和健康,可以对进口产品采取必要的卫生检疫措施。但有些成员方借口保护生态平衡,设置了一些不合理的检验措施和标准,严重影响了国际贸易的正常发展,成为一种非关税壁垒。为了协调和规范各国的卫生与动植物检疫措施,乌拉圭回合谈判达成了《实施卫生与动植物检疫措施协议》,它与《农产品协议》第八部分、GATT第20条第2款一起构成了WTO的卫生与检疫制度。

一、基本权利与义务

（一）基本权利

各成员方享有采取必要的卫生与动植物检疫措施以保护人类、动植物的生命和健康的权利。

（二）义务

各成员方必须确保：(1)所实施的检疫措施仅限于为保护人类、动植物生命和健康所必需的范围之内，并应建立在科学原则的基础上；(2)应以公平、客观和非歧视的方式适用；(3)所实施措施不得构成对国际贸易的隐蔽性限制。

二、卫生与动植物检疫措施的协调

各成员方应尽可能将自己的卫生与动植物检疫措施建立在现行的国际标准、指南或建议的基础上，也可以制定和实施比有关的国际标准、指南或建议更高水平的卫生与动植物检疫措施，但其制定和实施必须基于科学的理由，且不应与本协定的其他规定相违背。由卫生与动植物检疫委员会具体负责制定国际协调措施，并指导各成员方与有关国际组织进行合作。

三、风险评估和保护水平的确定

风险评估和确定卫生与动植物检疫适当保护水平这两项内容，是对是否应当采取某项检疫措施的限制。

（一）风险评估

所谓风险评估，是指就某项产品是否会对人类、动植物生命或健康造成危险进行适当评估，以确定是否有必要采取相应的检疫措施。根据协议第3条的规定，各成员方制定和实施卫生与动植物检疫措施，应建立在风险评估的基础上，在进行风险评估中，应考虑有关国际组织的风险评估技术。具体讲，各成员方在进行风险评估时，应考虑以下因素：(1)可得到的科学证据；(2)有关的加工和生产方法；(3)有关的检验、抽样和试验方法；(4)特殊疾病或瘟疫的流行；(5)特定病虫害的流行；(6)有关的生态环境条件。

（二）适当保护水平的确定

在进行风险评估的基础上，就可以进一步确定为防止对人类、动植物生命或健康造成危险而需采取的措施。该措施的确定和实施应限于适当的保护水平上：保护水平过高，会对产品的进口形成阻碍；保护水平过低，又达不到保护人类与动植物生命和健康的目的。根据协议第 5 条的规定，各成员方在确定适当保护水平时，应以对贸易的消极影响减少到最低程度为目标。

四、透明度

各成员方制定、实施的卫生与动植物检疫措施应具有透明度，应按协议的规定及时通知其变动情况及有关信息。具体的规则和程序如下：

(1) 各成员方应及时公布其适用的卫生与动植物检疫措施，使其他成员方能及时了解其内容。

(2) 除非存在法定的紧急情况，各成员方应在一项卫生与动植物检疫法规的公布与其生效之间留有合理的时间，便于其他成员方的生产者为达到该法规的要求而调整其生产方法。

(3) 每个成员方应保证设立一个咨询点，负责答复其他成员方所提出的有关的合理问题，并提供有关文件。

五、控制、检验与批准程序

各成员方应遵循下列控制、检验与批准的规则：

(1) 各成员方不得在有关的控制、检验与批准程序中有意延误时间，并且该程序对进口产品与国内相同产品平等地适用。

(2) 应通知申请者每一程序的标准办理期和预计的办理期，负责审批的机构应及时对申请资料予以审查，并告知申请者其中的不足之处，以便其采取必要的改进措施。

(3) 检验、审批的程序费用应公开，在收费上应贯彻国民待遇原则与最惠国待遇原则。

(4) 对进口产品的抽样及厂家厂址的选择应限于合理、必需的要求,应将由于检验给进口厂商造成的不便因素降到最低程度。

(5) 应建立对此类审批程序予以监督的复审程序,以便于对不适当的审批行为予以纠正。

六、发展中国家成员方的特殊待遇

各成员方在制定和实施卫生与动植物检疫措施时,应当考虑发展中国家成员方的特殊需要,特别是最不发达国家成员方的需要,应当给予它们必要的技术援助和特殊待遇。

七、管理机构与争端解决

(一) 管理机构

根据规定,由卫生与动植物措施委员会管理和监督该协议的执行,并为各成员方就有关问题的磋商提供一个正式场所。该委员会的职责主要有:

(1) 鼓励各成员方之间开展磋商或谈判,并为之提供便利条件。

(2) 与卫生和动植物检疫领域的有关国际组织保持密切的联系。

(3) 为卫生与动植物检疫措施的国际协调和有关国际标准的利用制定程序。

(4) 可以邀请有关的国际组织对有关具体标准、指南或建议进行审查。

(5) 对协议的执行情况进行评审。

(二) 争端解决

各成员方之间有关卫生与动植物检疫措施的争端解决,应适用《关于争端解决规则和程序的谅解》的各项规定。但在下述几方面,应适用《实施卫生与动植物检疫措施协议》的特别规定:

(1) 当争端涉及到专门的科学技术问题时,专家组应向经与争端双方协商而挑选的专家进行咨询。在专家组认为需要时,可以经争端一方请求或自己主动成立一个技术专家小组,或者咨询有关的国际组织。

(2) 该协议的执行不应妨碍各成员方根据其他国际协议而享有的各项权利,包括诉诸商品局或其他国际组织争端解决机构的权利。

案例:

1997年4月7日,美国诉称日本发布的农产品进口禁令规定每一类产品在采取隔离措施并分类检验合格前不得进口。美国认为日本的政策违反了《实施卫生与动植物检疫措施协议》第2条、第5条和第8条的规定以及GATT1994第11条、《农产品协议》第4条的规定,并要求赔偿损失。1997年11月18日,争端解决机构设立专家小组。欧盟、匈牙利和巴西声明保留第三方的权利。专家小组经审查认为日本的做法与《实施卫生与动植物检疫措施协议》第2条第2款和第5条第6款及第7条、附件2的规定相矛盾,应予以修改。1998年11月24日,日本就专家小组报告中涉及的法律问题提出上诉。上诉机构经审查认为,日本对苹果、樱桃、油桃和核桃进行分类检验不符合《实施卫生与动植物检疫措施协议》的要求。1999年3月19日,争端解决机构通过了上诉机构报告和专家小组报告。

第六节 技术性贸易壁垒国际惯例

各国通过法律、法规制定统一的产品技术标准、认证制度、检疫制度等,对合理配置资源、保护消费者利益、增加规模经济效益等都具有积极意义。但是,另一方面也应看到,由于各国制定不同的产品技术标准、不同的产品认证程序,阻碍了产品的国际贸易,这样就形成了贸易技术壁垒。

为了统一各成员方制定技术标准法规及合格评定程序的行为,提高其政策透明度,防止技术标准及合格评定成为阻碍国际贸易发展的障碍,乌拉圭回合谈判达成了《技术性贸易壁垒协议》(TBT)。

一、总则

《技术性贸易壁垒协议》规定其宗旨是鼓励制定和采用国际标准和认证制度,要求各成员方采取的技术法规及标准不致给国际贸易造成不必要的障碍。这里的技术法规是指规定产品的特性及其加工生产方法的法律文件,包括要强制执行的行政管理文件。标准则是指经某一认证机构批准、供共同和反复使用的、非强制性实施的文件。可见,两者的区别在于"技术法规"具有强制执行效力,而"标准"不具有强制执行效力,由生产者自愿接受。

二、技术法规和标准的制定、通过与实施

(一) 技术法规的制定、通过与实施

1. 技术规定须符合的条件

《技术性贸易壁垒协议》允许成员方有权采用技术规定制定强制性的产品标准(包括包装要求和标签要求),颁布这些规定是为了保证国家安全需要,防止欺诈行为,保护人类健康和安全,以及保护动植物或环境。发达国家常常利用 WTO/TBT 合理设置技术壁垒来保护自己的利益。而上述 5 个正当目标是合理设置贸易技术壁垒的依据。例如,美国以保护人类健康和安全为理由,对食品、药物等的进口严格限制。向美国出口的食品和药品必须通过 FDA 的检验、认证,在农药、有害菌、重金属的含量及食品添加剂方面不符合规定者不得进口。

协议要求成员国确保其技术规定符合如下条件:(1) 遵守国

民待遇原则和最惠国待遇原则;(2)制定、通过和实施技术法规不能给国际贸易带来不必要的障碍;(3)应以科学资料和证据为基础。

2. 技术规定要基于国际标准

确保技术规定不对贸易造成障碍的一种方法是以国际标准作为基础,协议要求成员方有义务基于国际标准制定技术规定。但如果管理当局由于本国气候、地理或基本技术问题等因素认为国际标准不适合的,也可以作为例外处理。为在国际范围内进一步协调技术标准,协议呼吁各成员方积极参与国际标准化组织和其他国际标准组织的工作。

3. 对制定与现行国际标准不符的技术规定的程序要求

各成员方在制定技术法规时,应积极考虑采用已有的国际标准或其他成员方的有关技术法规的规定,如果相关标准不存在,制定技术法规的成员方应当履行下述义务:(1)提前在公开出版物上公布该技术法规的内容,以便使其他成员方了解该技术法规;(2)提前通过世贸组织秘书处,将所涉及的产品通知其他成员方,并对制定该技术法规的目的和理由附一简要说明;(3)一经其他成员方请求,应提供制定该技术法规的细节或副本,如果可能,应指出哪些部分实质上与有关的国际标准不符;(4)应无歧视地给予其他成员方提出书面意见的合理时间,并对其意见予以充分考虑。

(二)标准的制定、通过与实施

根据 TBT 规定,各成员方中央政府及地方政府所属标准化机构及非政府性标准化机构(以下统称"标准化机构")负责标准的制定、通过与实施。各成员方承诺,保证其境内的标准化机构接受并遵守 TBT 附件3《关于制定、通过与实施标准的良好作业规则》的规定。它要求成员方的标准化机构要遵守和规定与强制性标准相类似的原则和规则。该协议要求这些机构承诺以下条件:(1)以国际标准作为其国家标准的基础;(2)在资源允许的限度内,全面参与产品的国际标准的制定。

标准虽然是自愿采用的,但如果产品不符合标准,采购者不会订货,消费者不会购买,所以发达国家也常常利用其来设置贸易壁垒。日美之间的汽车贸易战就是典型。美国一直让日本开放其汽车市场,但现在日本的汽车市场对美国开放了,美国汽车在日本的市场份额并不高,原因是日本有关汽车及其零部件标准,主要来源于日本丰田、日产、三菱、本田等大公司的标准。比如,日本车辆零件和材料技术方面的标准,40%来自丰田标准,与美国三大汽车公司的标准有很大差异。尤其是在尺寸方面,日本的汽车整体结构比美国小,所以零部件尺寸与美国的不一样。买美国的汽车不仅不符合日本国情,而且维修成本增大,因为大部分零部件须从美国进口。日本的汽车标准"永远"不会采用美国的标准,而美国汽车要想在日本有销路,只有被动接受日本的标准。由于进入成本太高,所以美国政府白费力气,标准力量击溃了美国政府的进攻。

三、对进口品的合格评定程序和认证制度

(一)保证外国供应商于正常状态下在进口成员方取得确认证书

对一些实施强制性标准的产品,管理当局也许会要求,只有在制造商或出口商从进口成员方的指定机构或实验室取得其产品符合标准的确认证书时,进口产品才能销售。为避免外国供应商在获取确认证书文本时处于不利地位,协议作出如下规定:

(1)在评估的程序方面,对外国供应商的待遇应不低于对国内供应商的待遇。

(2)对外国供应商征收的费用应与国内产品征收的费用相当。

(3)选样测试不应给外国供应商带来不便。

（二）鼓励进口成员方接受出口成员方本身的技术确认证书

由于管理当局要求产品符合其标准，因此，如果进口成员方满意地认为出口成员方所实行的产品标准和严格符合标准的程序与它们自己的一致，协议就鼓励它们接受出口成员方中具备资格的评定机构所作出的测试评定结果。不过，协议强调，只有在进口成员方承认出口成员方评定机构的技术能力时，才有可能相互承认确认证书。

进口品的合格评定体系同样成为发达国家设置技术贸易壁垒的工具。例如，美国大米由于基因技术的使用，产量高，质好价低，对日本农民利益构成巨大的威胁。因而，日本农林省选择用严格检验的手段来限制美国大米的进口，对大米的检验项目逐年增加，从1994年的56项增至1995年的64项、1996年的81项、1997年的91项和1998年的104项，而且必须由日本方面指定的或授权的认证、检验机构进行检验。美国大米只好退出日本市场。

四、信息与援助

TBT规定，各成员方应设立咨询站，以保证提供其国内有关技术法规、标准及合格评定程序的各种信息，当有关当事人请求提供文件副本时，应以与提供给本国国民或任何其他成员方相同的价格提供。各成员方应当指定专门的中央政府机构负责管理有关信息的提供；如果指定的负责机构有两个以上，该成员方应将每个机构明确的职责范围提供给其他成员方。

同时，各成员方有义务向其他成员方特别是发展中国家成员方提供拟订技术法规、建立标准化机构、合格评定机构等方面的咨询和技术援助。

五、发展中国家成员方的特殊待遇

经某一发展中国家成员方请求，"贸易技术壁垒委员会"可以决定免除该国履行 TBT 规定的全部或部分义务,但应同时予以具体说明和时间限制。

六、管理机构与争端解决

根据 TBT 规定,设立由每个成员方的代表组成的贸易技术壁垒委员会作为管理机构。委员会可以设立附属机构,以执行具体职责;各成员方之间就协议的执行发生争执时,应首先在争端解决机构的主持下进行磋商。若磋商无法达成一致,可按《关于争端解决规则和程序的谅解》的规定设立专家小组。专家小组可设立一个技术专家组帮助解决有关的技术性问题。争端各方应将所有有关的信息提交给技术专家组,但机密资料除外。技术专家组将就争端所作的报告草案提供给有关各方以征求其意见,并在对其意见予以考虑后,认为合适即可写入最终报告。技术专家组应将最终报告提交给专家小组,同时分发给各有关成员。

案例:

加拿大、秘鲁和智利控诉法国关于扇贝种类贸易的一个政府法令。原告宣称虽然它们和法国的扇贝在颜色、大小、构成、表面和用途上没有区别,即它们的产品被称为"相似产品",却不能够作为"扇贝产品"在法国销售。这显然降低了它们的产品在法国市场上的竞争力,构成歧视待遇。这一法令违反了 GATT1994 第 1 条和第 3 条、WTO/TBT 协议第 2 条所体现的国民待遇和最惠国待遇的非歧视原则。因此,1995 年 7 月 19 日,争端解决机构在加拿大的要求下成立专家组。1995 年 10 月 11 日,秘鲁和智利对同一问题要求成立一个联合的专家组。1996 年 7 月 5 日,这几方把一个相互同意的解决方案通知争端解决机构。专家组接受了这一解决方案,并于 1996 年 8 月 5 日把专家组的报告发布给各成员。

第七节 货物通关国际惯例

世界各国都设有自己的海关,以稽查所有过境的人和物,并征收货物的进出口税。一个国家的关税制度通过征税手续的繁简和税率的高低就能够影响贸易对方各国的生产和经济。因此,对于国际贸易货物通关,各个国家就必须遵循已形成的惯例,否则,不利于正常贸易往来并制约世界经济的发展。

一、商品分类惯例

不同国家对商品的不同分类导致了贸易谈判与业务磋商中的误解,特别是各国"海关税则"规定某种商品应征应缴的海关税率直接与商品分类相关。分类的不同严重影响国际贸易的健康发展。对此,人们便根据长期积累的经验,对商品进行能被广泛接受的分类,并在实践中不断修改,使之日益科学化,成为商品分类的国际惯例。

(一)《布鲁塞尔税则目录》的商品分类

为了减少各国在"海关税则"商品分类上的矛盾,欧洲关税同盟研究小组下设的关税合作理事会于1952年12月在比利时的布鲁塞尔制定了《关税合作理事会税则目录》,又称为《布鲁塞尔税则目录》。

《布鲁塞尔税则目录》的商品分类是以商品的自然属性为主,结合加工程度等因素进行划分的。它先把全部商品分成21类,前4类为农畜产品,又划分为24章;后17类为工业制成品,又分为75章,章下再明列具体商品及其税目号。商品的税目号均为4位阿拉伯数字,中间用圆点隔开,前两位表示商品所属章次,后2位表示该章项下的某种商品的税目号。各缔约国在确保不改变类、章、项的前提下,才能在税目项下根据本国的实际情况增加细目。

（二）商品名称及编码协调制度

《布鲁塞尔税则目录》虽然对推动世界各国在商品分类上走向统一起到了很大的作用，但却未能得到广泛接受。有鉴于此，1983年在海关合作理事会和各国代表及各国际组织代表的共同努力下，通过了《商品名称及编码协调制度公约》及附件《商品名称及编码协调制度》，简称《协调制度》或 HS。从 1988 年 1 月 1 日起，该公约正式生效。目前欧美的主要发达国家几乎都加入了该公约，我国也于 1992 年 1 月 1 日正式加入该公约。

《协调制度》之所以能为世界各国广泛接受并采用，根本原因在于该制度是综合性的、协调的、多用途的国际商品分类目录。《协调制度》将国际贸易的全部商品分为 21 大类，即按社会生产的生产部类进行分类。类之下分 97 章，章的分类方法则不完全相同，第 1 章～第 83 章（第 64 章～第 66 章除外）基本上是按商品的自然属性来划分的。第 64 章～第 66 章和第 84 章～第 97 章则是按商品的用途和功能来分的。章之下分 1 241 个税目，税目之下则又分出 5 019 个子目。该制度对商品的编码采用 6 位阿拉伯数字，前 2 位为章号，中间 2 位为税目，最后 2 位为子目。

根据 HS，发达国家若加入该公约，就必须在公约生效之日起全部采用《协调制度》，对章、目及子目不作任何增添或删改，只有在子目之下才有权加列具体的细目。发展中国家也应该如此。但考虑到发展中国家的实际情况，在采用章号和税目 4 位编号的前提下，子目可用"00"代替。

二、海关估价惯例

海关估价是指经海关审查确定的完税价格，是国际贸易程序中的一个重要环节。在世界各国的海关估价中，非常容易出现以下两方面的问题：一方面，一些不法商人出于逃税目的假报、低报进口品价值；另一方面，一些国家的海关武断地高估进出口商品的价值,从而变相地提高关税,对贸易起到阻碍作用。因此,国际上要求有一个统一的海关估价规定,关贸总协定经过努力达成了《海关估价协议》,该协议规定了海关估价的6种方法。

(一) 成交价格

协议规定,海关估价应是货物出口到进口方时实付或应付的价格(如发票价格),另外,还可视具体情况加上以下各项费用:(1)除购货佣金以外的佣金和经纪费;(2)集装箱使用费以及包装费(包含劳动力和材料的费用);(3)出口商以免费或减价形式向进口商直接或间接提供的、与进口货物的使用或销售有关的物品或劳务价格;(4)专利费、许可费和其他知识产权费用;(5)由于进口货物的转售、处理或使用而由进口商直接向出口商支付的有关费用;(6)如以到岸价格进行海关估价,还可包括运费、保险费以及装卸费等费用。

成交价格是海关估价的基本价格。如果海关拒绝使用进口商申报的成交价格,协议把海关可以使用的估价方法限定在以下5种标准以内。而且,对这些标准的选择应当按照下列顺序加以使用,即只有在上一种认定标准无法使用时,方可按顺序依次选择其他标准。

(二) 相同货物的成交价格

根据协议规定,判定相同货物的标准是,在所有方面包括物理特点、质量和信誉都一样的货物,被认为是相同的货物。

(三) 类似货物的成交价格

判定类似货物的方法有二:一是在构成、材料和特点方面与被估价货物极其相似的货物;二是与被估价货物具备同样效用、在商业上可以互换的货物。

此外,某货物若要被认定为相同产品或类似产品,还必须与被估价货物一样,在同一国家且由同一生产商生产。如果不能同时具备上述两个条件,则应对在同一国家但由不同生产厂商生产的产品加以考虑。

(四) 扣除价格

扣除价格的确定方法是：进口商品在国内市场的单位销售价格或与其相同或类似商品在国内市场的单位销售价格，扣除通常支付或议定支付的佣金、利润、关税、国内税、运费、保险费，以及在进口时产生的其他费用。

(五) 推算价格

推算价格的确定方法是：成本加上利润及其他费用。

(六) 符合关贸总协定的其他方法

同时，协议也规定了一些禁止使用的海关估价方法，包括：不得使用出口方向其他第三国(地区)出口的价格；不得规定价格下限；不得使用武断的或虚构的方法进行海关估价；等等。

三、装运前检验国际惯例

装运前检验是指进口国政府雇佣独立的专业公司来检验海外订购货物的装载情况，主要检验货物的价格、数量和质量。这种做法通常为发展中国家所采用，其目的在于保护国内财政利益，防止资本外流、商业欺诈、逃避关税等行为发生。但是发达国家成员方对此提出质疑，它们担心装运前检验将构成一种非关税壁垒。

为了消除发展中国家成员方与发达国家成员方之间就此问题所产生的分歧，乌拉圭回合经过多年谈判和磋商，一致达成了《装运前检验协议》。协议由前言和9个条款组成，主要内容有适用范围和定义、进口成员方的义务、出口成员方的义务、争端的解决等。

(一) 进口成员方政府的义务

(1) 在装运前检验活动中应遵守关贸总协定的透明度原则、无歧视原则和国民待遇原则。

(2) 保证进口方所采用的检验程序和标准应以贸易合同为依据，若贸易合同无此规定，则应按国际贸易惯例、国际标准检验。

(3) 确保向出口商及时提供所有其需遵守的检验要求和有关的法律、法规及其他必要的信息。

(4) 受委托的检验机构有义务保护在检验活动中获得的出口商尚未公开的商业情报和信息,不得要求获取超出合理范围与检验无关的其他信息。

(5) 确保装运前检验活动避免不合理的延误。

(6) 建立上诉程序,公平合理地处理出口商提出的各种申诉。

(二) 对出口价格的核实

按照协议规定,为了防止劣质商品进口、预防欺诈行为以及开立高价发票或低价发票的不正当贸易行为,进口成员方有权在货物装运前对合同商品的价格进行核实。为了判定出口价格是否反映了货物的真实价值,应当对该类货物的出口价格和从该出口成员方出口到该进口成员方或其他成员方市场的相同或类似产品的出口报价进行比较。

四、原产地国际惯例

原产地规则是指任何成员方为确定货物原产国而实行的普遍适用的法律、法规和行政管理规定。其适用范围包括所有用于非优惠性商业政策、措施的原产地规则,适用于实施最惠国待遇、反倾销税和反补贴税、保障措施、原产国标记要求、任何歧视性的数量限制或关税配额等所采用的原产地规则,以及为政府采购和贸易统计而使用的原产地规则。

(一) 适用于普惠制的原产地规则

普遍优惠制简称普惠制(GSP),是指发达国家应给予所有发展中国家出口的制成品和半制成品以普遍的、非歧视的和非互惠的关税优惠待遇。

原产地规则是普惠制方案的核心内容,是为了确保普惠制待遇只给予发展中国家而制定的。原产地规则的主要内容是原产地标准,该标准规定,完全用受惠国的原料、零部件生产或制造的产品有资格享受普惠制待遇。如果是含进口成分的产品,必须满足使进口成分发生"实质性改变"的条件,才有资格享受。衡量"实质性改变"的标准一般有两种:(1)加工标准。即规定进口成分经加工后,税目发生了变化(以 HS 为准),便可视为发生了实质性改变。(2)增值标准。即以进口成分的价值占制成品出口价值的百分比作为判断实质性改变的标准,故亦称百分比标准。例如,加拿大规定进口成分价值不得超过该产品出厂价的40%,澳大利亚与新西兰则规定不超过50%。

但是给惠国为了保护本国工业,近年来开始采用"毕业"条款,即当某个受惠国的产品开始显示出较强的竞争力时,就取消该项产品的优惠待遇("产品毕业")乃至整个受惠国的受惠资格("国家毕业")。例如,美国1989年开始对韩国和新加坡等国家与香港、台湾地区实施"国家/地区毕业"条款。欧盟和日本等国近年来也对我国某些产品实施了"产品毕业"条款。

(二) 原产地规则的协调

原产地规则的整个协调工作应在世贸组织部长级会议与海关合作理事会合作指导下进行,其执行机构是原产地规则委员会和原产地规则技术委员会。

各成员方协议的协调应该遵循以下原则:(1)与原产地规则协议所规定的定义和适用范围相一致;(2)确定为某一特定产品原产国的应是完整生产该项产品的国家,或当该产品的生产过程涉及一个以上国家时,则对产品实施实质性改变的国家为原产国;(3)原产地规则应是客观的、可理解的和可预见的,并不得作为直接或间接阻碍贸易的手段;(4)原产地规则应以一致的、统一的、公正的和合理的方式加以执行和管理,并应具有连贯性。

(三) 成员方通知的义务与争端解决

自建立世贸组织协议生效之日起90天以内,各成员方应向秘书处提供现行的原产地规则或与原产地规则有关的普遍适用的司法决定和行政管理规则,若对其作了重大修改或实施新的原产地规则,则至少应在修改或新规则生效前60天发布通告。

若成员方之间就原产地规则发生争议,则应按 GATT1994 的有关协商规则进行协商和解决争端。

五、进口许可证程序

进口许可证制度是各国政府采取的一种行政性进口管制措施。按照各国规定,公司或个人只有在向政府有关部门提出申请并取得证书后才能进口某种商品,该证书被称作进口许可证。乌拉圭回合在东京回合许可程序协议的基础上,经谈判达成了《进口许可证程序协议》。

(一) 协议的原则

协议对批准进口许可证的程序规定了如下原则:

(1) 在规则的使用上和管理上做到公正、平等地对待各成员方。

(2) 应提前公布申领许可证的规定和所需的材料,并将有关副本提交 WTO 秘书处。

(3) 应简化许可证申请表格和手续,行政管理机关不得超过3个。

(二) 自动进口许可证的申请和发放

自动进口许可证是指在任何情况下一概批准申请而签发的进口许可证。凡是符合进口国成员方规定的条件,从事属于自动进口许可证有关产品的进口业务的任何个人、商号或机构,均有资格申请及取得进口许可证。申请者在海关放行货物之前的任何一个工作日内,都可递交进口许可证的申请书。只要申请书的内容及程序无误,应当即时批准。

(三) 非自动进口许可证的申请和发放

凡不属于自动进口许可证范围的进口许可证即为非自动进口许可证,除适用许可证程序应遵循的一般原则外,还应符合下述规定:

(1) 除进口限制本身的影响外,其实施不得对进口有其他的限制或扭曲贸易的作用。

(2) 协议一方应负担向其他成员方及其贸易商公布充分资料的义务。

(3) 凡符合法律要求的个人、商号和机构,应具有申请和获取许可证的同等资格。

(4) 办理该种申请的原则是先来先办,办理时限至多为 30 天,若一并办理所有该种许可证申请,时限不得超过 60 天。

(5) 许可证的有效期应合理,不应因有效期过短而影响货物的进口,特别是那些远距离货物的进口。

(6) 如果实行配额管理,不得阻碍已发放许可证进口及配额的充分利用。对于不在供应国之间分配许可证所实施的配额,许可证持有人可自行选择进口来源;在供应国之间分配的配额,应在许可证上注明国家名称。

(7) 在分配许可证时还应考虑以下因素:一是申请人的进口实绩;二是应考虑向新的进口商合理分配许可证;三是对发展中国家成员方尤其是从最不发达国家成员方进口产品的进口商应给予特别的考虑。

(8) 如因在运转、散装船过程中以及符合通常商业做法而造成进口货物的数量超过前一许可证上规定的水平,可在未来分配许可证时作出补偿性调整。

案例:

　　按照北美自由贸易协定原产地规则规定,复印机的全部主要组装件及印刷线路板必须在区内生产,方能取得北美自由贸易区原产地资格,从而得以享受区内优惠关税待遇。此项规则意在阻止美国施乐公司的竞争对手——日本佳能公司到中国和马来西亚等低成本的国家投资设厂,迫使佳能公司在美国弗吉尼亚投资约1亿美元兴建了一座复印机生产厂。这不仅为美国增加了就业机会,而且还加大了佳能公司的复印机生产成本。

第八节 保障措施国际惯例

保障措施是指当某个产品的进口突然大量增加并对进口国国内相同或类似产业造成损害或损害威胁时,该国所采取的临时限制进口措施。保障措施是对来自国外进口产品的公平竞争采取的限制措施,而反倾销、反补贴措施针对的是来自国外进口产品的不公平竞争。由于采取保障措施无需证明有低于正常价格销售、或者进口产品有政府补贴的事实,因此,一些国家有滥用保障措施的倾向。为了明确和规范各成员方对保障措施的适用,乌拉圭回合达成了《保障措施协议》。该协议共14条,明确规定了适用保障措施的条件与程序。

一、实施保障措施的条件

一个成员方要实施保障措施应符合以下条件:

(1) 已经确定一种产品正以较快增长的数量进口,这里的数量增长包括绝对数量的增加和相对于进口国国内生产的增加。

(2) 由于上述进口的增加,对进口国国内产业造成严重损害或有造成严重损害的威胁。所谓"严重损害",是指对国内产业的一种重大的全面损害;所谓"严重损害威胁",是指严重损害即将发生的情形;所谓"国内产业",是指一个成员方境内作为一个整体从事相同或直接竞争性产品生产的生产者,或者其相同或竞争性产品加起来的总和构成该类产品国内生产的主要部分的生产者。

(3) 有关产品进口增加与对国内产业造成严重损害或严重损害威胁之间存在因果关系。

(4) 保障措施应不分来源地适用于某项进口产品,不能对不同来源的产品有歧视性待遇。

二、调查

一个成员方要采取保障措施,必须事先由法定的调查机构根据法定的程序进行调查。调查当局应当公开通知有关进口产品的进口商、出口商及其他利害关系方,并给予它们提出证据与观点的机会,特别是就适用保障措施是否符合公共利益提出自己的看法。

调查当局在确定增加的进口是否对国内产业造成严重损害或严重损害威胁时,应当对反映该产业情况的各种因素进行权衡,包括有关产品进口的绝对与相对增长率及增长数量、增加的进口占国内市场的份额以及销售、生产、利润及就业水平等的变化,其调查结论应予以公告。

三、保障措施的适用

(一) 临时保障措施

协议规定,在紧急情况下,如果不立即采取措施将会造成难以弥补的损失,进口成员方可以采取临时保障措施,其决定应当基于进口大量增加并已造成国内产业的严重损害或正在造成严重损害威胁的明确的证据。临时措施的形式主要是增加关税,适用期限不得超过200天。

(二) 保障措施

只有在因大量进口已造成国内相关产业的严重损害时方可采取保障措施。

1. 形式

保障措施的形式有三种：(1)增加有关产品的进口关税。(2)数量限制。其数额一般不得低于依统计最近3年平均进口的数量。(3)配额。采取配额形式时，进口成员方应与所有有利害关系的成员方就配额的分配进行协商，达成协议，如不能达成协议，则可根据各成员方在过去有代表性阶段进口的比例来进行分配。

2. 期限

保障措施的实施期限一般不能超过4年。如果期限届满前调查当局经审查认为停止实施保障措施有可能重新导致对国内产业的严重损害，则可将此期限适当延长，但从适用临时措施开始计算，最长不得超过8年。

3. 审查

如果保障措施适用期限超过1年，适用成员方应当在适用期间定期地予以逐步取消。如果超过3年，应在适用的中期对其适用情况进行审查，并根据适用情况决定何时撤销保障措施。如果根据上述适用期限的规定予以延长期限的话，延长期间采取的措施不得比起始期结束时更加严厉，并且应继续予以逐步取消。

4. 保障措施的再适用

如果一项保障措施适用的期间等于或少于180天，则在符合下述条件时，该保障措施可以再次适用于同一项产品：(1)自对该产品引用一项保障措施之日起至少已过去1年时间；(2)在再次引用该措施时，5年内对相同产品引用该措施的次数不超过2次。

四、发展中国家成员方的特殊待遇

如果来源于一个发展中国家成员方的进口占进口成员方该产品的进口总量不足3%，或所有来自发展中国家成员方的该产品的进口总和不超过进口成员方该产品进口总量的9%，则进口成员方不能实施保障措施。

发展中国家成员方实施保障措施的期限可以比一般规定的期限再延长2年。

五、"灰色区域"的禁止与取消

所谓"灰色区域",是指缔约双方通过自愿出口限制、有秩序的市场安排、数量限制等形式来限制进出口贸易的措施。由于此类措施透明度很低、法律地位不明确,往往成为贸易保护主义的保护伞,因而称之为"灰色区域"。

根据《保障措施协议》规定,所有的"灰色区域"措施,应自协定生效之日起4年内废除。各成员方应自协定生效之日起180天内向保障措施委员会提交分阶段取消"灰色区域"措施的时间表。

六、通知与磋商

为了增加采取保障措施的透明度,《保障措施协议》第12条规定,一个成员方在采取保障措施时,应当立即将下列事项通知保障措施委员会:(1)发起一项与严重损害或严重损害威胁有关的调查程序及其原因;(2)对由于增加的进口所造成的严重损害或威胁所作出的裁决;(3)就适用或延长一项保障措施所作出的决定。

协议还规定,各成员方应将下列事项通过保障措施委员会通知货物贸易理事会:(1)采取保障措施的成员方与有利害关系方的磋商结果;(2)调查当局的中期审查结果;(3)成员方采取保障措施的具体内容。各成员方应将本国有关实施保障措施的法律、法规与行政程序及其任何修改及时通知保障措施委员会。

案例:

1999年1月12日,美国亚特兰大钢铁工业公司等9家美国钢丝绳生产公司和美国独立钢铁工人联盟、美国劳联—产联的钢铁工人联合会等两家工会向美国国际贸易委员会提出申请,要求该委员会按照美国1974年《贸易法》202节发起调查,以认定外国钢丝绳的大量进口是否给美国产业造成了严重损害或损害威胁。1999年1月27日,美国国际贸易委员会在美国联邦公报上发布公告,决定立案调查。日本、加拿大、委内瑞拉、乌克兰等国的钢丝绳生产商和出口商作为答辩方参加了调查。委员会分别在1999年4月15日和1999年6月8日就损害问题和救济问题举行了听证会。

1999年7月,美国国际贸易委员会3位委员作出了肯定的结论,即认为外国钢丝绳进口的大量增加对美国钢丝绳产业造成了严重损害或损害威胁,并建议美国总统给予救济,另外3位委员则作出了否定结论。根据美国1930年《税法》,在这种情况下,美国总统可将任何一方的意见视为委员会的结论。美国总统于2000年2月16日发布命令,决定对外国钢丝绳进口实施为期3年的关税配额限制,并暂时取消给予普惠制受惠国及其他多边协定的受惠国的零关税待遇。美国总统还指示美国贸易代表要求国际贸易委员会依据1930年《税法》332节的规定,对这一进口救济措施的实施情况进行事实真相的调查。

思考题

1. 构成倾销的条件是什么？反倾销措施包括哪些？
2. 《反补贴协议》将补贴分为哪几类？各自的救济措施分别是什么？
3. 反补贴措施包括哪些？
4. 简述WTO卫生检疫制度的构成。
5. 简述技术法规与标准的含义。
6. 发达国家与发展中国家在履行《技术性贸易壁垒协议》方面有何不同？为什么？
7. 简单介绍海关估价的6种方法。

8. 保障措施与反倾销措施、反补贴措施有何不同?
9. 保障措施的形式包括哪几类?
10.《农产品协议》中的扩大市场准入具体包括哪些内容?
11.《农产品协议》将国内支持政策分为哪两类? 分别如何规定?
12.《纺织品与服装协议》所规定的过渡性保障措施的实施条件是什么?

第三章 货物贸易其他国际惯例

学习目的与要求：通过本章的学习，要掌握货物贸易国际惯例中的具体交易环节，如磋商、术语、运输、保险、结算、履约、代理等的相关规定，从而能够用之于实践，学会操作国际货物买卖。学习过程中应参阅所涉及的有关惯例文件，并结合案例进行分析。

货物贸易国际惯例种类繁多，WTO规则只涉及其中的一部分，上一章已经作了介绍，本章介绍WTO规则没有涉及但非常重要的货物贸易国际惯例。

第一节 货物交易程序国际惯例

合同是当事人双方意思表示一致的结果。一项国际货物买卖合同的成立一般要经过询盘、发盘、还盘、接受四道最基本的程序，其中，一方发盘与另一方接受是两道最必需的程序。联合国国际贸易法委员会制定的《联合国国际货物买卖（销售）合同公约》（以下简称公约）对此作了专门规定。

一、发盘

发盘又称发价、要约，是买卖双方中的一方当事人向另一方当事人提出一定的交易条件并承诺以此条件达成交易的一种意思表示。公约明确规定了其定义："向一个或一个以上的特定的人提出订立合同的建议，如果十分确定，并且表明发盘人在得到接受时承受约束的意旨即构成发盘。"随后,该公约又作了补充规定:"发盘于送到受盘人时生效"。

(一) 发盘的构成

根据公约的规定,必须具备如下几个方面的内容才能构成一项发盘。

1. 发盘人必须指定受盘人

发盘人必须向特定的人提出交易条件,即必须指定可以表示接受的受盘人,否则,就仅仅是一项发盘邀请。当然,对于所指定的受盘人的数量没有任何限制,可以是一个,也可以是若干个,不过在实际业务中,要根据自己的供货或购货能力而定。商业广告之所以不能构成发盘,根本原因就在于它没有指定何者为受盘人。

2. 订立合同的建议十分确定

发盘人所提出的交易条件应该全面,至少具有商品品质、数量、包装、价格、交货、结算等主要交易条件才能称得上是一项订立合同的建议。而且对于所提出的这种交易条件必须作出明确具体的规定,不能有任何模棱两可的内容,也不能有任何保留条件或限制。

3. 有效期内受其约束

任何一项发盘都有有效期,即发盘人在一定的时间之内承受约束。至于有效期如何规定,发盘人完全可以自行确定。可以规定若干天,也可以规定某个时间以前有效。如果没有规定有效期或规定了"电复"、"速复"等并无确切时间的有效期,发盘的有效期均为"合理时间"。

4. 传达到受盘人

公约规定:"一项发盘被送达受盘人时生效。"之所以这样规定,是因为发盘人是提出交易条件和订约意旨的一方,其所提出的十分确定的交易条件在没有送达其指定的受盘人前,不具有任何法律效力。当发出的交易条件和订约意旨送抵受盘人后,便在法律上成为具有约束力的发盘。

（二）发盘的撤回与撤销

发盘在送达受盘人时生效。发盘在生效前的收回叫撤回，发盘在生效后的收回叫撤销。各国法律均规定，一项尚未生效的发盘，即使注明是不可撤销的，均可撤回，其方法是撤回通知于发盘送达受盘人之前送达受盘人或与发盘同时送达受盘人。公约也充分肯定了各国法律在这个问题上的规定。当然，实际业务中只能以较快的通讯手段撤回以较慢的通讯手段送出的发盘。在当代，电信业发展日新月异，信息传递瞬间即已完成，因此撤回一项发盘变得比较困难，这就要求我们在发盘前深思熟虑，避免盲目发盘。

但在发盘送达受盘人之后，是否可以撤销或变更其内容，大陆法系和英美法系国家的相关规定各不相同。大陆法系国家规定，一项已经生效的发盘，在其有效期限内或依通常情形可望得到答复前不得撤销或变更其内容。按照英美普通法的原则，一项即使规定了有效期限的发盘，在受盘人对其作出承诺之前，发盘人在任何时候均可撤销或变更其内容。

公约规定，一项已经生效的发盘，可以由发盘人于受盘人发出承诺通知之前予以撤销，其方法是将撤销通知在承诺通知尚未发出之前送达受盘人。但在下列情况下，发盘不得撤销：(1)发盘是以规定有效期限或以其他方式表明是不可撤销的；(2)受盘人有理由信赖该发盘是不可撤销的，而且已本着对该发盘的信赖采取了行动。

（三）发盘的终止

发盘的终止是指发盘法律效力的消失，具体情况有如下几种：

1. 发盘人撤回或撤销

发盘在生效前被发盘人撤回，发盘效力自然失效。发盘人撤销发盘，发盘效力即终止。

2. 发盘遇到拒绝或还盘

针对一项发盘,如果受盘人不同意发盘的交易条件,作出拒绝的表示,不论发盘的有效期是否届满,原发盘即告终止。公约还进一步规定:"对发盘表示接受但载有添加、限制或其他更改的答复,即为拒绝该项发盘,并构成还盘。"当然,并非任何添加不同条件的行为都构成还盘,只有受盘人在主要交易条件方面作了添加和修改后的接受才称为还盘。还盘,在本质上是先拒绝发盘人提出的交易条件后又提出一项新发盘,因此发盘遇到还盘时效力即终止。

3. 有效期届满

在有效期内未被接受,不管发盘是否规定了可否撤销,都因期满而使发盘在法律上失效。所以,公约规定,逾期接受在法律上是否生效,取决于发盘人的同意与否。这说明原发盘在法律上已失效,逾期接受是以接受形式出现的以原发盘的交易条件为交易条件的一项新发盘,只能由作为特定受盘人的原发盘人来表示是否同意。

二、接受

接受也叫承诺,是指受盘人对发盘所提出的全部交易条件无保留地完全同意的一种意思表示。公约对此作了详尽的规范。

(一)接受的构成

接受是合同成立的最基本的条件之一,没有接受,合同在法律上不能成立,但有了接受也并非就一定能产生合同,关键要看接受是否符合法律的要求。各国法律在接受的问题上规定各异,因此该公约对接受作出了统一的规定,明确强调了如下几个构成条件:

1. 接受只能由特定的受盘人作出

如上所述,一项有效的发盘必须是向一个或一个以上特定的人发出的。因此,对发盘表示接受,也必须是发盘中所指明的特定的受盘人,而不能是其他人。如果其他人通过某种途径获悉非向他作出的发盘而表示接受,该接受只是其他人向原发盘人作出的一项发盘,除非原发盘人表示同意,否则,合同不能成立。

2. 完全无保留地同意发盘条件

传统普通法理论认为,接受要表示对发盘条件的完全同意,不得进行任何更改。为了适应现代商业的需要,公约第19条第2款规定,承诺只要不在实质上变更发盘的条件,而且发盘人在合理时间内未发出表示异议的通知,则仍构成有效的承诺,其合同条件以通知更改的内容为准。按照公约的规定,所谓实质性变更,是指对有关货物的价格,付款条件,货物质量数量,交货的时间、地点,赔偿责任范围或解决争端等添加或变更不同条件,否则就构成还盘,等于拒绝了发盘。在实际业务中,经常有先明确表示接受,紧接着又提出变更或添加的情况,这实际上是一种以接受形式出现的还盘或新发盘,在本质上不是接受。

3. 接受必须明确表示出来

公约明确规定:"受盘人声明或作出其他行为表示同意一项发盘,即是接受,缄默或不行动不等于接受。"这里特别强调的是,或声明、或行动,必须明确表示出来。声明就是用口头、书面形式表示;行动就是开出信用证、支付货款、发运货物等形式表示。为使规定更加严谨,又从另一方面强调缄默或不行动无法构成接受。换句话说,没有任何表示,接受无从谈起。

4. 在发盘规定的有效期内送达发盘人

公约规定,接受于到达发盘人时生效。如果接受超出了发盘的有效期限,或者如发盘未规定有效期,在合理时间内未到达发盘人,接受即为无效。对口头发盘必须立即接受,但当事人另有约定的除外。

(二)逾期接受的法律效力

如果接受通知超过发盘规定的有效期限,或发盘未具体规定有效期限而超过合理时间才传达到发盘人,这就成为一项逾期接受,或称迟到的接受。逾期接受在一般情况下无效。但是,按公约规定,如果发盘人在收到逾期接受后,毫不迟延地通知受盘人,确认其有效,则该逾期接受仍有接受的效力。另一种情况是,一项逾期接受,从它使用的信件或其他书面文件表明,在传递正常情况下,能够及时送达发盘人,由于出现传递不正常的情况而造成了延误,这种逾期接受仍可被认为是有效的,除非发盘人毫不迟延地用口头或书面形式通知受盘人,认为他的发盘已经失效。

(三) 接受与合同的成立

一项合同的成立首先要有发盘,但仅仅有发盘还远远不够,只有由特定的人对某一发盘作出接受时合同才能成立,接受生效的时间就是合同订立的时间。公约规定,接受被有效送达发盘人时合同成立。这一点同大陆法系国家所奉行的"到达原则"是完全一致的。与此相反,英美法系国家奉行"投邮原则",即在受盘人发出接受的意思表示时,接受就生效,合同就成立。

按照公约到达生效的规定,接受生效地是合同成立地,即发盘人所在地是合同成立的地点。但该公约又规定,接受可以用"行动"来表示,"接受于该项行为作出时生效",那么当卖方作为受盘人时,其发运货物即为接受的表示,当买方作为受盘人时,其支付货款即为接受的表示,这又与接受的表示在抵达发盘人时生效的原则不一致,因为这种表示是在受盘人所在地作出的,合同成立的时间提前了,合同成立的地点也从发盘人所在地移到了受盘人所在地。

案例:

某港商于5月6日收到美国A公司发盘:"马口铁700公吨,每吨532美元CFR香港,6月份装运,即期信用证支付,限10日复到有效。"该港商于7日复电:"若单价500美元CFR香港,可接受700公吨马口铁,合约中如有争议,在香港仲裁。"美国A公司当日复电:"市场坚挺,价格不能减,仲裁条件可接受,速复。"此时,马口铁价格确实趋涨。该港商于9日复电:"接受你6日发盘,信用证已由汇丰银行开出请确认。"但美国A公司未确认并退还信用证。请问,买卖双方合同关系是否成立?该港商有无失误?

分析:

合同关系未成立。原因如下:第一,港商在7日的答复中更改了价格条件,构成还盘,而A公司未予接受,故合同未成立;第二,港商9日复电接受迟于7日的还盘到达A公司,且A公司未予确认,故合同未成立。

港商的失误有二:第一,不应接受已失效的6日发盘,而应接受美方7日的反还盘;第二,一方发盘,另一方接受,合同即成立,无需对方确认,否则等于放弃自身主动权。

第二节 国际贸易术语惯例

贸易术语是指用一个简短的概念或英文缩写字母来表示价格的构成和买卖双方在货物交接过程中有关手续、费用和风险的责任划分。为了避免不同国家对国际贸易术语作不同的解释,国际商会于1999年9月公布了新版本《2000年国际贸易术语解释通则》(以下简称《2000年通则》),于2000年1月1日生效。它和《1932年华沙—牛津规则》及《1941年美国对外贸易定义修订本》一起成为世界上有关贸易术语的国际惯例。而《2000年通则》在国际贸易中的应用是最为广泛的。本节对通则规定的13种贸易术语作一简要介绍。

一、《2000年通则》规定的6种常用贸易术语

(一) FOB

FOB术语是FREE ON BOARD(... named port of shipment)——装运港船上交货(…指定装运港)是指当货物在指定装运港越过船舷时,卖方即完成交货,买方必须自该交货点起负担一切费用和货物灭失或损坏的风险。本术语只适用于海运和内河运输。如果双方当事人不拟以越过船舷作为完成交货,则应采用 FCA 术语。

根据《2000 年通则》,在 FOB 术语下,买卖双方的主要义务如下:

1. 卖方的主要义务

(1) 负责在合同规定的日期或期间内,在指定装运港,将符合合同的货物按港口惯常方式交至买方指定的船上,并给予买方充分的通知;

(2) 负责取得出口许可证或其他核准书,办理货物出口手续;

(3) 负担货物在装运港越过船舷为止的一切费用和风险;

(4) 负责提供商业发票和证明货物已交至船上的通常单据。如果买卖双方约定采用电子通信,则所有单据均可被具有同等效力的电子数据交换信息(EDI message)所替代。

2. 买方的主要义务

(1) 负责按合同规定支付价款;

(2) 负责租船或订舱,支付运费,并给予卖方关于船名、装船地点和要求交货时间的充分的通知;

(3) 负责办理货物运输保险,支付保险费;

(4) 自负风险和费用取得进口许可证或其他核准书,并办理货物进口以及必要时经由另一国过境运输的一切海关手续;

(5) 负担货物在装运港越过船舷后的一切费用和风险;

(6) 收取卖方按合同规定交付的货物,接受与合同相符的单据。

采用 FOB 术语,需注意以下几点:

一是"装上船"的要求和风险转移。按《2000 年通则》的规定,

FOB合同的卖方必须及时在装运港将货物"交至船上"或"装上船"。其交货点为船舷。当货物在装运港越过船舷时，货物灭失或损坏的风险从卖方转移至买方。如前所述，《2000年通则》作为惯例的规定并不是强制性的，它允许买卖双方按实际业务的需要，对该规则的任何规定作必要的改变。因此，在实际业务中，如FOB合同买方要求卖方提交"清洁已装船提单"，而卖方也同意提供此种运输单据，作为向买方收款的凭据话，则该FOB合同的交货点已从"船舷"延伸到了"船舱"。这就是说，卖方必须负责在装运港将货物安全地装入船舱，并负担货物装入船舱为止的一切灭失或损坏的风险。

二是船货衔接。在FOB合同中，买方必须负责租船或订舱，并将船名和装船时间通知卖方，而卖方必须负责在合同规定的装船期和装运港，将货物装上买方指定的船只。这里有个船货衔接的问题。如果船只按时到达装运港，卖方因货未备妥而未能及时装运，则卖方应承担由此而造成的空舱费或滞期费。反之，如果买方延迟派船，使卖方不能在合同规定的装运期内将货物装船，由此而引起的卖方仓储、保险等费用支出的增加，以及因迟收货款而造成的利息损失，均需由买方负责。因此，在FOB合同中，买卖双方对船货衔接事项，除了在合同中应明确规定外，在订约后必须加强联系，密切配合，防止船货脱节。

三是装货费用的负担。在装运港的装货费用主要是装船费以及与装货有关的理舱费和平舱费。在FOB合同中，如买方使用班轮运输货物，由于班轮运费内包括装货费用和目的港的卸货费用，班轮运费既然由买方支付，装货费用实际上系由买方负担。但在大宗货物需使用租船装运时，FOB合同的买卖双方对装货费用由何方负担应进行洽商，并在合同中用文字作出具体规定，也可采用在FOB术语后加列字句或缩写，即所谓FOB术语的变形来表示。常见的FOB术语的变形有：

FOB 班轮条件(FOB liner terms)，指装货费用如同以班轮运输那样，由支付运费的一方即买方负担；

FOB 吊钩下交货(FOB under tackle)，指卖方将货物置于轮船吊钩可及之处，从货物起吊开始的装货费用由买方负担；

FOB 包括理舱(FOB stowed，FOBS)，指卖方负担将货物装入船舱并支付包括理舱费在内的装货费用；

FOB 包括平舱(FOB trimmed，FOBT)，指卖方负担将货物装入船舱并支付包括平舱费在内的装货费用。

(二) CIF

COST, INSURANCE AND FREIGHT (... named port of destination)——成本加保险费、运费(…指定目的港)是指当货物在指定装运港越过船舷时，卖方即完成交货。卖方必须支付将货物运至指定目的港所需的费用和运费，还必须订立保险合同，并支付保险费。但交货后货物灭失或损坏的风险，以及由于发生事件而引起的任何额外费用，仍由买方负担。本术语只适用于海运和内河运输。如果双方当事人不拟以越过船舷作为完成交货，则应采用 CIP 术语。

按照《2000 年通则》，CIF 合同买卖双方的主要义务如下：

1. 卖方的主要义务

FOB 项下卖方的义务＋负责租船或订舱，并支付目的港运费＋负责办理货物运输保险，支付保险费＋提供保险单和运输单据。

2. 买方的主要义务

FOB 项下买方的义务－负责租船或订舱，并支付目的港运费－负责办理货物运输保险，支付保险费＋接受保险单和运输单据。

在采用 CIF 术语时，须注意以下几点：

一是 CIF 合同属"装运合同"。根据《2000 年通则》，CIF 术语的交货点/风险点与 FOB 术语完全相同。在 CIF 术语下，卖方在装运港将货物装上船，即完成了交货义务。因此，和 FOB 一样，属于"装运合同"。但是，由于在 CIF 术语后所注明的是目的港（如"CIF 纽约"）以及在我国曾将 CIF 术语译作"到岸价"，所以 CIF 合同的法律性质，常被误解为"到货合同"。为此，必须明确指出，CIF 与 FOB、CFR 术语一样，卖方在装运地完成交货义务，采用这些术语订立的买卖合同均属"装运合同"性质。

二是卖方租船或订舱的责任。CIF 合同的卖方为按合同规定的时间装运出口，必须负责自费办理租船或订舱。如果卖方不能及时租船或订舱，即构成违约，从而需承担被买方要求解除合同或损害赔偿的责任。根据《2000 年通则》，卖方只负责按照通常条件租船或订舱，使用适合装运有关货物的通常类型的轮船，经习惯行驶航线装运货物。因此，买方一般无权提出关于限制船舶的国籍、船型、船龄以及指定装载某船或某班轮公司的船只要求。但在出口业务中，如国外买方提出上述要求，在能够办到又不增加额外费用的情况下，我方也可灵活掌握考虑接受。

三是卖方办理保险的责任。在 CIF 合同中，卖方是为了买方的利益办理货运保险的，因为此项保险主要是为了保障货物装船后在运输途中免受风险。《2000 年通则》对卖方的保险责任作了这样的规定：如无相反的明示协议，卖方只须按协会货物保险条款或其他类似的保险条款中最低责任的保险险别投保。如买方要求并自负费用的条件下，卖方也可投保或加保其他险。最低保险金额应为合同规定的价款加 10%，并以合同货币投保。有关保险责任的起讫期限必须与货物运输相符合，并必须至迟自货物在装运港越过船舷时起对买方的保障生效。该保险责任的期限必须展延至货物到达约定的目的港为止。在实际业务中，为了明确责任，一般都应在合同中具体规定保险金额、保险险别和适用的保险条款。

四是卸货费用的负担。班轮运费包括装运港的装货费用和在目的港的卸货费用，因此，如货物系用班轮运输，运费由 CIF 合同的卖方支付，在目的港的卸货费用实际上由卖方负担。如大宗货物使用租船运输,在装运港的装货费用应由卖方支付,至于在目的港的卸货费用究竟由何方负担,买卖双方应在合同中注明。既可以在合同内用文字具体标明,也可采用 CIF 术语的变形来表示。例如:

CIF 班轮条件(CIF liner terms),指卸货费用按班轮条件处理,由支付运费的一方(即卖方)负担;

CIF 舱底交货(CIF ex ship's hold),指买方负担将货物从舱底起吊卸到码头的费用;

CIF 吊钩交货(CIF ex tackle),指卖方负担将货物从舱底吊至船边卸离吊钩为止的费用;

CIF 卸到岸上(CIF landed),指卖方负担将货物卸到目的港岸上的费用,包括驳船费和码头费。

五是单据买卖。CIF 合同的卖方可通过向买方提交货运单据(主要包括提单、保险单和商业发票)来完成其交货义务。卖方提交单据,可推定为交付货物,即所谓"象征性交货"。而买方则必须凭上述符合合同要求的货运单据支付价款。如前所述,CIF 合同属装运合同性质,卖方按合同规定在装运港将货物装上船,但他不保证货物必然到达和在何时到达目的港,也不对货物装上船后的任何进一步的风险承担责任。因此,即使在卖方提交单据时,货物已经灭失或损坏,买方仍必须凭单据付款,但他可凭提单向船方或凭保险单向保险公司要求赔偿。在此有必要指出,如果采用 CIF 术语订立合同时,卖方被要求保证货物的到达或以何时到货为收取价款的条件的话,则该合同将成为一份有名无实的 CIF 合同。

(三) CFR

COST AND FREIGHT(…named port of destination)——成本加运费(…指定目的港)是指当货物在指定装运港越过船舷时,卖方即完成交货。卖方必须支付将货物运至指定目的港所必需的运费,但交货后货物灭失或损坏的风险,以及由于发生事件而引起的任何额外费用，由卖方转移至买方。CFR术语要求卖方办理出口清关。本术语只适用于海运和内河运输，如果双方当事人不拟以越过船舷作为完成交货，则应采用CPT术语。CFR就是先前的C&F。

CFR与CIF的不同之处仅在于：CFR合同的卖方不负责办理保险手续和不支付保险费，不提供保险单据。有关海上运输的货物保险由买方自理。除此之外，CFR和CIF合同中买卖双方的义务划分基本上是相同的。

按CFR术语订立合同，需特别注意装船通知问题。因为，在CFR术语下，卖方负责安排在装运港将货物装上船，而买方须自行办理货物运输保险。因此，在货物装上船前，即风险转移至买方前，买方及时向保险公司办妥保险，是CFR合同中一个至关重要的问题。在《2000年通则》CFR中规定：卖方必须给予买方关于货物已按规定交至船上的充分通知。所谓"充分通知"，指该装船通知在时间上是"毫不迟延"的，在内容上是"详尽"的，可满足买方为在目的港收取货物采取必要的措施（包括办理保险）的需要。卖方对因遗漏或不及时向买方发出装船通知单，而使买方未能及时办妥货运保险所造成的后果，承担违约责任。

此外，在CIF术语中述及的关于租船或订舱的责任和在目的港卸货费用负担的问题，同样适用于CFR术语。为明确卸货费用负担，也可采用CFR术语的变形，例如：CFR班轮条件（CFR liner terms）、CFR舱底交货（CFR ex ship's hold）、CFR吊钩交货（CFR ex tackle）、CFR卸到岸上（CFR landed）。上述CFR术语的各种变形，在关于明确费用负担的含义方面，与前述CIF术语的变形是相同的。

（四）FCA

FREE CARRIER(…named place)，即费用付至承运人（…指定地点）。FCA系指卖方办理货物出口结关手续，并将货物交至指定的地点,由买方指定的承运人处置。如果买方未指定准确的地点,则卖方可在规定的地点或地段内选择将货物置于承运人处置之下的地点。

本术语可适用任何运输方式,包括多式联运。

(五) CPT

CARRIAGE PAID TO(…named place of destination),即运费付至(…指定目的地)。CPT系指卖方支付货物运至指定目的地的运费。关于货物灭失或损失的风险以及货物交至承运人后发生事件所产生的任何额外费用,自货物已交付至承运人处置之日起,从卖方转由买方承担。CPT术语要求卖方办理货物出口的结关手续。本术语可适用于各种运输方式,包括多式联运。

(六) CIP

CARRIAGE AND INSURANCE PAID TO(…named place of destination),即运费及保险费付至(…指定目的地)。CIP系指卖方除负有与CPT术语相同的义务外,卖方还须办理货物在运输途中应由买方承担的货物灭失或损失风险的货运保险,卖方订立保险合同并支付保险费。买方应注意,根据CIP术语只能要求卖方取得最低的保险险别。CIP术语要求卖方办理货物出口结关手续。本术语可适用于任何运输方式,包括多式联运。

CIP术语与CPT术语的不同之处仅在于:在CIP术语下,卖方应根据合同约定自行负担费用取得货物保险,使买方或任何其他对货物拥有保险利益的人有权直接向保险公司索赔,并向买方提供保险单或其他保险凭证。

二、《2000年通则》规定的其他7种贸易术语

其他7种贸易术语在实际业务中极少采用,只需大概了解即可。它们是EXW(EX WORKS),即工厂交货,这个术语是卖方负担义务最小、买方负担义务最大的术语,适用于任何运输方式;

FAS(FREE ALONGSIDE SHIP),即船边交货(…指定装运港),只适用于海运或内河运输;DAF(DELIVERED AT FRONTIER),即边境交货,适用于任何运输方式,但主要用于铁路或公路运输;DES(DELIVERED EX SHIP),即目的港船上交货(…指定目的港),适用于海运、内河运输及多式运输;DEQ(DELIVERED EX QUAY),即目的港码头交货(…指定目的港),适用于海运、内河运输及多式运输;DDU(DELIVERED DUTY UNPAID),即未完税交货(…指定目的地),适用于任何运输方式;DDP(DELIVERED DUTY PAID),即完税后交货(…指定目的地),与 EXW 相反,DDP 是卖方负担义务最大、买方负担义务最小的术语,适用于任何运输方式。

三、有关贸易术语的其他国际惯例

(一)《1932 年华沙—牛津规则》

国际法协会最初于 1928 年在华沙举行会议,制定了 CIF 买卖合同的统一规则 22 条,称为《1928 年华沙规则》。以后又在牛津修订为 21 条,定名为《1932 年华沙—牛津规则》,沿用至今。该规则对 CIF 合同的性质、买卖双方责任、费用、风险的划分以及所有权转移的方式等问题作了比较详尽的解释。

需注意的是,《1932 年华沙—牛津规则》与《2000 年通则》对 CIF 术语的规定在卖方交货的地点、风险转移界限、卖方交付提单的义务等诸多方面存在重大差异。

(二)《1941 年美国对外贸易定义修订本》

修订本给 6 类贸易术语,即 Ex Point of Origin(原产地交货)、FOB、FAS、C&F、CIF 和 Ex Dock(目的港码头交货)下了定义,还把其中的 FOB 分成 6 种类型,只有"指定装运港船上交货"即 FOB Vessel(named port of shipment)与《2000 年通则》解释的 FOB 术语的含义相近。然而按《1941 年美国对外贸易定义修订本》规定,只有在买方提出请求,并由买方负担费用的情况下,FOB Vessel 的卖方才有义务协助买方取得由出口国签发的为货物出口或在目的地进口所需的各种证件,并且出口税和其他税捐费用也需由买方负担。这些规定与《2000 年通则》FOB 术语关于卖方须负责取得出口许可证,并负担一切出口税捐及费用的规定,有很大不同。

案例:

我出口企业按 CIF 条件向日本出口一批服装。合同中规定由我方向中国人民保险公司投保一切险,并采用信用证方式支付。我出口企业在规定的期限、指定的我国某港口装船完毕,船公司签发了提单,然后在中国银行议付了款项。第二天,出口企业接到客户来电,称装货的海轮在海上失火,服装全部烧毁,客户要求我企业出面向中国人民保险公司索赔,否则要求我公司退回全部货款。

请问日本进口商的索赔要求合理吗?

分析:

上述案例中的合同属于 CIF 性质,按《2000 年通则》的规定,双方有关货物风险的划分,是以货物在约定的装运港装船越过船舷的时间为界。凡是货物在装船后发生的风险,应当由买方负责。因此,既然货物是在运输途中损失,该风险应由买方承担,并由买方持卖方转让给其的保险单证向保险公司提出索赔。

第三节 国际货物运输惯例

各国的货物运输业发展水平不一,且往来于各国之间的运输工具隶属于不同的运输公司,受不同国家的法律管辖,因而承运人同发货人、收货人、银行、保险公司之间难免产生各种各样的矛盾和问题。为了协调各当事人之间的关系,在长期的国际货物运输实践中,逐渐形成了人们所普遍了解、承认和遵循的国际货运惯例。

海洋运输具有通过能力强、运量大、运费低的优点,使之成为国际货物运输业中的主体。因而,海洋运输业中的国际惯例形成最早,发展也最完善。故本节将仅就海洋运输惯例给予介绍。目前,国际海洋运输惯例主要有《海牙规则》、《维斯比规则》及《汉堡规则》。

一、《海牙规则》

19 世纪末,以英国航运资本为代表的船舶所有人,在提单中任意规定了许多免责条款,使货方的利益失去了保障,同时代表物权的提单的自由转让也受到了影响。为了缓和船方与提单中各利害关系人之间日益尖锐的矛盾,1921 年各国航运资本家在国际法协会的协助下,在海牙召开会议,拟订了《统一提单的若干法律规则的国际公约草案》。1924 年欧美主要国家又在布鲁塞尔召开第二次国际航运会议,制定并通过了《海牙规则》。它是世界上影响最大的海运惯例,我国虽未在公约上签字,但一般航运公司都在提单上载明适用《海牙规则》。其主要内容包括:

(一)承运人的责任与义务

(1)承运人需在开航前和开航时恪尽职责。

(2)承运人应适当而谨慎地装载、搬运、积载、运输、保管、照料和卸载所运货物。

(3)在将货物收归其照管后,应托运人要求,承运人或船长或承运人的代理人必须给托运人签发提单,并载明下列事项:运输标志、商品数量或重量、货物的表面状况。

（二）承运人的责任期限

《海牙规则》规定,承运人的责任期限,自货物装上船至货物卸离船止。这亦是所谓吊钩至吊钩原则或船栏至船栏原则。这样的责任期限规定是为了避免货物卸离船后再转运到最后目的地时,收货人发觉货物有短损而要原承运人负责会造成的给予失去对货物控制的原承运人的不公平。

（三）托运人的责任与义务

（1）托运人应被视为已在装船时向承运人保证,由他书面提供的标志、件数、数量或重量均正确无误；因这些项目不符所带来的损失应向承运人赔偿。

（2）对于装运易燃、易爆或其他危险货物,托运人应如实申报,否则承运人有权将其销毁且不负赔偿责任。

（四）承运人的免责事项

（1）只要恪尽职责就对不适航所引起或造成的灭失或损坏不负责任。

（2）对非承运人原因所引起的任何丢失或损失不负责任。

（3）对于人道主义救助所引起的丢失或损失不负责任。

（4）对每件或每计费单位货物超过100英镑的部分不负任何责任。

（5）为保证安全而采取措施造成的灭失或损坏不负责任。

二、《维斯比规则》

《维斯比规则》是代表英国及北欧传统海运国家利益的国际海事协会对《海牙规则》的修订,目前只有少数国家为其成员国。主要是在适用范围和赔偿限额等方面对《海牙规则》作了修改和补充。具体表现在：

（一）扩大了规则的适用范围

《海牙规则》仅适用于缔约国签发的出口提单,而《维斯比规则》规定既适用于上述提单,也适用于从一个缔约国港口起运的进口提单,同时还适用于只要提单中规定受该规则约束的任何提单。

(二)提高了最高赔偿限额

《维斯比规则》把《海牙规则》的承运人的赔偿责任由每件或每计费单位 100 英镑改为 10 000 金法郎,并增加规定,也可按毛重每千克 30 金法郎计算,以二者中金额较高者为准。

(三)减少了承运人的免责条款

《维斯比规则》在规定承运人的责任限额后紧接着又作补充规定:"如经证实损失是由承运人作出的行为或不行为,或明知会产生损失但仍不顾后果而作出的行为或不行为产生的,则承运人或船舶无权享受本款所规定的责任限制的利益。"这就增加了承运人的行为、不行为、疏忽等情况的责任承担。

三、《汉堡规则》

为了取代《海牙规则》,重新调整承运人和托运人的责任和义务,根据第三世界各国要求,联合国国际贸易法委员会下设的航运立法工作组制定了《联合国海上货物运输公约草案》,并于 1978 年在德国汉堡获得通过,故简称为《汉堡规则》。

同《海牙规则》相比,《汉堡规则》的内容在较大程度上加重了承运人的责任,保护了货方的利益;《汉堡规则》除了对承运人的责任期间、赔偿责任、责任限度等作了重大调整、修改之外,还废除了《海牙规则》中偏袒承运人利益的免责条款。

《汉堡规则》作为一个代表第三世界发展中国家意愿的国际海上货物运输法已于 1992 年生效。但因签字国为埃及、尼日利亚等非主要航运货运国,因此,目前《汉堡规则》对国际海运业的影响还不大。

案例:

  某年 10 月,我国某粮油食品进出口公司(买方)从某国进口了 3 000 箱冻鸡,委托某航运公司所属的东方轮运输。东方轮在迪拜港装上全部冻鸡后,经过 35 天航行,到达上海港交货。买方在港口检查货物时,发现冻鸡全部变质。经上海市卫生局鉴定,认为该冻鸡不适宜人类食用,买方损失价值计 66 000 美元。买方随后诉至法院提出索赔。起诉称承运人对自己运输的货物管理不当,保管货物未尽职责,由此发生的货损,应负全部责任。承运人辩称货物在装船之前,冷藏设备已由当地船检局检查,船开往上海港的整个过程中,温度一直保持在 -12℃~17℃ 之间,机器正常,没有损坏。货损原因是由于冷却器冻塞,冷气打不进冷藏舱,是管船过失所致。根据《海牙规则》,由于船长、船员或承运人的雇佣人员在驾驶和管理船舶的行为疏忽所致的货损,承运人可以免责。所以承运人拒不承担赔偿责任。后经查明,承运人所述属实。但法院审理后认为,承运人拒赔理由不能成立,最后判决承运人赔偿买方经济损失 66 000 美元而结案。

第四节 国际货运保险惯例

国际货物运输保险是以运输过程中的各种货物作为保险标的,被保险人(买方或卖方)向保险人(保险公司)按一定金额投保一定的险别,并交纳保险费,保险人承保以后,如果保险标的在运输过程中发生约定范围内的损失,应按规定给予被保险人经济补偿的一种财产保险。国际货物运输保险分为海上、陆上、航空和邮包运输保险,其中以海上货物运输保险起源最早,其他保险都是在此基础上发展起来的,为此,本节将重点介绍海上货物运输保险。

一、《协会货物条款》

英国伦敦保险协会制定的《协会货物条款》(简称 ICC)最早问

世,是影响最大、使用最广泛的保险条款,许多国家都以其为蓝本制定了自己的保险条款或直接将其作为自己的保险条款,因而它成为海上货物运输保险的国际惯例。该条款共有6种险别:(A)险、(B)险、(C)险、战争险、罢工险和恶意损害险。其中(A)险、(B)险、(C)险为基本险,其余为附加险。这里主要介绍前3种险别。

(一) ICC(A)险条款

1. (A)险的承保风险

ICC条款对承保风险的规定有一切风险减除外责任和列明承保风险两种方法,ICC(A)就是以一切风险减除外责任的形式出现的,最为简单明了。

2. (A)险的除外责任

(1)一般除外责任。如归因于被保险人故意的不法行为造成的损失或费用,自然渗漏、自然损耗、自然磨损、包装不当或准备不足造成的损失或保险标的内在缺陷或特性造成的损失或费用,直接由于延迟所引起的损失或费用,船舶所有人、经营人、租船人的经营破产或不履行债务造成的损失或费用,由于使用原子或热核武器所造成的损失或费用。(2)不适航、不适货除外责任。主要是指被保险人在保险标的装船时已知船舶不适航,以及船舶、装运工具、集装箱等不适货。(3)战争除外责任。由于战争、内战、敌对行为所造成的损失或费用,由于捕获、拘留、扣留等所造成的损失或费用,由于漂流水雷、鱼雷等武器所造成的损失或费用。(4)罢工除外责任。由于罢工被迫停工造成的损失或费用,由于任何恐怖主义或任何出于政治目的所采取的行动所致损失和费用。

(二) ICC(B)险条款

1. (B)险的承保风险

(B)险对承保风险的规定是采用列明风险的形式。凡属列出的就是承保的,这种方法明确、肯定。凡归因于下列情况者均予承保:(1)火灾、爆炸;(2)船舶或驳船触礁、搁浅、沉没;(3)陆上运输工具碰撞出轨;(4)船舶、驳船或运输工具同水以外的外界物体碰撞;(5)在避难港卸货;(6)地震、火山爆发、雷电;(7)共同海损牺牲;(8)抛货或浪击落海;(9)海水、湖水或河水进入运输工具或贮存处所;(10)货物在装卸时落海或跌落造成的整件全损。

2. (B)险的除外责任

(B)险的除外责任方面,除对"海盗行为"和恶意损害险的责任不负责外,其余均与(A)险的除外责任相同。

(三) ICC(C)险条款

1. (C)险的承保风险

(C)险的承保风险比(A)、(B)险要小得多,它只承保重大意外事故,而不承保自然灾害及非重大意外事故,其具体承保风险是:(1)火灾、爆炸;(2)船舶或驳船触礁、搁浅、沉没;(3)陆上运输工具倾覆或出轨;(4)在避难港卸货;(5)共同海损牺牲;(6)抛货。

2. (C)险的除外责任

(C)险的除外责任与(B)险完全相同。

另外,恶意损害险是附加险别,承保被保险人以外的其他人(如船长、船员等)的故意破坏行动所致被保险货物的灭失或损坏。但是,恶意损害如果出于有政治动机的人的行动,则应属罢工险的承保范围。由于恶意损害险的承保责任范围已被列入(A)险的承保风险,所以,只有在投保(B)险和(C)险的情况下,才在需要时可以加保。

二、我国海洋运输货物保险条款

中国人民保险公司(简称 PICC)根据我国保险业务的实际情况,并参照国际保险市场的习惯做法,分别制定了海洋、陆上、航空、邮包运输方式的货物运输保险条款,总称为"中国保险条款"(C.I.C)。我国货物运输保险险别,按照能否单独投保,可分为基本险和附加险两类。基本险可以单独投保,而附加险只有在投保某一种基本险的基础上才能加保。

(一)我国海洋运输货物保险的基本险别与条款

按照PICC《海洋运输货物保险条款》规定,海洋运输货物保险的基本险别分平安险、水渍险和一切险。

1. 平安险

保险公司对平安险的承保责任范围是:

(1)被保险货物在运输途中由于恶劣气候、雷电、海啸、地震、洪水自然灾害造成整批货物的全部损失或推定全损。当被保险人要求赔付推定全损时,须将受损货物及其权利委付给保险公司。被保险货物用驳船运往或运离海轮的,每一驳船所装的货物可视做一个整批。

(2)由于运输工具遭受搁浅、触礁、沉没、互撞、与流冰或其他物体碰撞以及失火、爆炸等意外事故造成货物的全部或部分损失。

(3)在运输工具已经发生搁浅、触礁、沉没、焚毁意外事故的情况下,货物在此前后又在海上遭受恶劣气候、雷电、海啸等自然灾害所造成的部分损失。

(4)在装卸或转运时由于一件或数件整件货物落海造成的全部或部分损失。

(5)被保险人对遭受承保责任内危险的货物采取抢救、防止或减少货损的措施而支付的合理费用,但以不超过该批被救货物的保险金额为限。

(6)运输工具遭遇海难后,在避难港由于卸货所造成的损失,以及在中途港、避难港由于卸货、存储以及运送货物所产生的特别费用。

(7)共同海损的牺牲、分摊和救助费用。

(8)运输契约有"船舶互撞责任"条款,根据该条款规定应由货方偿还船方的损失。

2. 水渍险

保险公司对水渍险的承保责任范围,除包括上述平安险的各项责任外,还负责被保险货物由于恶劣气候、雷电、海啸、地震、洪水等自然灾害造成的部分损失。

3. 一切险

一切险的责任范围,是除包括上述平安险和水渍险的各项责任外,还负责被保险货物在运输途中由于一般外来风险所造成的全部或部分损失。

投保人可根据货物的特点、运输路线等情况选择投保平安险、水渍险、一切险中的任一种。

保险公司有下列除外责任:(1)被保险人的故意或过失行为所造成的损失;(2)属于发货人责任所引起的损失;(3)在保险责任开始前,被保险货物已存在的品质不良或数量短差所造成的损失;(4)被保险货物的自然损耗、本质缺陷、特性以及市价跌落、运输延迟所引起的损失或费用;(5)属于海洋运输货物战争险条款和货物运输罢工险条款规定的责任范围和除外责任。

PICC海洋运输货物保险条款规定的保险责任起讫期限采用"仓至仓"条款,即保险公司的保险责任自被保险货物运离保险单所载明的起运地仓库或储存处所开始运输时生效,包括正常运输过程中的海上、陆上、内河和驳船运输在内,直至该项货物到达保险单所载明目的地收货人的最后仓库或储存处所或被保险人用做分配、分派或非正常运输的其他储存处所为止。如未抵达上述仓库或储存处所,则以被保险货物在最后卸载港全部卸离海轮后满60天为止。如在上述60天内被保险货物需转运至非保险单所载明目的地时,则以该项货物开始转运时终止。

以上3种基本险别的索赔时效,自被保险货物在最后卸载港全部卸离海轮后起算,最多不超过2年。

第三章　货物贸易其他国际惯例

（二）我国海洋运输货物保险的附加险别与条款

附加险是对基本险的补充和扩大。投保人只能在投保一种基本险的基础上才可投保一种或数种附加险。目前《中国保险条款》中的附加险有一般附加险和特殊附加险两种。

1. 一般附加险

一般附加险所承保的是由于一般外来风险所造成的全部或部分损失，其险别共有下列11种：

（1）碰损、破碎险。承保被保险货物在运输过程中因震动、碰撞、受压所造成的破碎和碰撞损失。

（2）串味险。承保被保险的食用物品、中药材、化妆品原料等货物在运输过程中因受其他物品的影响而引起的串味损失。

（3）淡水雨淋险。承保被保险货物因直接遭受淡水或雨淋，以及由于冰雪融化所造成的损失。

（4）偷窃、提货不着险。承保被保险货物因偷窃行为所致的损失和整件提货不着的损失。

（5）短量险。承保被保险货物在运输途中因外包装破裂或散装货物发生数量散失和实际重量短缺的损失，但不包括正常的途耗。

（6）渗漏险。承保被保险货物在运输过程中因容器损坏而引起的渗漏损失，或用液体储藏的货物因液体的渗漏而引起的货物腐败等损失。

（7）混杂、玷污险。承保被保险货物在运输过程中因混进杂质或被玷污所造成的损失。

（8）钩损险。承保被保险货物在装卸过程中因被钩损而引起的损失，并对包装进行修补或调换所支付的费用赔偿。

（9）受潮受热险。承保被保险货物在运输过程中因气温突变或因船上通风设备失灵致使船舱内水气凝结、发潮或发热所造成的损失。

（10）锈损险。对被保险的金属或金属制品一类货物在运输过程中发生的锈损负责赔偿。

（11）包装破裂险。承保被保险货物在运输过程中因装运或装卸不慎，致使包装破裂所造成的短少、玷污等损失。此外，对在运输过程中，为继续运输安全需要而产生的修补包装所支付的费用也均由保险公司负责赔偿。

当投保险别为平安险或水渍险时，可加保上述11种附加险中的1种或数种险别。但如已投保了一切险，就不需要再加保一般附加险。

2. 特殊附加险

特殊附加险是承保由于特殊外来风险所造成的全部或部分损失，共有下列8种：

（1）战争险。根据PICC《海洋运输货物战争险条款》，海运战争险负责赔偿直接由于战争、类似战争行为和敌对行为、武装冲突或海盗行为所致的损失，以及由此而引起的捕获、拘留、扣留、禁止、扣押所造成的损失。海运战争险还负责赔偿各种常规武器（包括水雷、鱼雷、炸弹）所致的损失以及由于上述责任范围而引起的共同海损的牺牲、分摊和救助费用。但对使用原子或热核武器所造成的损失或费用不负赔偿责任。战争险的保险责任起讫是以水上危险为限，即自货物在起运港装上海轮或驳船时开始，直到目的港卸离海轮或驳船时为止。如不卸离海轮或驳船，则从海轮到达目的港的当日午夜起算满15天，保险责任自行终止；如在中途港转船，不论货物是否在当地卸货，保险责任以海轮到达该港或卸货地点的当日午夜起算满15天为止，俟再装上续运海轮时恢复有效。

（2）罢工险。对被保险货物由于罢工、工人被迫停工或因参加工潮、暴动等人员的行动或任何人的恶意行为所造成的直接损失，和上述行动或行为所引起的共同海损的牺牲、分摊和救助费用负责赔偿。罢工险对保险责任起讫的规定也采取"仓至仓"条款。按国际保险惯例,已投保战争险后另加保罢工险,不另增收保险费。如仅要求加保罢工险,则按战争险费率收费。

(3) 黄曲霉素险。对被保险货物因所含黄曲霉素越过进口国的限制标准,被拒绝进口、没收或强制改变用途而遭受的损失负责赔偿。

(4) 交货不到险。对不论由于任何原因,从被保险货物装上船舶时开始,不能在预定抵达目的地的日期起6个月内交货的,负责按全损赔偿。

(5) 舱面险。对被保险货物存放舱面时,除按保险单所载条款负责外,还包括被抛弃或被风浪冲击落水在内的损失。

(6) 进口关税险。当被保险货物遭受保险责任范围以内的损失,而被保险人仍须按完好货物价值完税时,保险公司对损失部分货物的进口关税负责赔偿。

(7) 拒收险。对被保险货物在进口港被进口国的政府或有关当局拒绝进口或没收,按货物的保险价值负责赔偿。

(8) 货物出口到香港或澳门存仓火险责任扩展条款。被保险货物运抵目的地香港(包括九龙在内)或澳门卸离运输工具后,如直接存放于保单载明的过户银行所指定的仓库,本保险对存仓火险的责任至银行收回押款解除货物的权益为止,或运输险责任终止时起满30天为止。

被保险人不论已投保何种基本险别,均可另行加保有关的特殊附加险别。

(三) 海洋运输货物专门保险险别与条款

我国海洋运输货物保险中还有两种专门保险,即海洋运输冷藏货物保险和海洋运输散装桐油保险。这两种保险均属基本险性质。

1. 海洋运输冷藏货物保险

根据 PICC 的规定,海洋运输冷藏货物保险分为冷藏险和冷藏一切险两种。

冷藏险的责任范围是除负责水渍险承保的责任外,还负责赔偿由于冷藏机器停止工作连续达 24 小时以上造成的被保险货物的腐败或损失。

冷藏一切险的责任范围,是除包括冷藏险的各种责任外,还负责赔偿被保险货物在运输途中由于一般外来原因所造成的腐败或损失。责任起讫与海洋运输货物 3 种基本险的责任起讫基本相同。但是,货物到达保险单所载明最后目的港,如在 30 天内卸离海轮,并将货物存入岸上冷藏仓库后,保险责任继续有效,但以货物全部卸离海轮时起算满 10 天为限。如果在上述期限内货物一经移出冷藏仓库,保险责任即告终止。如果货物卸离海轮后不存入冷藏仓库,保险责任至卸离海轮时终止。

2. 海洋运输散装桐油保险

根据 PICC 的规定,海洋运输散装桐油保险是保险公司承保不论任何原因造成的被保险散装桐油的短少、渗漏、玷污或变质的损失。责任起讫也按"仓至仓"条款负责,但是,如果被保险散装桐油运抵目的港不及时卸载,则自海轮抵达目的港起满 15 天,保险责任即行终止。

三、《约克·安特卫普规则》

《约克·安特卫普规则》是一个国际上广泛采用的共同海损理算规则,该规则最初是由英、美和一些欧洲大陆国家的代表先后在英国的约克城和比利时的安特卫普城会议上对以前的一份理算规则进行重大修改和补充形成的。此后,这项规则又经过多次修改。由于每次修改都不废止旧规则,所以目前国际上共有 5 个规则,即 1890 年、1924 年、1950 年、1974 年和 1994 年的规则并存,供有关方面选择使用,但在实际业务中,各国几乎都采用《1974年约克·安特卫普规则》,使之成为共同海损方面的国际惯例。

(一)共同海损

共同海损是指载货船舶在航行中遇到危难,船方为了维护船舶和所有货物的共同安全或使航程得以继续完成,有意并且合理地作出某些特殊牺牲或支付一定的特殊费用。例如,载货船舶因狂风巨浪搁浅在暗礁上,船货在狂风巨浪威胁下处于危难之时,船长为了使船、货脱险,指挥将船上一部分货物抛入海中,以减轻船的负荷,从而转危为安,这批货物损失就是共同海损。

构成共同海损必须具备下述条件:

(1)船方在采取紧急措施时,必须确有危及船货共同安全的危险存在。如是船长判断错误,采取了某些措施,或因可以预测的常见事故所造成的损失,不能构成共同海损。

(2)船方采取的措施,必须是为了解除船、货的共同危险,有意并合理采取的。所谓有意的,是指共同海损的发生必须是人为的、有意识行为的结果,而不是一种意外的损失。例如,船长明知抛货或雇用拖船会对货物造成损失或支付额外费用,但为了船货的共同安全仍然决定这样做。所谓合理的,是指措施必须符合当时情况,既是有成效的,又是节约的,因而符合船、货等利害双方的利益,如抛货时,通常应先抛重量大、价值低而又容易抛弃的货物。

(3)共同海损的牺牲是特殊性质的,支出的费用是额外支付,即共同海损的牺牲不是海上危险直接导致的损失,而是人为造成的牺牲损失,其支付的费用,应是船舶运营正常支出以外的费用。

共同海损的牺牲和费用应由受益方,即船舶、货方和运方三方按最后获救价值的多寡,按比例进行分摊,这种分摊叫做共同海损的分摊。

(二)单独海损

单独海损是指除共同海损以外的部分损失,即被保险货物遭遇海上风险受损后,其损失未达到全损程度,而且该损失应由受损方单独承担的部分损失。

它与共同海损均属部分损失。两者的主要区别是:单独海损是由海上风险直接造成的货物损失,没有人为因素在内,而共同海损则是因人为的故意的措施而导致的损失;单独海损的损失由受损方自己承担,而共同海损的损失由各受益方按获救价值的多少,按比例共同分摊。

案例 1:

一货轮装运棉布,航程中失火,甲舱棉布全部烧毁,乙舱并未着火,船长认为已着火,命灌水施救,结果棉布发生严重水渍。请问,甲舱、乙舱的损失各为何种性质的海损,为什么?

分析:

按照海损性质,并参照保险业务的习惯,甲舱棉布全部烧毁属单独海损,因为这是由风险直接造成的损失。乙舱棉布未着火,无单独海损可言,该棉布严重水渍,并非确有危及船货共同安全的危险存在(并未着火),船长命灌水施救的行为并不是合理的,而属船长判断错误造成,因此,该项损失不属共同海损,只能由船方负责。

案例 2:

我方向海湾某国出口花生糖一批,投保的是一切险,由于货轮陈旧,速度慢,加上该轮沿途到处揽载,结果航行 3 个月才到达目的港。卸货后,花生糖因受热时间过长已全部潮解软化,无法销售。

请问在这种情况下,保险公司是否可以拒赔?

分析:

尽管该批货物投保了一切险,但并非一切损失保险公司都负责赔偿。本案即属于除外责任。根据"中国保险条款"

(C.I.C)除外责任第4条的规定,被保险货物的自然损耗、本质缺陷、特性及市价跌落、运输延迟所引起的损失或费用,均属除外责任。本案中,花生糖之所以变质是因为运输延迟造成的,所以保险公司将不予赔偿。

附中国人民保险公司保险单:

保 险 单

PICC 中国人民保险公司 上海市分公司
The People's Insurance Company of China, Shanghai Branch

总公司设于北京　一九四九年创立
Head Office Beijing　Established in 1949

货物运输保险单
CARGO TRANSPORTATION INSURANCE POLICY

发票号 (INVOICE NO.)：
合同号 (CONTRACT NO.)：
信用证号 (L/C NO.)：
保险单号 SH02/PYCK200131019000000007
POLICY NO

被保险人：Shanghai Machinery Imp. & Exp. Corp.
INSURED

中国人民保险公司（以下简称本公司）根据被保险人的要求，由被保险人向本公司缴付约定的保险费，按照本保险单承保险别和背面所载条款与下列及承保下述货物运输保险，特立本保险单。
THIS POLICY OF INSURANCE WITNESSES THAT THE PEOPLE'S INSURANCE COMPANY OF CHINA (HEREINAFTER CALLED "THE COMPANY") AT THE REQUEST OF THE INSURED AND IN CONSIDERATION OF THE AGREED PREMIUM PAID TO THE COMPANY BY THE INSURED, UNDERTAKES TO INSURE THE UNDERMENTIONED GOODS IN TRANSPORTATION SUBJECT TO THE CONDITIONS OF THIS POLICY AS PER THE CLAUSES PRINTED OVERLEAF AND OTHER SPECIAL CLAUSES ATTACHED HEREON.

标记 MARKS & NOS.	包装及数量 QUANTITY	保险货物项目 DESCRIPTION OF GOODS	保险金额 AMOUNT INSURED
As per Invoice No. JX-B348576	4860 CARTONS	COLOUR TELEVISION SET	USD801,900.00

ORIGINAL

总保险金额　U.S.DOLLARS EIGHT HUNDRED AND ONE THOUSAND NINE HUNDRED ONLY
TOTAL AMOUNT INSURED

保费　As Arranged　起运日期　As per B/L　运输工具　TUOHE V.144
PREMIUM　　　　　　 DATE OF COMMENCEMENT　　 PER CONVEYANCE

自 SHANGHAI　经　　　　　 至 Singapore
FROM　　　　　　　　　 VIA　　　　　　　　 TO

承保险别
CONDITIONS

Covering All Risks and War Risks as per Ocean Marine Cargo Clauses and War Risks Clauses (1/1/1981) of the People's Insurance Company of China (Abbreviated as C.I.C.-All Risks & War Risks). (Warehouse to Warehouse Clause is included)

所保货物，如发生保险单项下可能引起索赔的灭失或损坏，应立即通知本公司下述代理人办理。如有索赔，应向本公司提交保险正本。本保险单共有 3 份正本。
IN THE EVENT OF LOSS OR DAMAGE WHICH MAY RESULT IN A CLAIM UNDER THIS POLICY, IMMEDIATE NOTICE MUST BE GIVEN TO THE COMPANY'S AGENT AS MENTIONED HEREUNDER. CLAIMS, IF ANY, ONE OF THE ORIGINAL POLICY WHICH HAS BEEN ISSUED IN ___3___ ORIGINAL (S) TOGETHER WITH THE RELEVENT DOCUMENTS SHALL BE SURRENDERED TO THE COMPANY IF ONE OF THE ORIGINAL POLICY HAS BEEN ACCOMPLISHED, THE OTHERS TO BE VOID.

CHINA INSURANCE COMPANY, LIMITED SINGAPORE BRANCH
105 CECIL STREET #18-00 & #19-00 THE OCTAGON SINGAPORE 0106
TEL:2222366(10 LINES) FAX:2213011/2221033

中国人民保险公司 上海市分公司
THE PEOPLE'S INSURANCE COMPANY OF CHINA
SHANGHAI BRANCH

赔款偿付地点
CLAIM PAYABLE AT SINGAPORE

出单日期　Jun.20.2000
ISSUING DATE

GENERAL MANAGER

地址　上海中山南路700号　　经办：jh　　复核：zbc　　电话(TEL):63243439　63563561　63773000
ADD:700 ZHONGSHAN ROAD (S) SHANGHAI CHINA　　　　　　　　　　　　　　　传真(FAX):86-21 63568911 63764678
邮编(POST CODE):200010

保险单序号：PICC 0076639

第五节　国际贸易结算惯例

国际贸易中的债权债务关系所引起的货币收付或结算称为国际贸易结算。为了使国际贸易结算各方当事人在具体的结算实践中避免误会,减少争议与纠纷,国际商会不断协调国际贸易结算中的做法,逐渐形成了国际贸易结算惯例。

一、汇付的概念及种类

汇付(Remittance)是指进口方将货款交给银行汇给出口方的结算方式。汇付方式又可分为信汇、电汇和票汇。

1. 信汇(Mail Transfer,M/T)

信汇是汇出行应汇款人的申请,将信汇委托书寄给汇入行,授权其向指定收款人解付一定金额的汇付方式。

2. 电汇(Telegraphic Transfer,T/T)

电汇是汇出行应汇款人的申请,用电报或电传通知它在国外的分行或代理行(汇入行),向指定收款人解付一定金额的汇款方式。

3. 票汇(Remittance by Banker's Demand Draft,D/D)

票汇是指进口方向本地银行购买银行汇票,自行寄给出口方,出口方凭汇票向指定的银行取款。票汇除使用汇票外,也有使用本票与支票等票据的。

二、《托收统一规则》

为给办理托收业务的有关各方提供一套可遵循的共同规则,国际商会于1958年首次草拟了《商业单据托收统一规则》,并进行了多次修订,最终形成了国际托收业务中的国际惯例,即1995年版本的国际商会第522号出版物,简称URC522。

(一) 托收的概念及当事人

托收是债权人(出口商)出具汇票及/或单据委托银行通过它的分行或代理行向债务人(进口商)代为收款的一种结算方式。

托收业务的基本当事人有四个,分别为委托人、托收行、代收行和付款人。

(二) 托收的种类

1. 按是否随附单据的不同,托收可分为光票托收和跟单托收

(1) 光票托收,在实际业务中是指不符货运单据的托收,主要是用于向进口人收取货款差额、从属费用及索赔款等。

(2) 跟单托收,在实际业务中是指附有提单、商业发票等货运单据的托收。一般贸易上指的托收都是跟单托收,目的是把代表货物的货运单据与货款的支付当作对流条件。

2. 按交单条件的不同,跟单托收又可分为付款交单和承兑交单

(1) 付款交单(D/P),是指卖方的交单以买方的付款为条件,即买方付款后才能向代收行领取货运单据。付款交单托收方式又有即期和远期之分。

即期付款交单,是指由卖方开具即期汇票(或不开汇票),通过银行向买方提示汇票和货运单据(或只提示单据),买方如审核无误,则于见票(或见单)时即须付款,在付清货款时领取货运单据,即所谓付款赎单。

远期付款交单,是指由卖方开具远期汇票(或不开汇票),通过银行向买方提示汇票和货运单据(或只提示单据),买方审核无误后即在汇票上承兑(或不承兑汇票),并在汇票到期日付款赎单。汇票到期前,汇票和货运单据由代收行保管。

(2) 承兑交单(D/A),是指卖方以买方承兑汇票为交单条件的方式,即买方在汇票上履行承兑手续后,即可向代收行取得货运单据,凭以提取货物,在汇票到期日付款。所以,承兑交单方式只适用于远期汇票的托收。

托收方式结算程序如下：

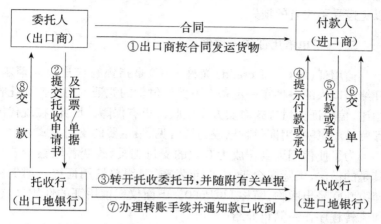

（三）托收的特点

卖方委托银行向买方收取货款，能否收到完全取决于买方的信用。因此，跟单托收如同汇付方式一样，也属商业信用性质。如果买方拒不赎单提货，除非事先约定，银行也无代为提货、存仓和保管货物的义务，所以，采用托收方式收取货款，对卖方来说有相当大的风险。

在付款交单条件下，买方在未付清货款前，一般情况下取不到货运单据，提不走货物，如买方到期拒不付款赎单，卖方除可与买方交涉之外，还可把货物另行处理或装运回来，但需承担额外费用、降价损失和其他风险。

至于在承兑交单条件下，买方只要在汇票上办妥承兑手续，即可取得货运单据，提取货物。卖方收款的保障只是承兑人（即买方）的信用。一旦承兑人到期不付款，卖方很可能遭到货、款全部落空的损失。

总之，使用托收方式，对出口方来说，承担了较大风险，而对进口方来说，则较有利。为此，出口方事先必须对进口方资信作风、进口地的商业习惯、海关、贸易和外汇管制等情况进行充分调查，以免遭受不应有的损失。

三、《跟单信用证统一惯例》

信用证(letter of credit，简称 L/C)是指银行应进口人请求，开给出口人的一种在一定条件下保证付款的凭证。与汇付和托收相比，信用证支付方式对卖方安全收汇更有保障。因此，在现代国际贸易中，凭信用证付款已成为最常见、最主要的支付方式。

为了使信用证真正成为有效的支付工具，改变各国银行各行其是的做法，国际商会于 1993 年发布了《跟单信用证统一惯例》，即第 500 号出版物，简称 UCP500。下面仅就信用证的性质、内容和流转程序作一简单介绍。

(一) 信用证的性质

根据《跟单信用证统一惯例》规定，信用证业务的基本性质有：

1. 开证行负第一性付款责任

信用证结算方式是银行信用，由开证行以自己的信用作出付款保证，开证行是首先付款人，出口人可凭信用证直接向开证行凭单取款，无须先找进口人。开证行的付款不以进口人的付款作为前提条件。

2. 信用证是一项自足文件

虽然信用证是以买卖合同为基础，买卖双方要受买卖合同约束，但信用证一旦开出，在信用证业务处理过程中，各当事人的责任与权利都以信用证为准。信用证是一个与买卖合同分离的独立文件。

3. 信用证是单据业务

信用证方式下，银行是凭单据付款，而不是凭与单据有关的货物、服务及其他行为。在信用证方式下，受益人要保证收款，就一定要提供相符单据,开证行要拒付也一定要以单据上的不符点为由,因此信用证是一项单据业务。

(二)信用证的内容

简言之,信用证的内容就是买卖合同的有关内容及需要的单据加银行保证。信用证的内容是为了提供一个出口商履约的衡量标准,然后通过单据来证明他已经履约,随后开证行才予以付款。信用证主要有以下各项内容:

1. 信用证的当事人

包括开证人、开证行、受益人、付款行、议付行等。

2. 对信用证本身的说明

具体包括信用证的编号、种类、开证日期等,它们都属于对信用社本身的说明。

3. 信用证金额与汇票条款

具体包括如金额或汇票金额、出票人、付款期限及其确定办法和出票条款等。

4. 装运期限、交单期限和有效期及到期地点等

信用证一般应当载明有关装运期限、交单期限以及有效期和到期地点等事项。

5. 单据条款

主要规定应提交哪些单据(如发票、提单、保险单、装箱单、重量单、产地证及商检证书等)、各种单据的份数,以及这些单据应表明的货物的名称、品质规格、数量、包装、单价、总金额、运输方式、装卸地点等。

6. 特殊条款

有些信用证中有特殊条款一栏,用以记录一些特别要求。一般认为,如果特殊条款的内容与其他印刷的内容不一致,以特殊条款为准。

7. 开证行保证条款

即开证行对受益人及汇票持有人保证付款的责任文句。

8. 根据《跟单信用证统一惯例》开立文句

信用证的内容虽然不多,但由于没有统一格式,各国银行均按本行要求进行设计,所以各不相同,不仅处理费时,还易引起误解,影响业务的顺利进行。为此,国际商会出版了516号小册子,即《为UCP500制定的新版标准跟单信用证格式》。该516号出版物目的是减少信用证各当事人的不熟练、不准确和错误操作给信用证业务带来的风险,以期给跟单信用证业务带来新的澄清和一致性。

(三) 信用证的流转程序

虽然不同类型信用证的流转程序在具体细节上有所不同,但其基本环节大致相同。现简要分述如下:

(1) 进口商根据买卖合同规定,填写开证申请书,向开证行申请开立信用证。

(2) 开证行接受进口方开证申请,收受开证押金后,依据开证申请书的内容开出信用证,寄往出口商所在地通知行。

(3) 通知行鉴定信用证表面真实性后通知受益人(出口商)。

(4) 出口商审核信用证与合同相符后,按信用证规定装运货物,备齐各种货运单据并开立汇票,在信用证规定的交单期和有效期内送交当地银行(议付行)议付。

(5) 议付行按信用证条款审核单证,单证一致后,按汇票金额扣除贴现息和手续费,将余额垫付给出口商。议付后,议付行应在信用证背面作有关议付事项的必要记录,称为背批,其作用是防止超额和重复议付。

(6) 议付行将汇票和货运单据分次寄往开证行或付款行,以防邮递过程中发生遗失现象。

(7) 开证行或付款行核对单据无误后,付款给议付行。

第三章 货物贸易其他国际惯例

(8) 开证行通知进口商付款赎单。

(9) 开证行收款交单(进口商付款赎单)。倘若进口商验单时,发现单证不符,有权拒绝付款赎单,这样,开证行就有可能受到损失。而且,开证行不能以验单时未发现单据不符为由向议付行要求退款。

信用证业务一般流转程序如图:

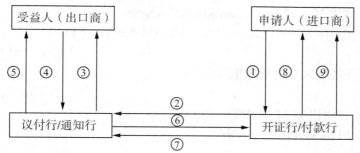

案例:

天津 M 出口公司出售一批货给香港 G 公司,价格条件为 CIF 香港,付款条件为 D/P 见票 30 天付款。M 出口公司同意 G 公司指定香港汇丰银行为代收行。M 出口公司在合同规定的装船期限内将货装船,取得清洁提单,随即出具汇票,连同提单和商业发票等委托中行通过香港汇丰银行向 G 公司收取货款。5 天后,所装货物安全抵达香港,因当时该商品的行市看好,G 公司凭信托收据向汇丰银行借取提单,提取货物并将部分货物出售。不料,因到货过于集中,货物价格迅即下跌,G 公司以缺少保险单为由,在汇票到期拒绝付款。

你认为 M 公司应如何处理此事,并说明理由。

分析:

M 公司应通过中行要求香港汇丰银行付款。这是因为香港汇丰银行在未经委托授权的情况下,自行允许 G 公司凭信托收据先行提货。这种不能收回货款的责任,应由代收行(汇丰银行)负责。

附信用证样本:

HONGKONG & SHANGHAI BANKING CORP.
Incorporated in Hong Kong with limited liability
P. O. Box 085—151,
185 Yuan Ming Yuan Road, Shanghai
CHINA ARTEX SHANGHAI IMPORT AND

Our ref:464311

EXPORT CORPORATION

24 Nov 2000

18 XIZANG NORTH ROAD
SHANGHAI, CHINA
Dear Sirs,
IRREVOCABLE DOCUMENTARY CREDIT NO. A53915
In accordance with the terms of Article 7a of UCP 500 we advice,
Without any engagement on our part, having received the following teletransmission
dated 24 Nov 2000
from ISRAEL DISCOUNT BANK OF NEW YORK
　　　　NEW YORK BRANCH
40A FORM OF DC:⋯⋯⋯⋯⋯IRREVOCABLE
20 DC NO:⋯⋯⋯⋯⋯⋯A 53915
31C DATE OF ISSUE:⋯⋯23NOV2000
31D EXPIRY DATE AND PLACE:30JAN2001 CHINA
50 APPLICANT:⋯⋯⋯⋯⋯THE ABCDE GROUP, INC.
　　　　　　　　　　445 KENNEDY DRIVE

                                SAYREVILLE, NEW JERSEY
59 <u>BENEFICIARY</u>: CHINA ARTEX SHANGHAI
                                IMPORT AND
                                EXPORT CORPORATION
                                18 XIZANG NORTH ROAD
                                SHANGHAI, CHINA
32B DC AMT: USD44,202.4
41D AVAILABLE WITH/BY: ANY BANK IN CHINA
                                    BY NEGOTIATION
42C DRAFTS AT: <u>SIGHT</u>
42D DRAWEE: OURSELVES
             FOR 100.00PCT INVOICE VALUE
43P PARTITL SHIPMENTS: ALLOWED
43T TRANSHIPMENTS: ALLOWED
44A LOADING/DISPATCHAT/FROM:
    CHINA
44B FOR TRANSPORTATIONTO:
    NEW YORK
44C LATEST DATE OF SHIPMENT: <u>10JAN2001</u>
45A GOODS:
    ALL COTTON CUSHIONS WITH MACHINE EM-
    BROIDERY, FULLY
    STUFFED FACE—100 PERCENT COTTON, BACK
    —100 PERCENT COTTON,
    FILLING—100 PERCENT POLYESTER FIBER UN-
    DER SALES CONTRACT
    2000/MC205 PART.
    TERMS CIF

46B DOCUMENTS REQUIRED:
　　√COMMERCIAL INVOICE IN QUINTRIPLICATE
　　√PACKING LIST IN TRIPLICATE.
　　√CERTIFICATE OF ORIGIN IN TRIPLICATE.
　　√WEIGHT LIST IN TRIPLICATE.
　　√TEXTILE EXPORT LICENSE
　　√ INSURANCE POLICY AND/OR CERTIFICATE IN NEGOTIABLE FROM.
　　√FULL SET OF ON BOARD MARINE BILLS OF LADING TO ORDER OF
　　ISRAEL DISCOUNT BANK OF NEW YOUK N. Y. L/C A—53915
　　MARKED NOTIFY APPLICANT.
49 CONFIRMATION INSTRUCTION:…WITHOUT
78 INFO TO PRESENTING BK:
　　+ALL DOCUMENTS ARE TO BE DESPATCHED TO US AT 511 FIFTH
　　AVENUE NEW YORK, NY 10017 IN ONE LOT BY AIRMAIL.
47B ADDITIONAL CONDITIONS:
　　COMMERCIAL INVOICE ALSO INCLUDES A4. 5 PERCENT BUYING COMMISSION.
　　EACH SET OF DISCERPANT DOCUMENTS WILL BE ASSESSED USD70. 00
　　REPRESENTING OUR FEES FOR HANDLING DISCREPANCIES.
　　THESE
　　FEES ARE FOR THE BENEFICIARYS ACCOUNT

AND WILL BE AUTOMATICALLY DEDUCTED FROM THE PROCEEDS OF THE PAYMENT WHEN EFFECTED.

ALL <u>DRAFTS</u> MUST BE MARKED DRAWN UNDER <u>ISRAEL DISCOUNT BANK OF NEW YORK</u>, NEW YORK STATING THE DOCUMENTARY CREDIT NUMBER NAD THE DATE OF THIS CREDIT.

DY

THIS DOCUMENTARY CREDIT IS SUBJECT TO THE UCP(1993 REVISION),

ICC PUBLICATION NO. 500.

Here ends the foregoing teletransmission. This advice constitutes a documentary credit issued by the above bank and must be presented with the documents/drafts for negotiation/payment, The amount of each drawing must be indorsed by the negotiating bank on the reverse hereof.

James C M Wong　　Rapheal Z F Yin
　(0687)　　　　　　　(4431)

Except so far as otherwise expressly stated, this documentary credit is subject to Uniform Customs and Practice for Documentary Credits (1993 Revision), International Chamber of Commerce Publication No. 500.

第六节　国际贸易合同履行惯例

在国际贸易合同履行的实际业务中,涉及的环节多,手续繁杂,同时还需要依靠银行、海关、运输、保险、检验检疫等部门的密切配合。但不同国家的法律在规范这些经济贸易关系时,存在着严重的法律冲突。为了减少法律障碍,促进各国之间贸易的健康发展,在长期实践中,逐渐形成了一些公认的习惯做法,经过一些国际贸易促进组织的努力,便以《联合国国际货物销售合同公约》、《国际商事合同通则》等形式出现,成为国际贸易合同履行中的国际惯例。

《联合国国际货物销售合同公约》、《国际商事合同通则》主要在以下几个方面对合同的履行进行了规范。

一、卖方的义务

履行合同,既是经济行为,又是法律行为。按照各国法律的一般原则,凡依法成立的合同,对有关当事人都具有法律约束力,当事人应当严格履行合同规定的义务。《联合国国际货物销售合同公约》也是首先对双方的基本义务作了明确规定。

(一) 按合同规定交付货物并移交单据

按规定交付货物仅仅是卖方最基本的义务,在此基础上,还必须依照合同规定的时间和地点交付货物。

《联合国国际货物销售合同公约》对卖方必须在合同规定的时间内交付货物作了颇为具体的规定:(1) 如果合同规定有日期,或从合同可以确定日期,应在该日期交货;(2) 如果合同规定有一段时间,或根据合同可以确定一段时间,除非情况表明应由买方选定一个日期外,应在该段时间内任何时候交货;(3)在其他情况下,应在订立合同后一段合理时间内交货。

同样,卖方必须在合同规定的地点交货。依照《销售合同公约》的规定,卖方可能的交货地点如下:承运人所在地、特定货物所在地、订立合同时双方已确定的货物生产制造地、订立合同时的卖方营业地以及卖方负责运输情况下的指定地点。

在现代国际贸易实际业务中,仅仅按合同规定的时间和地点交付货物是不够的,由于独立的承运人和银行的介入,在很多情况下,卖方还必须"交付与货物有关的单据"并"转移货物的所有权"。《联合国国际货物销售合同公约》规定,如果卖方有义务移交与货物有关的单据,他必须按照合同规定的时间、地点和方式移交这些单据。卖方不能在移交单据时使买方遭受不合理的不便或承担不合理的开支。

(二)交付与合同规定完全相符的货物

卖方所交付的货物必须是与合同规定完全相符的货物。它包括三方面的内容,即品质、数量和包装均与合同规定相符。只有这三方面均与合同一致,才可以说卖方交付了合格的货物。

(三)卖方必须交付自己拥有完全所有权的货物

所有权不完整或有争议,势必会导致有人对该批货物主张其权利。作为买方,在支付货款后,就应该完全享有货物的所有权,让买方与其他某种形式的权利人交涉显然是不公平的,因而卖方必须交付在所有权上没有任何争议的货物。当然,买方如果明知第三方尚存某种权利或要求的情况下愿意收取货物,则不在此限。

二、买方的义务

在国际货物买卖中,卖方销售货物的目的是为了实现商品的价值或赚取买卖差价,买方购买货物的目的是为了使用或转售,按照权利和义务相统一的原则,得到货物的对价就是支付货款。按《销售合同公约》的规定,买方的基本义务如下:

(一)支付价款

按合同规定支付价款是买方最基本的义务。按《销售合同公约》的规定,在一般情况下,买方必须根据货物买卖合同的规定支付货款。

1. 支付货款的金额

如果合同中明确规定了货物的价格,那买方就必须按合同规定的价格总额向卖方支付货款。如果合同已经有效成立,但没有明示或暗示地规定价格或如何确定价格,在没有任何相反表示的情况下,双方当事人应视为已默示地引用订立合同时此种货物在有关贸易的类似情况下销售的通常价格。

2. 支付货款的地点

买方必须在合同规定的地点支付货款。如果合同中没有付款地点,那就必须在卖方的营业地支付。如果凭移交货物或移交单据支付货款,则移交货物或移交单据的地点即为付款地点。

3. 支付货款的时间

买方必须在合同规定的时间内付款。该公约规定,买方必须按合同规定的日期或从合同或本公约可以确定的日期支付货款,而无需卖方提出任何要求或办理任何手续。在合同没有明确规定何时付款的情况下,卖方在交付货物并移交单据时,买方必须付款。如果与双方当事人已议定的交货或支付程序并不抵触,那么"买方在未有机会检验货物前,无义务支付价款。"

(二) 收取货物

在实际业务中,卖方交货经常以买方的配合为顺利完成交货的条件,特别是在买方有义务安排运输工具受领货物的情况下,没有买方的配合,卖方的履约几乎成为不可能。因此,《销售合同公约》明确规定,买方必须"采取一切理应采取的行动,以期卖方能够交付货物"。买方不但要为卖方交货创造必要的条件,而且还必须在卖方交付货物时"接收货物",尽管卖方所交货物可能不合格,但买方必须先"接收货物",经及时检验后,再认定货物是否合格,决定是否"接受货物"。因此,我们必须严格区分"接收货物"与"接受货物"。

三、包装

按照国际贸易惯例,包装是主要交易条件之一,是货物说明的组成部分。如果货物的包装与合同的规定或行业惯例有重大不符，买方有权索赔，甚至拒收货物。出口方在履行合同时，首先，应依据合同或行业惯例的要求进行包装；其次，还要遵守进口国对包装的规定和惯例。这些惯例表现在两方面，即运输包装和销售包装。

（一）运输包装

许多国家对进口商品的运输包装有限制性的规定，如不符合规定，有可能被课以重税或罚金，甚至不准进口。例如，在包装材料方面，有的国家严格限制进口使用玻璃、陶瓷等材料制作的包装容器，否则要课以重税。美国、日本、加拿大、新西兰等国家规定禁用稻草、干草、木丝、报纸作包装衬垫，埃及禁用原棉、葡萄树枝、旧材料或易于滋生害虫的植物材料作为衬垫物。重量方面，有的国家规定油脂产品每件净重不超过10公斤。危险品方面，必须使用一定标准的防曝、防毒包装容器等。

此外，在运输包装上还需有运输标志。按国际贸易惯例，运输标志一般由卖方设计确定，也可由买方设计。但买方须在装运前一定期限提出具体标志，否则卖方有权自行决定。

（二）销售包装

各国在销售包装方面也有许多不同的规定和习惯，如日本和美国要求进口药品必须有成分、服用方法和功能的注明，加拿大要求进口商品必须同时使用英、法两种文字，伊斯兰国家忌用猪和类似猪的动物做包装图案，英国忌用象和山羊做包装图案，法国和比利时南部禁忌墨绿色，埃及禁忌蓝色等。

在国际贸易中，包装方面还有一种常用的惯例，即采用中性包装。所谓中性包装，是指既不注明生产国别、地名和厂名，也不注明原有商标和牌号的商品包装。这是用来打破进口国家的关税壁垒、配额限制和其他歧视性措施推销出口商品的一种手段。

四、质量

在确定进出口商品的质量时,通常采用的方法有:

1. 凭规格、等级确定

这种方法比较简便,使用较广。

2. 凭标准确定

标准是由政府机关或商业团体统一制定的用来进行商品品质鉴定的文件。标准的内容随生产的发展而变化。交易双方习惯以写明标准的制定国、标准的出版年代及版本的方式作为标准,确定商品的质量。

3. 凭商标确定

商标代表了一定的质量水平,并暗含具备商誉性质,尤其某些名牌,已成为认购标志,因而也被用来确定商品品质。有时合同中不仅单列商品名称,同时也需规定具体的规格或等级,以更明确地限定商品。凭商标成交,商品需符合默认的质量,否则,买方依旧有权退货。

4. 凭样品确定

适用于难以规格化的商品。凭样品成交比较复杂,因而形成了很多做法。当样品由卖方提供时,称为"凭卖方样品买卖";当样品由买方提供时,称为"凭买方样品买卖"。一般说来,国际货物买卖中的样品,大多由卖方提供。但凭买方样品达成交易的也不少见。卖方所提供的能充分代表日后整批交货品质的少量实物,可称为代表性样品,也即原样,或标准样。在向买方送交代表性样品时,应留存一份或数份同样的样品,即复样,或称留样,以作将来纠纷发生时援用的依据。在"凭买方样品买卖"中,若卖方认为按买方来样供货没有切实把握,卖方可根据买方来样仿制或从现有货物中选择品质相近的样品提交买方。这种样品称"对等样品"或称"回样"。如果买方愿意以对等样品成交,则卖方就将"凭买方样品买卖"转变成了"凭卖方样品买卖",从而获得交易中的主动权。出口方争取主动的另一做法是在合同中加列"品质与样品大致相同"的条款以减轻责任。为使进口方了解自己的商品,卖方也会提供样品,但如不准备以此作为交货品质的依据,则习惯上必须注明"系参考样品"字样,才能避免产生凭样品成交的作用。

5. 凭说明书确定,多适用于机械、设备、仪器等

以上是确定质量条件的几种方式。有时出口方为争取灵活贸易,在国际贸易合同中规定质量的机动幅度条款和质量公差条款。质量机动幅度是指初级产品和某些工业制成品的特定质量指标在一定幅度内可以机动。例如:灰鸭毛,含绒量18%,允许上下1%。质量公差是指允许交付的工业制成品的特定质量指标在公认的一定范围内的差异。例如,手表走时每天误差若干秒。卖方交货质量在质量机动幅度或质量公差允许的范围内,一般均按合同单价计价,不再另作调整。但有些商品,也可按交货时的质量状况调整价格,这时就需要在合同中规定质量增减价条款。

五、数量

在国际货物买卖中,数量是主要交易条件之一。货物的计量单位应符合进口国有关计量单位的使用习惯和法律规定。正确把握成交的数量,对于买卖双方顺利达成交易、合同的履行以及今后交易的进一步发展,都具有十分重要的意义。国际贸易中所涉及的商品数量惯例主要包括以下几个方面:

(一)度量衡制度

目前,国际贸易中通常使用的度量衡制度有4种:公制、美制、英制和国际单位制。不同的度量衡制度有时会导致同一计量单位表示的实际数量有很大不同。例如,重量单位吨有公吨、长吨、短吨之分,分别等于1 000千克、1 016千克、907.2千克。

(二) 计量单位

(1) 重量单位:千克、吨、公吨、磅、盎司、长吨、短吨。
(2) 容积单位:公升、加仑、蒲式耳等。
(3) 个数单位:只、件、打、罗、台、套、架、辆、头。有些商品也可按箱、包、桶、袋等计量。
(4) 长度单位:码、米、英尺、厘米。
(5) 面积单位:平方码、平方米、平方英尺、平方英寸。
(6) 体积单位:立方码、立方米、立方英尺、立方英寸。

另外,在实际业务中,有许多商品受本身特性、生产、运输或包装条件以及计量工具的限制,在交货时不易精确计量。为了便于合同的顺利履行,买卖双方通常都要在合同中规定数量的机动幅度条款,即溢短装条款,允许卖方交货数量可以在一定范围内灵活掌握。所谓溢短装条款,就是在规定具体数量的同时,再在合同中规定允许多装或少装的一定百分比。卖方交货数量只要在允许增减的范围内,即为符合合同有关交货数量的规定。例如,按照规定,5 000公吨卖方可溢装或短装5%。那么,卖方实际交货数量如果为4 750公吨或5 250公吨,买方不得提出异议。

六、商检

在国际贸易中,买卖双方为证明所装货物品质、数量、包装等均符合合同的规定,通常要求由有资格的第三者在装运地或目的地对货物进行检验并出具商检证书,并在合同中对商品检验作出规定。商检条款通常包括:检验机关、检验权属、检验地点、检验方法、检验标准、复验权等内容。在国际贸易的实际业务中,常用的方法是在出口国检验,在进口国复验。这种做法即以装运港或装运地的检验证书作为收付货款的依据,货物运到目的地后买方有复验权。按此规定,货物须于装运前由双方约定的装运港或装运地的检验机构进行检验,其检验证书作为卖方要求买方支付货款或要求银行支付、承兑或议付时提交的单据之一。在货物运抵目的港或目的地卸货后的一定时间内,买方有权复验。如经约定的检验机构复验后发现货物不符合同规定,并证明这种不符情况系原装不良,即由于卖方责任而不属于承运人或保险公司的责任范围,买方有权在规定的时间内凭复验证书向卖方提出异议和索赔。

七、违约

违约是指合同的一方或双方不履行或不完全履行合同。当一方违约而使对方遭受损害时,受害方可采取一定的补偿措施,这在法律上称为救济。

按违约的轻重与否,《销售合同公约》将违约区分为根本违反合同和非根本违反合同或一般违反合同。

依照公约规定,一方当事人违反合同的结果,如使另一当事人蒙受损害,以致于实际上剥夺了他根据合同规定有权期待得到的利益,即为根本违反。如果构成根本违反合同,受损害方可以解除合同,并可要求赔偿损失。

违约程度未达到根本违反合同的,称为非根本违反合同。在此情况下,受损害方不能立即要求解除合同,只能要求赔偿或采取其他补救措施。

八、不可抗力

国际贸易合同中一般都规定有不可抗力条款,其内容为:在合同执行过程中,如果发生了无法预见、无法预防、无法控制和避免的意外事故,致使当事人一方不能全部或部分履行合同,则有关当事人可据此解除合同或变更合同而免除其相应的责任。如果不可抗力的发生使合同履行成为不可能,如特定标的物的灭失,或事件的影响比较严重,非短时期内所能复原,则可解除合同;如果不可抗力只是部分地或暂时性地阻碍了合同的履行,则发生事件的一方只能采用变更合同的方法,以减少另一方的损失。不可抗力事故通常包括两种:由自然力量引起的如水灾、地震等;由社会原因引起的如战争、政府封锁禁运等。按照惯例,哪些事故可列入不可抗力,一般由双方当事人在合同中自行确定。不可抗力事故发生后,不能按规定履约的一方当事人要取得免责的权利,必须及时通知另一方,并提供必要的证明文件,而且在通知中应提出处理的意见。出具不可抗力证明的机构,一般是当地的商会或登记注册的公证行。

九、损害赔偿

要求损害赔偿(习称索赔)是国际贸易中受损害的一方当事人为弥补因违约的一方违反合同所受损失而采取的一种最重要的也是最常用的补救措施,这种权利不会由于他同时采取其他补救措施(如解除合同等)而丧失。

《销售合同公约》对损害赔偿额作了如下限定:

1. 损害赔偿额须与因违约造成的包括利润在内的损失相等

损害赔偿以实际损失为条件。实际损失首先应包括直接损失,一定范围内的间接损失也属赔偿范围。利润损失就属间接损失,也即可望获得的利益。

2. 损害赔偿额应以可预料的合理损失为限

将赔偿额限制在不得超过违约一方所能知道和预料的范围,是将违反合同一方承担的赔偿数额确定在既尊重客观实际又不至于漫无边际,使主观与客观相结合的对违约方和守约方都比较合理的基础上的。

3. 由于受害人未采取合理措施使有可能减轻而未减轻的损失,应在赔偿额中扣除

损害发生后,如果受害人能够采取却未采取合理措施,而使得可能减轻的损失没有减轻,对于这一部分可能减轻的损失,受害人

应当负责。

案例：

W 国公司与 X 国商人签订一份食品出口合同，并按 X 国商人要求将该批食品运至某港通知 Y 国商人。货到目的港后，经 Y 国卫生检疫部门抽样化验发现霉菌含量超过该国标准，决定禁止在 Y 国销售并建议就地销毁。之后，Y 国商人凭 Y 国卫生检疫机构出局的证书及有关单据向 X 国提出索赔，X 国商人理赔后，又凭 Y 国商人提供的索赔依据向 W 国公司索赔。对此，你认为 W 国应如何处理？

分析：

W 国公司不应理赔。因为 X 国商人向 Y 国商人理赔前未向 W 国公司通报任何情况，而且 X 国商人已以货物所有权人身份处理货物，按一般法律原则，等于 X 国商人已接受该批货物，也即丧失了索赔权利。

第七节　国际商事代理惯例

国际货物销售与国际货物销售代理是有很大差别的，前者的主要当事人是卖方和买方，是买卖关系，后者的主要当事人是委托人和代理人，是代理关系。为规范国际货物销售中的委托代理关系，国际统一司法协会经过长期的努力，拟定了《国际货物销售代理公约》（以下简称《代理公约》）。它已经成为委托代理关系中的国际惯例。

一、代理权的设定

代理人的代理权来源于委托人的授予，他们的关系实际上也是一种合同关系。委托人付代理费，应得到代理人为其办事的服务;代理人既然受人之托,自当竭诚尽力为委托人服务。代理人要完成委托人的委托,必须拥有代理委托人行事的一切权力,委托人委托代理人所从事的一切行为所产生的任何后果都是由委托人来承担的。当然,这种授权必须在法律允许的范围内,如果不合法,不但委托人违法,代理人同样会受到法律的制裁。

由于《代理公约》主要是规范委托人和代理人同第三人的关系的,因而对委托人和代理人之间的关系的规范内容十分简单,主要有:

1. 明示和默示均可以产生代理权

委托人如欲委托代理人为其代理某些事项,总是要对代理人实施授权,委托代理人在哪些事项内、什么权限内、多长时间内代其行事。《代理公约》规定:"委托人对代理人的授权可以是明示的或是默示的。"这种授权指示可以是明示,也就是委托人向代理人十分明确、具体地表达其意旨;也可以是默示,在实践中主要是指代理人根据委托人的行为或不行为、肯定或否定或不置可否等来领悟委托人的意旨。

2. 代理权的授受不受任何形式限制

《代理公约》明确规定:"授权无须用书面形式,也无须用书面证明,也不受其他任何形式要求的限制。"既可以是书面的,也可以是口头的。但非书面授权有一个如何证明授权存在的问题,《代理公约》对此又进一步规定:"授权可以用包括人证在内的任何方式证明。"但《代理公约》同时又允许缔约国在该问题上予以保留。

3. 代理人的一切必要行为均被视为已授权

代理人接受了委托人的委托,就应该尽心竭力去完成该项特定的工作,那么代理人自己在接受委托以后如何去完成该项特定工作则应该是代理人自己的事,而且,只要不违反有关国家的法律和社会秩序,按《代理公约》规定,"代理人为实现授权之目的,有权从事一切必要的行为"。换句话说,代理人的一切必要的行为都将被视为委托人已经授权。

二、代理人所施行为的法律效力

1. 代理人的行为约束委托人和第三人

代理人应该按照委托人的授权行事,那么代理人在委托人的授权范围内去实施委托人的委托,其行为在法律上就完全等同于委托人自己的行为。只要代理人在授权范围内行事并为第三人所知悉,则其行为就构成对委托人和第三人的约束。

2. 代理人的行为约束代理人和第三人

如果第三人不知道,也无从知道代理人的行为是以代理人的身份实施的,如果代理人实施该行为所涉及的只是对自己发生效力的佣金合同,则该行为约束代理人和第三人。

但是,当代理人未履行或无法履行其对委托人的义务时,委托人可以对第三人行使代理人所取得的权利(受第三人对代理人抗辩的限制);当代理人未履行或无法履行其对第三人的义务时,第三人可对委托人行使其对代理人所有的权利。当代理人因委托人的缘故而未履行或无法履行其对第三人的义务时,代理人应将委托人的名称通知第三人;当代理人因第三人的缘故而未履行或无法履行其对委托人的义务时,代理人应将第三人的名称通知委托人。如果按当时的情况,第三人若知道委托人的身份就不会订立合同时,委托人不得对第三人行使代理人为其所取得的权利。

3. 代理人的行为不约束委托人和第三人

代理必须有授权。依据《代理公约》规定,代理人必须在授权的范围内行事,"当代理人未经授权或超越授权范围而实施某种行为时,其行为对委托人、第三人无约束力"。

但实际情况十分复杂,如果委托人的行为已经使第三人合理地并善意地相信代理人有权代理委托人,并相信代理人是在该项授权的范围内实施某种行为时,则委托人不得以代理人无权代理而抗辩第三人。委托人对代理人未经授权或超越授权范围的行为可予以追认,这样,代理人的行为在法律上是有效的。但这里必须说明的是,委托人的追认无法否定第三人对追认授权的拒绝。

如果代理人的行为未经授权或超越授权范围,又没有得到及时有效的追认,且第三人又不知道或不可能知道,则代理人应承担对第三人的赔偿责任。

三、代理权的终止

代理权既然是一种授权,就会在一定的条件下终止。依据《代理公约》的规定,代理权的终止主要有如下几种情况:

1. 依据委托人与代理人之间的协议终止

委托人与代理人之间的关系是双方当事人经协商而确立的,在一般情况下,代理人要依委托授权完成委托人所委托的业务。但由于某种原因,这种委托与代理关系的存续已经没有必要,双方当事人便可以通过友好协商终止这种关系。一旦双方达成终止协议,代理权自然就不复存在。

2. 代理人完成了委托授权的一笔或数笔交易

任何代理都是有特定时间和特定任务的,当代理人已经完成了委托人所委托的业务,如果没有新的授权,代理权实际上也就随着代理业务的完成而消失。

3. 委托人撤回授权或代理人辞任均可终止代理权

依据《代理公约》的规定,"无论是否符合委托人与代理人的协议条款",只要"委托撤回代理权或代理人辞任即可终止"。这种规定实际上是没有把委托代理关系视为严格的契约关系,任何单方即可使之终止。

此外,依据所适用的法律规定认定代理权必须终止或实际上根本不存在时,代理权无疑将会终止。

当然,无论是哪一种情况使代理权终止,均不影响第三人。

案例：

　　1996年9月,上海L厂向澳洲R公司出口一批全棉浴巾,但L厂本身并不具备外贸经营权,于是双方找到有外贸经营权的上海A公司要求合作,约定由A公司代理出口该批货物。11月初,澳洲R公司与上海A公司签定了进出口合同。合同上写明卖方为上海A公司,买方为澳洲R公司;装运期为1996年11月;付款方式为船运后60天电汇;质量以R公司代表在工厂验货为准。货到后,R公司认为,货物存在质量问题,造成其经济上的损失,故拒不付款,并要求A公司予以赔偿;A公司则认为质量问题与己无关,是由R公司代表在工厂验货,应由厂方与R公司解决,坚持要求R公司依约付款。1997年6月3日,由中国进出口商品检验总公司澳大利亚有限公司对货物进行了检验,认为的确存在质量问题,R公司遂向A公司寄发检验报告,并以防止进一步损失为由低价处理了该批货物。随后向A公司提出索赔。1998年2月,R公司向中国国际贸易仲裁委员会上海分会提请仲裁,8月,仲裁庭开庭对本案进行审理,A公司从这笔业务中非但没有得到任何货款,还为此成为被申请人的位置,面临R公司经济赔偿的要求。

　　该案例中,A公司盲目信任作为生产厂家的L厂和外方买主R公司,非但没有与L厂订立委托代理协议,同时也根本没有注意到自身作为进出口合同一方当事人的法律责任和义务,导致其在合同履行过程中出现问题时,未获任何利益,却担负了全部的责任。

思考题

　　1. 进出口商品的包装有哪些种类？按照惯例各自应注意哪些问题？

2. 有关贸易术语的国际贸易惯例有哪几种？分别解释 FOB、CFR、CIF 贸易术语。

3. 伦敦保险业协会货物保险条款中(A)、(B)、(C) 3 种险别的责任范围和除外责任有何区别？

4. 《约克·安特卫普规则》中对共同海损的构成条件是如何规定的？

5. UCP500 对信用证的性质是如何规定的？

6. 合同履行过程中，卖方的主要义务有哪些？

7. 什么是根本性违约和非根本性违约？各自带来的法律后果是什么？

第四章　WTO 服务贸易国际惯例

学习目的与要求：通过本章的学习，要掌握国际服务贸易的概念、WTO 对服务贸易的分类、服务贸易的形式、WTO 服务贸易自由化的实施、服务贸易争端解决机制、《金融服务协议》和《基础电信协议》的主要内容，了解《服务贸易总协定》的宗旨与目标、《服务贸易总协定》的一般责任和义务及服务贸易理事会的基本作用，还应注意货物贸易与服务贸易的不同特点，注意传统的国际服务贸易惯例与 WTO 体制下的国际服务贸易惯例在适用范围和争端解决机制等方面的区别。

20 世纪 90 年代以来，世界服务贸易的平均增长率每年都超过了货物贸易，服务贸易额约占全球贸易额的 1/4。按照 WTO 统计，2003 年世界货物出口额为 7.274 万亿美元，同比增长 16%，扣除油价上升和美元贬值因素，实质增长 4.5%。同年世界服务贸易出口 1.763 亿美元，同比增长 12%。1990 年～2000 年，世界货物出口年均增长 6%，服务贸易年均增长 7%。目前全球服务业总产值已突破了 15 万亿美元，远远超过了全球工农业总产值。由此可见，服务贸易潜力巨大，服务贸易亦因此成为乌拉圭回合的三大新议题之一。WTO 制定了规范服务贸易的基本规则，即《服务贸易总协定》（GATS）。本章概要阐述 WTO 关于服务贸易的基本规则与协议。

第一节 国际服务贸易概述

一、国际服务贸易的概念

服务贸易通常包括空运业、银行业、保险业、旅馆业、餐饮业、教育、建筑设计与工程设计、研究、娱乐业、旅游业与旅游代理、计算机软件业、信息业、通信业、医疗与护理、印刷、广告、租赁、汽车出租服务等系列产业。随着科学技术的迅速发展和人类生产生活的进一步社会化,近几十年来,物质生产和流通过程日趋复杂,同时消费者的消费过程越来越社会化,因此服务业在人类生产和生活中的地位和作用也越来越重要。

WTO所涉及的服务贸易专指国际服务贸易,即国家间的服务输入或服务输出这样一种贸易形式,而不包括国内服务贸易。

根据世界贸易组织通过的《服务贸易总协定》(General Agreement on Trade in Services,简称GATS)第1条的规定,"国际服务贸易"是指通过以下4种方式提供的服务:第一,在一成员方境内向任何其他成员方境内提供服务;第二,在一成员方境内向任何其他成员方的服务消费者提供服务;第三,一成员方在其他任何成员方境内通过提供服务的实体的介入而提供服务;第四,一成员方的自然人在其他任何成员方境内提供服务。另外,GATS还规定服务贸易包括任何部门的任何服务,但政府在行使其职能时提供的服务除外。这一定义已成为"国际服务贸易"的权威性定义,被各国普遍接受。

二、WTO对服务贸易的分类

乌拉圭回合服务贸易谈判小组在乌拉圭回合中期审评会议后,加快了服务贸易谈判的进程,在征求各谈判方的提案和意见的基础上,结合服务贸易统计和服务贸易部门开放的要求,提出了以部门为中心的服务贸易分类方法,将服务贸易分为12大类。

(一) 商业性服务

商业性服务指在商业活动中涉及的服务交换活动。服务贸易谈判小组列出了6类商业性服务,既包括个人消费的服务,也包括企业和政府消费的服务。

1. 专业性(包括咨询)服务

专业性服务涉及的范围包括法律服务、工程设计服务、旅游服务、城市规划与环保服务、公共关系服务等各领域。专业性服务包括涉及上述服务项目的有关咨询服务活动;安装及装配工程服务(不包括建筑工程服务),如设备的安装、装备服务;设备的维修服务,指除固定建筑物以外的一切设备的维修服务,如成套设备的定期维修、机车的检修、汽车等运输设备的维修等。

2. 计算机及相关服务

这类服务包括计算机硬件安装的咨询服务、软件开发与执行服务、数据处理服务、数据库服务及其他服务。

3. 研究与开发服务

这类服务包括自然科学、社会科学及人类学中的研究与开发服务。

4. 不动产服务

不动产服务指不动产范围内的服务交换,但是不包含土地的租赁服务。

5. 设备租赁服务

这类服务主要包括交通运输设备如汽车、卡车、飞机、船舶等,非交通运输设备如计算机、娱乐设备等的租赁服务。但是,不包括其中有可能涉及的操作人员的雇用或所需人员的培训服务。

6. 其他服务

这类服务包括生物工艺学服务,翻译服务,展览管理服务,广告服务,市场研究及公众观点调查服务,管理咨询服务,与人类相关的咨询服务,技术检测及分析服务,与农、林、牧、采掘业、制造业相关的服务,与能源分销相关的服务,人员的安置服务,调查与保安服务,与科技相关的服务,建筑物清洁服务,摄影服务,包装服务,印刷出版服务,会议服务及其他服务等。

（二）通讯服务

通讯服务主要指所有有关信息产品、操作、储存设备和软件功能等的服务。通信服务指由公共通信部门、信息服务部门、关系密切的企业集团和私人企业间进行信息转接和提供的服务。这类服务主要包括邮电服务,信使服务,电信服务(其中包含电话、电报、数据传输、电传、传真),视听服务(包括收音机及电视广播服务)及其他电信服务等。

（三）建筑服务

建筑服务主要指工程建筑从设计、选址到施工的整个服务过程。这类服务具体包括选址服务,涉及建筑物的选址及国内工程建筑项目,如桥梁、港口、公路等的地址选择;建筑物的安装及装配工程;工程项目施工建筑;固定建筑物的维修服务及其他服务。

（四）销售服务

销售服务指产品销售过程的服务交换。这类服务主要包括商业销售(主要是批发业务、零售服务、与销售有关的代理费用及佣金等),特许经营服务及其他销售服务等。

（五）教育服务

教育服务指各国间在高等教育、中等教育、初等教育、学前教育、继续教育、特殊教育和其他教育中的服务交往,如互派留学生、访问学者等。

（六）环境服务

环境服务指污水处理服务、废物处理服务、卫生及相关服务等。

（七）金融服务

金融服务主要指银行和保险业及相关的金融服务活动。这类服务包括两大类。第一，银行及相关的服务：银行存款服务；与金融市场运行管理有关的服务；贷款服务；其他贷款服务；与债券市场有关的服务，主要涉及经纪业、股票发行和注册管理、有价证券管理等；附属于金融中介的其他服务，包括贷款经纪、金融咨询、外汇兑换服务等。第二，保险服务：货物运输保险，其中含海运、航空运输及陆路运输中的货物运输保险等；非货物运输保险，具体包括人寿保险、养老金或年金保险、伤残及医疗费用保险服务、财产保险服务、债务保险服务；附属于保险的服务，如保险经纪业、保险类别咨询、保险统计和数据服务；再保险服务等。

（八）健康及社会服务

健康及社会服务主要指医疗服务和其他与人类健康相关的服务及社会服务等。

（九）旅游及相关服务

旅游及相关服务指旅馆、饭店提供的住宿服务、餐饮服务、膳食服务和相关的服务，以及旅行社及导游服务。

（十）文化、娱乐及体育服务

文化、娱乐及体育服务指不包括广播、电影、电视在内的一切文化、娱乐、新闻、图书馆、体育服务，如文化交流、文艺演出等。

（十一）交通运输服务

交通运输服务主要包括货物运输服务，如航空运输、海洋运输、铁路运输、管道运输、内河和沿海运输、公路运输服务，也包括航天发射以及运输服务，如卫星发射等；客运服务；船舶服务（包括船员雇用）；附属于交通运输的服务，主要指报关、货物装卸、仓储、港口服务、起航前查验服务等。

（十二）其他服务

第二节　WTO《服务贸易总协定》的主要内容

一、《服务贸易总协定》的框架结构

于1995年1月1日正式生效的《服务贸易总协定》由以下3部分组成：第一，适用于所有成员的基本义务的协定，即《服务贸易总协定》条款；第二，作为《服务贸易总协定》有机组成部分的涉及各服务部门特定问题和供应方式的附件，以及关于最惠国待遇豁免的附件；第三，根据《服务贸易总协定》的规定应附在《服务贸易总协定》之后，并成为其重要组成部分的具体义务承诺表。

除上述3个主要部分外，还有9项有关决议，包括部长决定和金融服务承诺谅解书，以及4项组织机构决定和1项关于服务贸易与环境的决定，它们都是《服务贸易总协定》的组成部分。

二、《服务贸易总协定》的宗旨与目标

《服务贸易总协定》在序言中明确了制定服务贸易各项原则和多边规则的基本宗旨，即推进服务贸易自由化和促进发展中国家服务贸易的增长。具体包括以下几点：

（1）在有透明度和逐步贸易自由化的条件下扩大服务贸易，促进所有贸易伙伴和发展中国家的经济增长和发展。

（2）在适当考虑国内政策目标的同时，通过连续不断的多边谈判，促使各成员方在互利基础上获益，并保证权利和义务的全面平衡，将服务贸易自由化推向更高水平。

（3）成员方为了符合国内政策的目标，有权对其境内提供的服务制定和实施新规定，考虑到不同国家发展程度不同，发展中国家可以根据特殊需要实施该项权利。

（4）促进发展中国家更多地参与国际服务贸易和扩大服务贸

易出口,尤其要提高它们国内服务的能力、效率和竞争力。

(5)鉴于最不发达国家特殊的经济状况及其在发展贸易和财政上的需要,对其严重的困难应给予特殊考虑。

三、服务贸易的形式

GATS确定了国际服务贸易的4种形式。

(1)跨境提供(Cross Border Supply),即从一成员方境内向另一成员方境内提供服务,没有人员、物资的流动,如网上信息服务、远程教学等。

(2)境外消费(Consumption Abroad),即在一成员方境内向任何其他成员方的服务消费者提供服务,如旅游接待、会务服务等。

(3)商业存在(Commercial Presence),即一成员方的服务提供者到另一成员方境内建立企业或专业机构来提供服务,包括为提供服务而设立合资、合作和独资企业或其他经济实体。

(4)自然人流动(Movement of Personnel),即一成员方的自然人到其他任何成员方境内提供服务,如以专家、建筑师、医护工作者等个体身份在境外提供服务。

四、《服务贸易总协定》的一般责任和义务

(一)最惠国待遇

GATS第2条实际上采纳了无条件的最惠国待遇原则,要求各成员方对所有其他成员方一视同仁。它明确规定:有关本协议的任何措施,每一成员方给予任何成员方的服务或服务提供者的待遇,应立即无条件地以不低于前述待遇给予任何其他成员方相同的服务或服务提供者。"为了使这一原则获得广泛接受,GATS也规定了以下情况属于最惠国待遇的例外:

(1)任何成员方可开列一个具体的不遵守最惠国待遇的清

单,但该清单将在5年后被全体成员审查一次,其最长有效期一般不应超过10年。

(2) 成员方与其毗邻国家为方便边境服务交换而彼此提供的优惠。

(3) 经济一体化组织内部成员国彼此给予的优惠待遇。

(4) 政府采购,即政府机构为政治目的而非商业转销目的的采购服务。

(二) 透明度

GATS 的前言指出:"本协议所有成员方认识到服务贸易对世界经济增长和发展的重要性日益加强,希望在透明度和逐步自由化的条件下建立一个具有各项准则和规定的服务贸易多边框架,以扩大此类贸易,并作为一种有利于促进所有贸易伙伴的经济增长和发展中国家经济发展的手段。"

GATS 第3条专门就透明度原则作了规定:除了那些一旦公布就会妨碍其法律实施或对公共利益不利或损害公私企业正当合法商业利益的机密资料外,各成员方都应迅速公布所有涉及或影响本协定实施的有关措施,包括其所参加的有关服务贸易的国际协定等。成员方对现行法律、法规或行政规定如进行变更,以致严重影响协定项下服务贸易的特定义务时,应立即或至少每年向服务贸易理事会提出报告。在其他成员方要求提供有关服务贸易的一般措施和国际协定的特定资料时,应立即予以答复。每一成员方还应在世界贸易组织协定生效后2年内,即1996年底之前建立有关的咨询机构,以便应其他成员方的请求提供资料,以及向服务贸易理事会提供报告。

从以上规定看,服务贸易透明度原则与货物贸易透明度原则的要求基本一致。

(三) 发展中国家更多地参与

GATS 规定,在不同成员方的具体承诺义务谈判中,要保证发展中国家更多地参与世界服务贸易,增强其国内服务能力、效率和竞争力,特别是通过在商业基础上获得技术,改善其进入分销渠道和利用信息网络的机会,以及对其有出口利益的部门和服务提供方式给予市场准入自由化。

发达国家成员方和在可能的限度内的其他成员方,应在世界贸易组织协定生效之日起 2 年内(即 1996 年底前)设立联络点,以便利发展中国家成员方的服务提供者获得与其各自市场有关的、关于以下内容的信息:服务提供的商业和技术方面的内容,专业资格的登记、认可和获得,服务技术的可获性。

对上述两方面内容的实施,应特别优先考虑最不发达国家成员方。鉴于它们的特别经济状况及其发展经济、贸易和财政上的需要,对其在接受义务方面存在的严重的困难,应给予特殊的考虑。

(四)经济一体化

协定第 5 条允许成员方参与双边或多边服务贸易自由化协议作为给予最惠国待遇的例外,但同时规定这类协议必须符合两个条件:第一,从服务部门的数量、涉及的贸易总量及服务提供方式衡量,这类协议须适用于众多服务部门,并不得排除某一提供方式;第二,在该协议生效时取消成员方之间国民待遇方面的歧视,或在该协议生效后的合理时间内消除歧视措施。

另外在各服务部门中,经济一体化成员方对经济一体化组织之外的《服务贸易总协定》任何成员方提高在组建一体化之前已实施的服务贸易壁垒水平,经济一体化协议的成员方对其他成员方从此协议中可能增获的贸易利益不得谋求补偿。

经济一体化协议的参加方应将协议及其补充或修改通知服务贸易理事会,并应定期报告其实施情况。在对经济一体化协议内容作重大补充或修改或有关成员方准备退出一体化或修改其义务承诺表中所列条件时,应在 90 天之前通知服务贸易理事会。

(五) 国内法规

GATS 规定任何成员方应在合理、公正、客观的基础上实施有关影响服务贸易的国内规定。GATS 要求成员方履行以下义务:

(1) 在承担特定义务的部门中,应合理、客观、公正地实施有关服务贸易的法规。

(2) 应建立独立的或客观公正的司法、仲裁、行政机构和程序,以便对影响服务贸易的行政决定迅速作出审查,并给予公正的决定和适当的补偿。

(3) 成员方所承诺开放的服务部门的主管当局应在申请人提出申请之后的合理期限内向申请人通知其决定。

(4) 在实施有关资格条件和程序、技术标准和许可证要求等的措施时,不得对服务贸易构成不必要的壁垒;对专业性服务部门,成员方应提供适当的程序以验证任何其他成员方提供专业性服务的能力。

(六) 对服务提供者资格的认可

影响国际服务贸易发展的一个重要因素,是成员方之间是否认可对方授予服务提供者的资历证明文件。GATS 规定成员方可在多边、双边或单边基础上承认服务提供者在特定国家获得的学历、资历、专业资格证书或许可证。具体规则如下:

(1) 成员方可在与有关国家达成协议的基础上承认,也可自动承认服务提供者在特定国家获得的学历、资历、专业资格证书或许可证。

(2) 一成员方应对其他有关成员方提供适当的机会,以商谈这类互相承认学历及专业资格等的协议。如采取的是自动承认方式,则它应给予任何其他成员方适当的机会,以表明其他成员方境内的学历、资历、专业资格证书或许可证得到认可。

(3) 在服务提供者为获取核准、许可或证明提出申请时,一成员方不应使其构成对不同国家的歧视,或对服务贸易进行限制的借口。

(4) 每一成员方在世界贸易组织协定生效之日起的 12 个月内,应将其现行的有关承认的措施通知服务贸易理事会,并说明这些措施是否建立在与有关国家达成的协议基础上。成员方在采取新的承认措施或对现有措施作重大调整时,应迅速通知服务贸易理事会。

(5) 一成员方对其他成员方学历及专业资格等的承认必须以多边协议为基础。在适当的情况下,成员方应与有关的政府或非政府机构,就建立和采用共同国际标准进行合作。

(七) 垄断和专营服务提供者及其他限制竞争的商业惯例规则

由于服务贸易市场存在高度的垄断和利用商业惯例限制竞争的现象,GATS 对此也进行了规范。具体规定如下:

(1) 各成员方应确保其境内的垄断和专营服务提供者在提供垄断和专营服务时,不背离根据最惠国待遇条款及其具体承诺所承担的义务。

(2) 如一成员方的垄断提供者直接或间接参与其垄断权范围之外的提供服务的竞争,则该成员应保证该提供者不滥用其垄断地位。

(3) 如一成员方有理由认为任何其他成员方的垄断服务提供者以与承诺不一致的方式行事,则在该成员方请求下,服务贸易理事会可要求该服务提供者的成员方提供有关经营的具体信息。成员方应确保垄断或专营服务的透明度,有义务提供有关资料。

(4) 在世界贸易组织协定生效之日后,如一成员方对其具体承诺所涵盖的服务给予垄断权,则该成员方应在预定实施前不迟于 3 个月通知服务贸易理事会。

(5) 服务提供者的某些不属于垄断和专营服务范围内的商业惯例会抑制竞争和限制服务贸易,因此,一成员方在另一成员方的请求下,应就取消上述的商业惯例与其进行磋商,并达成满意的协议(违背国内法规以保障机密范围的问题除外),并向请求方提供合适的资料。

(八) 例外条款

世界贸易组织在 GATS 中确定了服务贸易的一般规则,同时,根据具体情况也建立了服务贸易的例外条款,充分体现了世界贸易组织规则的灵活性原则。

1. 紧急保障措施

GATS 规定,基于无歧视原则的紧急保障措施问题需要以多边方式进行谈判,谈判结果应在协定生效后的 3 年内(即 1997 年前)付诸实施。而在这 3 年过渡期内,任何成员方在其承担的义务生效 1 年后,可通知服务贸易理事会并说明理由,采取临时性的紧急保障措施,修改或撤销其承担的特定义务。但是,这种临时性安排在 1997 年后必须停止。

2. 保障国际收支平衡措施

GATS 允许成员方在发生国际收支严重失调和对外财政困难或因此受到威胁的情况下,以及在经济发展或转型过程中因国际收支平衡受到特殊压力或为保持适当的财政储备水平以实施其经济计划时,可对其承担特定义务的服务贸易采取某些限制措施。但这些限制措施必须满足以下条件:第一,不应在所有成员方之间造成歧视;第二,应与国际货币基金组织协议的条款保持一致;第三,应避免对任何其他成员方的贸易、经济和财政利益造成不必要的损害;第四,不超过为解决收支困难所必要的程度;第五,应当随着国际收支状况的好转逐步取消限制措施。

除了保障收支平衡的理由外,成员方不得对其承担特定义务项下的经济性项目交易在国际转让和支付方面采取限制措施,也不得对任何资本交易采取与其承担的特定义务不相一致的限制措施,除非这类措施是按国际货币基金组织的要求而采取的。

3. 政府采购

虽然在货物贸易领域已形成《政府采购协议》,限制政府采购对国际贸易的扭曲作用,使政府采购服从于国民待遇和最惠国待遇的规范,但在服务贸易领域,歧视性的政府采购措施在各成员方司空见惯,因此,GATS规定政府采购不受最惠国待遇、具体承诺及国民待遇的义务约束,即为了政治目的而不是为了商业转售及为政府机构采购所用时,可不遵循这3项规定。

4. 一般例外

GATS允许成员方因为下述的原因对服务贸易采取必要的限制措施:第一,保护公共道德或维护公共秩序;第二,保护人类、动植物的生命和健康;第三,实施与协定无抵触的法律和规定;第四,为确保公正、有效地对其他成员方的服务和服务提供者征收直接税(包括所得税和资本税)而实施的差别待遇不视为违反国民待遇;第五,一成员方因避免双重征税而实施差别待遇不视为违反国民待遇。但是,实施上述措施不应在情况相同的国家间构成武断的或不公正的歧视,或对服务贸易造成隐蔽性的限制。

5. 安全例外

GATS确定了以下三方面的安全例外规定:第一,不要求成员方提供公开后会使其基本安全利益受到不利影响的资料。第二,成员方为保护其基本安全利益,可对下列情况下的服务贸易采取限制措施:直接或间接为军事设施供应而提供的服务;有关裂变或聚变材料或提炼这些材料的服务;在战时或国际关系处于其他紧急情况期间提供的服务。第三,成员方可根据联合国宪章执行为维护国际和平安全的行动而采取的措施。

6. 补贴规则

乌拉圭回合虽对东京回合达成的《补贴与反补贴协议》进行了重大修改,制定了全面而严格的多边规则,但这主要适用于货物贸易领域。对于独特而复杂的服务贸易领域,GATS目前还缺乏一种完整的规则来禁止各种补贴,只是提出了以下思路:第一,成员方应通过多边谈判制定一项多边纪律,提出适当的反补贴程序,以避免补贴对服务贸易的扭曲影响;第二,由于补贴对发展中国家极其重要,因此谈判应给予发展中国家一定的灵活性;第三,一成员方如认为另一成员方的补贴使其受到损害,则可要求与该成员方进行磋商,该成员方应给予同情和考虑。

五、《服务贸易总协定》中的特定义务

GATS中的特定义务主要是指市场准入和国民待遇。这些义务不是自动适用于各服务部门,而是要通过谈判由各成员方具体确定其适用的服务部门,各成员方有权决定在其承诺表中列入哪些服务部门,以及维持哪些条件和限制。

(一)市场准入

成员方可决定其给予其他成员方服务和服务提供者市场准入的期限、限制和条件。在其承担市场准入义务的服务部门中,成员方不得采用和维持下列措施(除非在承诺表中列明):

1. 数量限制

即采用数量配额、垄断和专营方式,或要求以测定经济需要的方式限制服务提供者的数量、服务交易或资产的总额、服务的总产出量,以及某一服务部门或服务提供者为提供某一特定服务而需要雇佣自然人的总数。

2. 对法人实体形式的限制

即成员方不得规定服务提供者需要通过特定的法人实体或合营企业才可提供服务。

3. 对外资份额的限制

成员方不得对参股的外国资本限定最高股权比例,即对个别的或累计的外国资本投资总额予以限制。

（二）国民待遇

与货物贸易领域的国民待遇不同，服务贸易领域的国民待遇不是一般义务，而是一项特定义务，各成员方只在自己承诺开放的服务部门中给予外国的服务和服务提供者以国民待遇。即成员方在其承诺表中所列的服务部门或分部门中，给予其他成员方的服务和服务提供者的待遇，不得低于给予本国相同的服务和服务提供者的待遇。不论这些待遇在形式上是否相同，只要不造成对其他成员方服务提供者事实上的歧视，就不属于违反该条款。反之，如果形式相同或不同的待遇改变了竞争条件，使其有利于国内服务和服务提供者，就被认为实施了歧视待遇而违背了该条款。

国民待遇牵涉到本国服务提供者与外国服务提供者的公平竞争机会问题，发达国家往往会借此将触角伸入发展中国家的国内政策领域。例如，许多发展中国家都实施外汇管制，而且对外国银行在其境内提供银行服务有业务范围和地区的限制，这些措施常常被发达国家认为是对外国银行参与公平竞争的机会造成了潜在的损害，进而认为没有得到国民待遇。因此，发展中国家对这一条款的实际后果不可小视。

六、服务贸易自由化的实施

为了逐步提高服务贸易的自由化水平，从世界贸易组织协定生效之日起 5 年内，所有成员方应定期举行连续的多轮谈判，以减少或取消不利于服务贸易市场准入的各种措施。服务贸易的谈判应在互利的基础上促进所有成员方的利益，实现权利和义务的总体平衡。

自由化的进程取决于各成员方相应的国家政策目标及其服务部门的发展水平，对发展中国家成员方在少开放一些部门、放宽较少类型的交易和逐步扩大市场准入等方面给予适当的灵活性，因此不应要求发展中国家采取与其经济技术发展目标相冲突的自由化措施。发展中国家的自由化应根据其市场竞争能力和服务出口的实际水平来掌握,而不应由假想的市场机会来评价。

各成员方应制定其承诺特定义务的计划表。在开放的服务部门承诺表中应详细说明以下事项:市场准入的条件和限制;国民待遇的条件和资格;承担有关的附加义务;实施上述义务的时间框架;承担上述义务的生效日期。

对各成员方承诺表的修改规定如下:

(1) 成员方在其某项具体承诺实施3年后可随时进行修改或撤销,但应提前3个月通知服务贸易理事会。

(2) 如果这一修改或撤销影响到其他成员方的利益,受影响方可请求与修改方磋商,达成一项必要的补偿调整协议。补偿应在最惠国待遇基础上进行调整,并且,在这类磋商和协议中应努力使承担的义务维持在互利的水平上,使服务贸易的优惠不低于谈判前的水平。

(3) 如果受影响方与修改方未能在规定的谈判期内达成协议,受影响方可提交仲裁。

(4) 如果提交仲裁,修改方必须按仲裁裁决进行补偿调整后才可修改或撤销其承诺,如修改方不按仲裁裁决实施,则任何受影响方可进行报复,使其实质上得到的利益与裁决结果相一致。

(5) 服务贸易理事会应建立一套调整和修改具体承诺的程序,以便成员方遵守。

七、服务贸易争端解决机制

WTO统一的争端解决机制适用于服务贸易领域的争端,同时GATS还就争端解决问题作了补充规定。GATS规定的争端解决机制主要包括磋商、仲裁、争端解决和实施3个程序:首先,当一成员方就影响规定执行的任何事项向另一成员方提出时,该成员方应给予合作;其次,如果争端双方通过协商不能达成协议,可向成员方全体提出,请求仲裁;再次,仲裁经成员方全体通过后,应得到有效的实施,如果一成员方不能有效地执行仲裁,则所有成员方将会"联合行动"对其进行制裁。

八、服务贸易理事会

世界贸易组织还建立了服务贸易理事会,以负责《服务贸易总协定》的实施,促进服务贸易的自由化。服务贸易理事会是世界贸易组织下设的执行《服务贸易总协定》职责的专门机构,在常务理事会的指导下进行工作。为了更有效地履行职责,服务贸易理事会可设立分支机构。除非理事会另有规定,理事会与其附属机构应对《服务贸易总协定》的所有成员方的代表开放。服务贸易理事会的成员应当从所有成员方的代表中产生,主席应由成员方全体选举产生。

第三节 金融服务贸易国际惯例

金融服务是银行、证券、保险机构管理金融资产,为客户提供资金融通和周转,以实现资产增值的业务活动。《金融服务协议》被认为是多边贸易体制中具有历史意义的重要文件,它将全球95%以上的金融服务贸易纳入其管辖范围,涉及高达数以万亿计的证券资产、银行存贷款和保险金。协议的达成意味着金融服务贸易将依照多边贸易规则进行,将有助于建立一个具有预见性的透明的贸易环境。

一、《金融服务协议》产生的背景

金融服务贸易作为服务贸易谈判的一个主要议题,越来越被各国高度重视。由于金融业在经济和社会发展目标中的核心地位,使谈判一直存在分歧。早在1992年底,当时关贸总协定总干事邓克尔先生综合了各方意见,形成了乌拉圭回合文件最终协议草案,其中就包括《服务贸易总协定》。在《服务贸易总协定》草案中有两个关于金融服务贸易的附录——《金融服务附件》和《关于金融服务承诺的谅解》。1993年底,乌拉圭回合最终协议文本形成,但在金融服务上并没有全面达成协议。

在正式的《服务贸易总协定》中,《金融服务协议》与草案相比,《金融服务附件》的内容(即关于金融服务的范围、定义、成员方国内法规的实施问题、对其他成员方慎重措施的确认及争端解决等)没有变化,对具体承担义务部分并没有达成一致,因此,到1995年1月1日世界贸易组织成立及乌拉圭回合协议正式生效后,谈判各方根据规定,继续就承担义务部分进行谈判。到1995年7月28日,世界贸易组织金融服务贸易委员会达成一项有90余个成员方参加的过渡性的金融服务协议。该协议是各成员方在乌拉圭回合谈判中作出的实质性承诺和其后一半以上成员方应允新承诺的基础上达成的。1997年12月12日,全球性的《金融服务协议》才最终达成,包括欧盟、美国、日本在内的102个世贸组织成员在协议中作出了自己的承诺,协议于1999年3月1日正式生效。

二、WTO对金融服务贸易的界定

国际金融服务贸易系指按照《服务贸易总协定》所界定的4类贸易形成,即过境交付、消费者移动、商业存在及人员流动等进行的任何金融性服务提供活动,它是在各成员方之间进行的。

按照《金融服务协议》的规定,金融服务是由一般成员方的金融服务提供者所提供的任何有关金融方面的服务。《服务贸易总协定》金融服务附件所调整的金融服务包括所有保险及其相关服务,以及所有银行和其他金融服务(保险除外)。具体包括下列活动:(1)直接保险(包括共同保险),即寿险和非寿险。(2)再保险和转分保。(3)保险中介,如经纪代理。(4)保险附属服务,如咨询、精算、风险评估和理赔服务,以及银行和其他金融服务(保险除外)。(5)接受公众存款和其他应偿还基金。(6)所有类型的贷款,包括消费信贷、抵押信贷、商业交易的代理和融资。(7)融资租赁。(8)所有支付和货币转移服务,包括信用卡、赊账卡、贷记卡、旅行支票和银行汇票。(9)担保和承诺。(10)交易市场、公开市场或场外交易市场的自行交易或代客交易。主要有货币市场工具(包括支票、汇票、存单);外汇;衍生产品,包括但不仅限于期货和期权;汇率和利率工具,包括换汇和远期利率协议等产品;可转让证券;其他可转让票据和金融资产,包括金银条块。(11)参与各类证券的发行,包括承销和募集代理(无论公开或私下),并提供与该发行有关的服务。(12)货币经纪。(13)资产管理,如现金或证券管理、各种形式的集体投资管理、养老基金管理、保管、存款和信托服务。(14)金融资产的结算和清算服务,包括证券、衍生产品和其他可转让票据。(15)提供和传送其他金融服务提供者提供的金融信息、金融数据处理和相关软件。(16)就第(5)至(15)项所列的所有提供咨询、中介和其他附属金融服务,包括信用调查和分析、投资和资产组合的研究和咨询、收购咨询、公司重组和策略咨询。

金融服务的提供者可以是一成员方希望提供或正在提供金融服务的任何自然人和法人。但成员方的公共机构,即政府、中央银行或货币发行机构,或由政府拥有、控制的主要执行机构,或为政府的意图而活动的机构则被排除在外。因此,构成社会安全和公共退休计划的法律体系方面的各项活动,一般也被排除在外。但如果一成员方允许它的金融服务提供者就这些金融服务活动与公共机构进行竞争,则这些公共金融服务也被列为"贸易服务"。从实践来看,金融服务贸易主要通过"商业存在"、"过境贸易"(如去国外培训金融专业人员)及"人员移动"(如派遣金融专家去境外提供服务并收取酬金等)进行,而这些又都可归入"过境贸易"之中。

《金融服务协议》的达成,初步确立了世界金融服务领域内的自由贸易框架,尽管协议是过渡性的,但它为形成一个完善的正式协议奠定了基础,同时将推动这一领域的市场开放。总之,协议的达成将实现两个基本的目的:一是使新公司更好地进入外国市场;二是现有公司将改善经营和竞争条件。特别是许多发展中国家积极地承诺开放市场,给全球金融服务贸易自由化带来了希望。

三、《金融服务协议》的主要内容

《金融服务协议》由3个部分组成,即《服务贸易总协定》第五议定书、通过第五议定书的决定和关于金融服务承诺的决定。其中第一个文件是协议的核心,它包括了各成员方提交的承诺表和豁免清单。这些承诺主要包括以下内容:

(一) 关于国民待遇和市场准入

发达国家因其金融业的高度发达而普遍愿意开放金融服务市场,只对市场准入和国民待遇规定极少的限制。发展中国家虽然也保证给予外国金融机构以国民待遇,但仍对市场准入规定了很多条件和限制。例如,智利、埃及、菲律宾和委内瑞拉等国继续以经济需要作为批准外国在本国设立金融机构的先决条件;印度则禁止外国保险公司在其境内设立分支机构或收购本国保险公司,每年只颁发12个外国银行许可证,条件是外国银行的资产不超过整个印度国内银行资产的15%;马来西亚规定外国资本在本国银行和保险公司中所占的份额不得超过30%,与外国合资的商业银行不得设立分行、不得经营自动提款机网络业务等。

(二) 关于提供服务的方式

发达国家允许其他国家以一切可能的方式在本国设立金融机构和向国内消费者提供跨境金融服务,同时也保障本国公民在境外消费金融服务。发展中国家以保护本国消费者为由,在许多部门禁止或严格限制外国金融机构跨境提供金融服务,而只允许其以在国内设立分支机构的方式提供服务,以利于监管和控制。例如,巴西只允许对船舶和飞机的保险提供跨境服务;马来西亚则将跨境保险服务限制在本国保险公司所不能提供的范围内;在南非,所有的外国金融服务只能通过在南非设立商业机构的方式来提供。

(三)关于开放的具体金融部门

绝大多数国家愿意开放再保险服务和银行业中的存款和贷款业务,而对于保险业中的人寿保险、银行业中的清算和票据交换、证券业中的衍生金融产品交易等,许多发展中国家不作出具体承诺,或加以严格限制。

《金融服务协议》一般都被称为多边协议,理论上讲应对所有世贸组织成员有效。但由于《服务贸易总协定》的最惠国待遇原则有豁免条款,各成员方仍可有选择地实施最惠国待遇。从本协议来说,协议的参加方之间基本实现了无条件的最惠国待遇,仅个别小国坚持最惠国待遇的豁免。而对于并未参加协议的其他世贸组织成员而言,它们既不需遵守有关的承诺,也无权享受该协议带来的实惠。

四、国际金融业的开放状况

国际金融业的开放状况,可以从国际金融服务贸易的壁垒中得到反映。

(一)国际金融服务贸易壁垒

金融服务内容的广泛性和复杂性,决定了金融服务贸易壁垒的表现形式具有多样性,国别或地区的政治和经济环境的差异,使国际金融贸易壁垒的内在关系更加复杂。国际金融服务贸易壁垒分为两类:市场准入壁垒和业务经营限制。

1. 市场准入壁垒

一般市场准入壁垒或贸易壁垒分为全球性和选择性两种。全球性是针对所有的金融机构,采取统一的限制性措施;而选择性则是只对部分国家采取限制性措施,对其中一些国家的机构则不予以限制或较少限制。之所以产生这样的结果,多数是源于互惠条款和其他贸易优惠政策因素。从金融机构设立的角度而言,一国允许另一国的金融服务企业在其境内设立分支机构,往往是希望自己的金融服务商也能够介入对方市场,通过对等的谈判相互给予承诺,竞争条件往往通过讨价还价而最终确立。

对境外金融服务商设立分支机构的市场准入壁垒主要有:

(1) 以法律形式禁止其他国家任何形式的金融机构的介入,如古巴、索马里等。这些国家实行国家垄断的金融制度,因此,禁止境外和国内所有私营金融机构的存在。

(2) 通过政策和许可证方式禁止境外金融机构的介入,如科威特、荷兰、坦桑尼亚等。这些国家以前都有禁止外国金融机构介入国内市场的壁垒,它们普遍认为业已进入的外国金融机构在自己的金融市场上已经足够。由于缺乏外资金融机构的介入,可能阻止与国外市场及经济的接轨或接触,这也影响了它们与外国建立和加强贸易联系。

(3) 除设立代表处外,通过法律形式禁止外资金融机构的介入,如阿尔及利亚、哥伦比亚、葡萄牙等。这些国家的特点是根据"祖父条款",对历史上曾在这些国家设立的外资金融机构予以承认,允许其继续经营。但是代表处不能从事任何形式的大众金融业务,并且通常受限只为自己的总行作广告服务。尽管它们不能从事储蓄与信贷业务,但它们却可沟通自己的上级机构与当地企业的联系。

(4) 除设立代表处外,通过现行的各种行政管理措施来限制外国金融机构的介入,如中国、印度、印度尼西亚、波兰、沙特、墨西哥等。这些国家依据"祖父条款",允许历史上曾设立的外资金融机构继续经营,只是在经营业务范围上有诸多限制,而且对新的外资金融机构进入市场有较多的政策限制。比如在中国,外资金融机构要在境内设立分支机构,必须已在中国境内设立代表处2年以上,另外还有其他的限制性条件。

(5) 以法律形式禁止任何外国银行通过分支机构介入本地市场,如百慕大、匈牙利、菲律宾、南非(允许设立银行附属机构)、加拿大(允许设立非银行附属机构)。这些国家多数是禁止外国银行设立分行的,但对代表处或其他附属机构则不禁止。但是,这些代表处或附属机构往往由于运转不灵活、价格昂贵而适应不了业务发展的需要,从而阻碍了国际金融服务贸易的开展,形成贸易壁垒。

(6) 禁止外国银行购买本地银行的股权,如孟加拉国、巴基斯坦等。这些国家实际上不允许外国银行与本地银行进行合资或控股。

(7) 对外国银行获得本地银行折股权有一定数量的限制。例如,英国限制股权数量为14%,日本限制股权数量为5%,芬兰限制股权数量为20%,新加坡限制股权数量为20%。另外,中非、马来西亚、荷兰、突尼斯等国对银行股权有限制,但没具体规定数量。

据美国财政部对141个国家或地区(包括24个前欧洲殖民地)的研究表明,13个对外国银行没有明显的限制,有3个仅是对拥有本地银行股权的规定上限,18个有附加限制或根本不允许外资金融机构的介入,23个禁止设立代表处及其他附属性的金融机构。

从总体上看,金融机构市场准入限制就如同配额一样。准入的形式具体可分为代表机构、独资机构和本地合资的金融机构及非银行机构,如金融公司(只贷款,不存款)等。对新的金融机构的设立通常有严格的限制,对于那些因历史原因而形成的殖民关系国家,如欧盟与英联邦国家中的部分国家,在金融服务贸易问题上往往超越了最惠国待遇的范畴。而且,在该领域,东道国往往以国内银行已饱和及保护金融结构和幼稚产业等理由,来实施新的禁令。

2. 国际金融服务贸易的经营性限制

与市场准入限制相似,经营性限制严重地影响一国国内金融市场的竞争,通过对业务范围等的限制,往往使本国机构与外资机构在不平等条件下竞争,从而造成贸易扭曲。对金融机构实行的经营性限制措施,大致可分为以下4类:

(1) 市场服务范围的限制。市场服务范围的限制主要是限定服务对象及服务形式,不仅有地理性范围,也有行业性范围及业务内容(提供服务贸易"产品"品种)范围的限制。通过允许或不允许提供服务或应如何提供服务规定,直接控制市场准入。

(2) 资产增长及规模的限制。资产增长及规模的限制主要指限制外资银行在本地市场上的业务绝对量或市场份额,通常规定一个上限。东道国通常通过杠杆比率、准备金、资本量等指标,来规范国内金融市场所有金融机构的经营行为,但对境内和境外,指标数值却不尽相同。对境外银行的市场份额有严格的限制。例如,境外银行向国内的外汇贷款必须按一定的比例或以一定的配额外汇存放于中央银行,通过逐渐的批准和控制程序达到限制市场份额和贷款规模的目的。

(3) 融资限制。东道国政府除了对资产规模及其增长附加限制外,还对外资金融机构的负债经营方面施加各种限制。例如,不允许外资金融机构经营储蓄业务,或要求它们只能接受特定类型的存款或为某一类型的顾客提供金融服务,不能接受政府及公共机构的存款。

(4) 对人员的限制。东道国政府对外资金融机构的职员及管理人员有限制性要求,如限制外资银行职员配额,规定本地人必须占多少比例,或管理人员及领导必须委派本地居民,高级管理人员须经有关当局批准等。从某种意义上讲,金融服务业是"人的行业",对于人员的限制或要求,额外地提高了经营成本,影响服务贸易"产品"的质量,甚至会影响业务量。另外,繁杂的批准程序也人为地提高了交易成本。

(5) 部分国家具体的经营限制性措施。例如,禁止或限制分支机构的扩大;禁止或限制外国或地区银行吸收一定类型存款的要求;接受政府存款的限制,不准接受出口融资补贴基金;限制或拒绝外国和地区银行进入中央银行的贴现市场,限制外国或地区银行提供信贷服务的政策措施等。

(二) 形成国际金融服务贸易壁垒的原因

在国际金融服务贸易中,限制贸易的目标有两个:一是控制境外金融服务商在境内设立机构(商业存在市场准入限制);二是在给予了"商业存在"类市场准入权后,通过对其经营业务的限制,实现自己的控制目标。形形色色的贸易壁垒,就是通过这样的形式加以实施的,以致形成国际金融服务贸易的扭曲。

金融业作为国民经济的命脉部门,在任何国家都受到重视。一是因为金融业是国民经济的敏感部门,与国家的政治稳定目标(如货币市场的稳定等)有密切关系。现在,许多国家把控制通货膨胀不仅作为经济目标,而且作为一项政治目标来实施,就是明显的例证。二是因为金融业与国民经济建设息息相关。大型工程项目的融资,国家经济政策的调整,以及经济效益及效率的提高等,都有赖于金融服务业。因此,在这样的敏感性部门里,国际间的服务贸易存在种种壁垒就不足为奇了。政治稳定目标往往是构成该行业贸易扭曲的根本原因。

境外银行或其他金融机构介入本地金融市场,参与本地金融服务的竞争,往往通过"国民待遇"条款,要求和本地金融服务机构有相同的竞争条件。如果两国间签有互惠协定,金融服务商可以要求更优惠的待遇参与金融服务"产品"的提供。基于这样的现实,各国对本国的金融服务业都给予高度的保护。本国的金融服务同业组织、劳动工会及其他的相关团体也会基于自己的利益,向政府施加压力,从而更强化了政府的保护意识。

对于金融服务业相对落后的发展中国家而言,则以保护幼稚产业为借口,主张不能开放自己的金融服务业;以经济发展和货币稳定为理由,主张不能建立完全自由的金融服务贸易市场,从而对本国的金融服务业给以严格的保护与管制。

发达国家的金融服务机构则以金融服务业在世界范围内受到普遍的严格保护为由,纷纷要求政府提供必要的资助(补贴),以开拓市场;在政治、贸易政策上与外国进行谈判,以求打开外国市场;在制定本国政策时,也会对金融服务市场加以保护,以求在谈判中获得对等的利益。

基于以上种种原因,在国际金融服务贸易领域存在着广泛的贸易壁垒。

案例:

瑞士保险企业向国外扩张已有很长的历史。早在19世纪,部分瑞士保险公司就已在国外开展业务,从而积累了丰富的跨国经营经验。20世纪80年代以前,瑞士企业一直以在西欧市场扩张为主。由于历史的原因,瑞士保险公司在欧洲有着很高的威望,容易得到客户的信任。特别是德国保险客户,对瑞士这个在两次世界大战中"毫发未损"的永久中立国情有独钟。再加上瑞士与德国、奥地利等国的保险法律和监管机制内容相似,所以在上述地区开业的瑞士保险公司能够在比较公平和熟悉的法律背景下参与竞争,实力得以增强。到目前为止,瑞士保险公司获得的所有保费毛收入中,来自欧盟市场的份额高达41%。

20世纪90年代以来,国际保险市场的开放渐成规模。首先,世贸组织关于开放金融服务市场的协议于1997年达成,并自1999年3月1日开始生效。根据协议,70个国家开始对外国公司进入本国市场提供更优惠的条件,加上原来已在乌拉圭回合承诺放开市场的32个国家,共有102个国家执行了保险市场自由化的承诺。其次,随着欧洲一体化进程的加快,特别是欧元启动以后,保险业的国籍概念在发达的欧元区内已十分模糊,公众对保险公司的选择完全根据公司财务的安全性和所提供服务的质量与范围决定,这就使得欧盟国家的大型保险公司拥有了相对的竞争优势。在这种环境下,瑞士保险公司单纯开发西欧市场已明显不够,进一步拓宽市场势在必行。在瑞士保险协会第70次代表大会上,瑞士联邦经济部经济总局局长David Syz呼吁瑞士保险企业尽快适应经济全球化的趋势,作出必要的行动。

近年来,瑞士保险业从本国市场的经营利润和由行业联合、资本投资带来的丰厚收入中获得了强大的资本基础,在技术进步和监管放松的催化之下,海外扩张的步伐迈得更大。例如,苏黎世集团不仅在北美大举扩张,还于1986年抢先进入日本非寿险市场,于1996年获得了在日本独立经营寿险的许可证;此外,该公司还在委内瑞拉、黎巴嫩、马来西亚、泰国等发展中国家经营保险业务。丰泰集团不仅第一个获得了在华经营的许可证,还在日本等亚洲市场大有作为。瑞士人寿也将业务扩展到美国、俄罗斯等大型保险市场。

为抓住各国金融业刚刚开放的契机挤占市场,瑞士保险企业不仅在国外广泛开设分公司和代表处,还通过企业并购的形式大举推进,希望通过减少竞争对手和发挥规模优势来获取更大的市场份额。以丰泰集团为例,1999年1年内就出资十余亿瑞郎,先后收购日本人寿保险公司Nicos Life和英国Colonial人寿保险公司,为本公司在上述市场带来了充足的客户源。

第四节　电信服务贸易国际惯例

从20世纪80年代后期开始,全球电信产业发生了巨大变化,各国相继开放电信产业,允许外国公司购买本国网络,收购网络公司,经营电话业务。这股浪潮从美国开始,席卷欧洲以及亚洲的日本、新加坡及我国香港。1998年,美国电报电话公司(AT&T)购并美国在线电视公司(TCI),成为全球电信开放的里程碑。在全球电信开放的大背景下,电信市场的开放成为WTO服务贸易的重要议题。

一、《基础电信协议》产生的背景

1997年2月15日,历经3年艰苦的谈判,世界贸易组织终于成功地结束了关于基础电信服务市场准入的谈判。共有71方政府提交减让书,其中69国(地区)政府提交的55份减让表最终被附在《服务贸易总协定》第四议定书项下。世界各个地区40多个大大小小的发展中国家也参加了此次谈判,其中包括6个正处于经济转轨阶段的中东欧国家。

电信之所以受到WTO的青睐,是因为在当今的世界贸易中,服务贸易的增长速度比传统的货物贸易快得多。在发达国家,货物贸易的优势正在滑坡,基于技术优势的服务贸易正成为它们未来经济发展的一张王牌。在服务贸易中,电信是最被看好的产业。《基础电信协议》将加速电信市场的开放。这里说的电信市场开放,是指以电话为主的基础电信业务市场的开放,因为非话业务和增值业务在许多国家已经开放或基本开放,但作为电信业主体的电话以及网路基础设施在许多国家并未真正开放,或者说仍然被垄断。协议要求各谈判方在一定时期内承诺开放基础电信业务市场。

谈判的成功使未来的电信管制环境进一步宽松,各种人为的电信壁垒必将被拆除。各国的电信企业有了更多的合作机会,这就便于它们提供全球性的电信服务及促进它们的彼此联合。

其实,不论发达国家还是发展中国家,各国对于电信市场开放的日期、范围并没有统一的标准。希腊、爱尔兰和葡萄牙等国家因其电信水平比其他成员落后,在市场开放的大潮中,这些国家并没有"凑热闹",而是要求推迟3至5年开放。在许多国家纷纷开放数据业务市场之后,法国等直到1996年1月1日才完全开放了这个市场。早在20世纪80年代,加拿大与美国在开放增值业务市场上就有不同的做法,加拿大承诺开放的范围比美国小得多,对基本业务和非基本业务的划分也与美国的标准不完全一致。可见,各国在开放电信市场时都是量力而行的。

二、《基础电信协议》的主要内容

于1998年2月5日起生效的《基础电信协议》,是乌拉圭回合后达成的第一份全球服务贸易自由化协议。由各成员方提交的具体承诺减让表被视为《服务贸易总协定》的组成部分之一。如同GATT的关税减让表一样,电信服务承诺减让表是规定在各成员方电信市场进行服务贸易的具体准入层次的约束性文件,这是本次谈判的实际成果。减让表主要包括市场准入和国民待遇,也包括一些附加承诺。市场准入主要就数量限制作出规定,同时也包括其他一些诸如外资参股比例上限等限制措施。国民待遇规定对外国电信服务及电信服务提供者的待遇不低于给予本国同种服务及服务提供者的待遇。附加承诺主要为各方就一些未明确的包括国民待遇和市场准入在内的影响服务贸易的措施进行磋商提供可能性。在承诺表中,各成员方可以全面提供市场准入及国民待遇,或对其欲继续执行的限制措施作出规定。减让表主要就以下问题作出承诺:

(一) 法规的透明度

这些法规主要包括许可制度、互联安排、竞争保护、法规部门的独立性、无线频点号码资源的分配、许可的技术标准与器材型号、关税(即服务费)的征收、通过他国电信网络的权利以及普遍服务原则等。参加谈判的各方担心法规环境会破坏市场准入和国民待遇原则的落实,就如何处理诸多纪律性规范形成了一份范本。在1997年2月15日前,69方政府有63方提交的减让表将法规环境纳入其中,其中57方政府全盘接受范本或仅作细微修改,以保证市场准入承诺的切实执行。

(二) 最惠国待遇及豁免

由于《服务贸易总协定》第2条第2款有关于最惠国待遇豁免的规定,因此各成员方有权单独决定是否对影响基础电信服务的措施提出最惠国待遇的豁免。1997年2月15日,共有9个成员方提出了最惠国待遇豁免。但需要指出的是,即使提出最惠国待遇豁免,也只能适用于未列入承诺表的服务或对该服务的本国经营者给予高于减让表中市场准入规定的特殊优待。

(三) 市场准入的具体减让

此次达成的基础电信协议是以取消政府垄断、对外国服务及服务提供者开放市场为目的的,69方政府均在其所提交的减让清单中明确列示允许外资进入的服务项目。

就语音电话服务而言,绝大多数国家均采取立刻或是逐步开放的态度,但有两个成员仅允许在封闭使用群体内开放语音电话服务。42方政府提交的28份承诺表中允许公共语音电话的分销,70%以上的成员方允许在公共语音服务中引入一定程度的竞争。

就卫星通讯服务而言,谈判重点在于明确某些技术性问题,诸如承诺表的标准化、如何处理由不同组织(国际通信卫星组织,国际海事卫星组织)所管辖的服务、如何分配无线频率等类似问题,其目的在于防止将无线频点分配或相关许可管理手续变为贸易壁垒。另外,尽管有人认为卫星通讯能力的提供(如国际通信卫星系统)是政府间合作、非盈利性的行为、非国际服务贸易,但其仍带有商业行为的色彩。当有可替代性设施,如私人铺设的越洋电缆或商业通信卫星系统,各国以此为第三方提供跨境传递服务或通过公共/私人网络提供电信服务时,这种跨境服务交易就被视为服务贸易,特别是这种服务带有竞争性时。51方政府提交的37份减让表中规定开放固定卫星服务。

就地面移动通信服务而言,60方政府提交的46份减让表中规定开放地面移动电话服务,59方政府提交的45份减让表中规定开放其他地面移动服务。但对于长途无线服务而言,仅有17方政府提交了开放竞争的承诺,可见该部门仍由各国严加限制。

(四)对法规环境的具体承诺

此轮全球基础电信服务谈判的重点之一就是审查各国有关阻碍电信服务发展的法规及政策,并就各国现行法规制定了"承诺范本",供各方政府提交法规环境减让表时参照使用,这在世界贸易组织谈判历史上是极具开创性的。在69个成员方政府中,除6个成员方政府未提交法规承诺外,有57个成员方政府提交的43份减让表是完全按照"承诺范本"拟订或仅对范本稍作修改,有6个成员方政府未按范本而另行提交法规环境承诺,另有4个成员方政府表示日后再提出有关法规环境的原则。

就该协议来说,发达国家比发展中国承诺的开放度要高。例如,美国基本上全面开放其市场,允许100%的外国股权,而众多的发展中国家则采取了逐步开放的政策。

案例:

加拿大环球电讯(简称环球电讯)在半个世纪中从一个垄断性的电信运营商发展成一个极具竞争力的全球公司。

环球电讯成立于1950年,是一家专门为加拿大的信息安全提供服务的国有企业,也是加拿大惟一一家向海外提供电讯服务的企业。由于企业具有垄断权,环球电讯很好地利用了政府赋予的垄断条件与机会,在企业发展的头20年,其国际通信能力得到了迅猛发展,为以后的发展奠定了坚实的基础。

1987年~1997年,仍然是垄断经营的10年,环球电讯的业务持续发展。在这期间,它成为全球第一个运用数字多重技术来提高宽带效益的公司之一,建造了当时最先进的光纤光缆网络,并实行数字服务产品化。与此同时,环球电讯的国际直拨长途电话价格下降39%。

在1992年,环球电讯的发展面临着几方面的挑战。一是来自国内的挑战。竞争激烈的长途电话业务转售、环球电讯的主要客户群受到挑战和增加经由美国的旁路设施。二是来自加拿大政府的挑战。政府要求增加关税、控制资本预算、寻求投资回报、限制资产转移和制定相关法律控制国内与国外公司拥有环球电讯的所有权。三是来自国际的。国际上出现破除垄断、实现战略联盟的趋势。世界上15个最大的运营商,其中就有13个建立了战略联盟,而且,通信技术发展很快,转售的竞争愈显激烈。四是加拿大面临开拓国际市场的挑战。在这之前,加拿大和美国间没有通信方面的业务来往,但是美国却是全世界最大的长途电话市场。显然,环球电讯是不会放弃这块市场的。另外,环球电讯在全球其他国家开展的业务是其总业务的75%。五是公司内部也面临着一些问题,公司的大部分员工希望环球电讯在国内或国际寻求合作伙伴,来填补国内每年以5%的速度放缓的市场份额增长。

面临这些挑战,环球电讯提出了一些有针对性的解决办法。首先,环球电讯认为,必须走向全球,赢得国际市场份额;其次,在美国取得一定的市场份额;然后,市场和产品必须多样化；最后，建造全球的主要网络，服务于全球市场。

针对这些解决办法，环球电讯在1992年～1995年进行全面裁员，人数从2 128削减到1 804，接下来是对在职的员工进行培训，以便适应竞争。另外，环球电讯对价格进行削减。最重要的是，环球电讯开始游说政府制定一些政策，让环球电讯能进入全球参与竞争，这也就意味着加拿大环球电讯必须放弃其在国内的垄断地位。终于在1995年，政府出台了有关通知，批准环球电讯放弃国内的垄断地位，并废除了环球电讯垄断的特权条例。另外，环球电讯还提出，让加拿大政府与美国政府进行协商，取消美国FCC对进入美国市场的外来运营商的歧视性法规。1996年1月，环球电讯的垄断终于被打破。

经过一系列的变化，环球电讯取得了巨大发展，成为一个在全世界拥有65个办公地点、员工数达4 800人、每年的收入达到20亿美元的全球性公司。从1995年～1997年，环球电讯的电信服务市场份额增长了15%。到1997年，全球电信投资额达到1 551亿美元，运营商的数目从1992年的42家增长到1997年的64家。环球电讯所占市场份额达到19%，其中移动领域的市场份额占到44%。1999年末，环球电讯又开通了世界上最宽的骨干网。

破除垄断，不仅促进了环球电讯本身的发展，而且也对加拿大整个国家的发展起了重大作用。一是加拿大的用户可以享受很低的价格；二是用户可以有很多的选择；三是加拿大的网络与应用得到了很好的发展；四是加拿大对基础设施建设的投资也会增长。

环球电讯在全球化发展的过程中，有一些经验可资借鉴：从政府方面看，一是要阐明市场规则；二是尽力为企业发展扫除调整障碍；三是重视国际合作。从企业方面看，一是要积极主动地参与国际竞争；二是要制定全球发展战略；三是要不断开创新服务。

思考题

1. 《服务贸易总协定》主要由哪些部分的内容组成？
2. 为了帮助发展中国家发展服务贸易，GATS作出了哪些相关规定？
3. GATS关于争端解决问题是如何规定的？
4. 形成国际金融服务贸易壁垒的原因是什么？
5. 电信服务承诺减让表在法规透明度方面的主要内容是什么？

第五章　WTO与贸易有关的国际投资惯例

学习目的与要求：通过本章的学习，要掌握《与贸易有关的投资措施协议》的适用范围、世界贸易组织禁止的投资措施等，了解各种例外规定及发展中国家成员方可以享受的特殊优惠。

第一节　WTO与贸易有关的投资规则概述

一、《与贸易有关的投资措施协议》的产生背景和作用

第二次世界大战以后，特别是进入20世纪70年代以来，随着生产和资本国际化趋势的加强，以跨国公司为主体的国际直接投资活动日益频繁，规模也在不断扩大，并日益成为国际贸易以外的经济全球化的另一重要纽带，对各国经济和国际贸易的发展正发挥着越来越重要的作用和影响。与此同时，投资国、投资者与东道国之间关于直接投资方面的矛盾与纠纷也不断增多。东道国尤其是发展中国家政府为了把外国资本引入其需要投资的重点领域和地区，往往提供一些鼓励性的优惠措施，同时也规定了种种限制性条件，或是出于国家主权安全考虑，或是出于保护国内产业和民族经济的目的。事实上，对外资进行必要的管理管制本身是无可厚非的，也是完全符合国家主权原则的。但在世界各国对外资的管理管制过程中，存在大量的对外资采取歧视甚至排斥的做法，这就会阻碍投资者利润最大化目标的实现，也会破坏国际资源的自由

流动和有效配置。

为了减少、克服矛盾和纠纷,促进国际投资活动的健康发展,国际社会曾为此做过多方面的努力,起草和制定了一些关于国际直接投资的规则和协议,如《联合国跨国公司行为守则》、《关于外国直接投资的待遇准则》、《东道国与其他国民之间投资争议解决公约》等。但它们或者尚未生效;或者仅涉及国际投资的个别领域;或者只是建设性的,没有约束力。因而国际社会特别是国际直接投资的主要参与者——发达国家一直都在寻求达成一项有关国际直接投资的国际性协议。由于以往的协调不是很有效,再加上GATT执行过程中出现了日益增多的与贸易有关的投资措施方面的争议,于是在1986年6月关贸总协定的部长级会议上,与会代表决定将与贸易有关的投资措施谈判纳入到乌拉圭回合谈判的议题中去。经过8年的谈判,最终达成了《与贸易有关的投资措施协议》(Agreement on Trade-Related Investment Measures,英文简称TRIMS)。

该协议是深入探讨外国直接投资和国际贸易不可分割关系的第一个多边国际协议,对WTO成员方特别是发展中国家成员方的外资政策影响会很大。但由于是第一次将投资问题纳入GATT的谈判内容,《与贸易有关的投资措施协议》并没有涉及太多的投资规则,仅指出5种与GATT1994原则不相符的与贸易有关的投资措施,并给成员方过渡期来消除。协议也并不阻止成员方适用其他一些投资措施,如不阻止成员方实行以出口实绩作为投资的条件,也不坚持禁止当地投资者应持有一定百分比的股份,不禁止要求外国投资者必须带来最新的技术或必须在当地进行一定水准或类型的研究与开发活动。但作为一个良好的开始,它也明确规定了今后要进行内容更广泛的进一步谈判。

二、《与贸易有关的投资措施协议》的适用范围和目标

（一）《与贸易有关的投资措施协议》的适用范围

根据《与贸易有关的投资措施协议》第 1 条的规定，其适用范围较窄，仅限于"与贸易（货物贸易）有关"的投资措施，即指东道国政府采取的能够影响、扭曲国际贸易流量和流向的各种投资措施。值得注意的是，本协议主要针对对国际贸易产生影响的投资措施，与国际贸易无关的投资措施不在本协议管辖范围之内。此外，这里的"贸易"是狭义的贸易，仅指有形贸易或者说货物贸易，而不包括服务贸易。

《与贸易有关的投资措施协议》有关适用范围的规定中涉及到一个重要概念——"与贸易有关的投资措施"。"投资措施"容易理解，它是东道国政府控制、管理外资进入其境内的政策工具，可分为鼓励性投资措施和限制性投资措施两大类。鼓励性投资措施是东道国政府为了吸引更多的外国直接投资活动而采取的措施，包括对外国投资企业的关税优惠、加速折旧、优惠贷款等；限制性投资措施是东道国政府为了在吸引外资的同时保护本国经济免受冲击，而采取的对本国经济有利的一系列措施，包括当地股权要求、外汇管制、国内销售要求、贸易平衡要求、当地成分要求等。由于制定《与贸易有关的投资措施协议》的主要目的是为了制约对国际贸易产生限制或扭曲作用的投资措施，因而该协议主要涉及的是与货物贸易有关的产生限制和扭曲作用的投资措施。但什么叫"与贸易有关的"，协议对此并没有加以明确说明。这就产生了两种不同的理解，一是"直接适用于货物贸易的措施"，二是"不直接适用于货物贸易但对其有影响的措施"。后者在范围上显然超过前者。仔细研究协议的意图和措辞后，我们一般倾向于第二种解释。可见，一项投资措施即使表面看来和货物贸易没有任何联系，但只要其实施可能给货物贸易在国民待遇和数量限制等方面带来

影响,它就应当在该协议的调整范围之内。

《与贸易有关的投资措施协议》的适用范围,反映了该协议和关贸总协定规则的协调一致,即给予来自不同产地的货物以平等竞争的机会,但该协议在调整外国直接投资方面存在明显的局限性。首先,与服务贸易和知识产权有关的外国直接投资被排除在该协议之外;其次,该协议只是从投资措施对贸易影响这个角度关注外国直接投资,而没有建立一整套管理与保护外国直接投资的全面规则;再次,即使在货物贸易范围内,该协议也仅仅涉及国民待遇和数量限制两个方面的问题。这些局限性注定了《与贸易有关的投资措施协议》在解决外国直接投资问题上将不会很成功。

(二)《与贸易有关的投资措施协议》的目的

制定《与贸易有关的投资措施协议》主要是为了在不违背GATT和WTO有关原则的前提下达到下述目的:(1)为资金的跨国流动提供便利,以促进国际贸易的进一步发展与自由化;(2)确保自由竞争,以加速所有贸易方特别是发展中国家的经济增长;(3)照顾发展中国家成员方,尤其是那些最不发达国家成员方在贸易、开发和财政方面的特定要求。

三、《与贸易有关的投资措施协议》的主要内容

WTO《与贸易有关的投资措施协议》由序言和9个条款以及1个附件组成,其主要内容有适用范围、国民待遇与禁止数量限制、例外、过渡安排、透明度、争端解决等。

(一)协议的适用范围

协议适用于与货物贸易有关的投资措施,而不适用于其他贸易方式,这一点可参见前面给予的较详细解释。

(二)国民待遇

协议将原本适用于货物贸易的国民待遇原则延伸适用于与贸易有关的投资领域,规定在不损害GATT1994项下的其他权利和

义务的前提下,东道国不得实施与该协议第3条(国民待遇义务)的规定不相符的与贸易有关的投资措施,即在投资过程中产生的进口产品仍适用国民待遇原则。值得注意的是,它只涉及进口"产品"的国民待遇,并不是所有外国直接投资活动都可以享有国民待遇。

(三)禁止数量限制

协议规定,东道国采取的与贸易有关的投资措施应符合GATT1994关于禁止数量限制的规定,也就是说,凡不符合关贸总协定的禁止数量限制原则的投资措施,各成员方都不能使用。GATT1994第11条第1款规定,任何缔约方除征收捐税或其他费用以外,不得以配额、进口许可证等措施限制或禁止其他缔约国产品的输入,或向其他成员方销售出口产品。根据这一规定,东道国对外国投资企业产品的输入也应当用捐税等关税性措施来加以管理,而不应当实施配额许可证等数量限制措施。《与贸易有关的投资措施协议》在附录中规定:要普遍取消具有数量限制义务的投资措施,包括国内法或行政法规项下的义务性或强制性措施,或为取得优惠所必需的措施,以及下列限制:一是企业必须出口当地产品的一定数量或价值,才能进口产品用于当地生产;二是把企业获得外汇与其出口创汇联系起来,以限制企业进口;三是规定企业必须在当地生产某产品的一定数量或价值,以限制企业出口。

(四)各种例外规定

根据《与贸易有关的投资措施协议》第3条的规定,GATT1994规定的所有例外规定均适用于《与贸易有关的投资措施协议》。GATT1994规定了一些特殊情况下成员方可以采取暂时背离这些原则的做法。这种暂时背离就是例外,主要包括:一般例外、安全例外、非歧视原则的例外、数量限制的例外、国际收支保障的例外、外汇安排的例外、紧急措施的例外、关税同盟和自由贸易区的例外等。

（五）发展中国家成员方可以享受特殊优惠

《与贸易有关的投资措施协议》规定，发展中国家成员方有权根据 GATT1994 第 18 条（政府对经济发展的援助）和《关于国际收支条款的谅解》以及 1979 年 11 月 28 日采纳的为国际收支实施的贸易措施的 1979 年宣言，暂时背离《与贸易有关的投资措施协议》的规定，暂时地保留违反国民待遇原则和禁止数量限制原则的投资措施，而实施限制性的与贸易有关的投资措施。但这种背离应符合 GATT1994 第 18 条的规定，即发展中国家成员方必须是基于建立特定产业或为平衡国际收支等目的才能暂时背离。

（六）通知和过渡安排

根据《与贸易有关的投资措施协议》第 5 条的规定，在《建立世界贸易组织协定》生效后 90 天内，世贸组织成员应向该组织的货物理事会通告它们正在实施的与该协议不相符的与贸易有关的投资措施，内容不仅包括这些投资措施的基本特征，而且还应包括实施这些措施的具体情况。

所有成员方应在一定期限内逐步取消《与贸易有关的投资措施协议》所禁止采用的投资措施，发达国家成员方应在协定生效后 2 年内取消这些投资措施；发展中国家成员方应在 5 年内取消；最不发达国家成员方应在 7 年内取消；而在世贸组织协定生效前 180 天内开始实施且与该协定不符的投资措施不享受过渡期，应立即予以取消。但发展中国家成员方，特别是最不发达国家成员方在规定期限内取消有关的投资措施存在困难时，可请求货物理事会予以延期。

在过渡期内，为了保持各国法律法规的稳定性，为了不对已建立的外商投资企业造成不利影响，为了保证已建企业能与新建企业进行公平竞争，成员方可以在两种情况下将那些已用于已建企业的原投资措施延用于新建的外商投资企业：第一，新建企业生产的产品与已建企业生产的产品相同；第二，有必要避免在新建企业与已建企业间造成扭曲的竞争条件。但上述两种情况下采用的投资措施,应当向货物贸易理事会通报,并且对新建企业实施的投资措施要同对已建企业实施的投资措施一起取消。

(七)关于透明度的规定

根据《与贸易有关的投资措施协议》第6条的规定,各成员方就其采取的投资措施应当履行有关透明度和通报的义务。具体地说,每一成员方应向世界贸易组织秘书处通报其刊载有投资措施的出版物,这里的投资措施不仅包括成员方全国性的法律法规的规定,而且包括其地方政府和权力机关制定的地方性法律法规的有关内容。每一成员方对另一成员方索取有关资料的请求应给予同情和考虑,并且对另一成员方提出的有关投资的磋商请求应提供充分的协商机会。但是,对于那些一经公布将有碍法律的执行或违背公共利益或损害特定企业(包括公有企业和私有企业)合法商业利益的信息资料,成员方有权不予以公布和通报。

(八)管理机构与争端解决

根据《与贸易有关的投资措施协议》第7条的规定,世界贸易组织设立了与贸易有关的投资措施委员会,该委员会通过选举产生主席和副主席,每年至少召开一次会议,或根据任何成员方的请求召开会议。该委员会的主要职责是:(1)履行货物贸易理事会为它规定的职责,管理和监督《与贸易有关的投资措施协议》的实施与运作,并每年向货物贸易理事会提交有关的年度报告;(2)向成员方提供机会,以磋商与《与贸易有关的投资措施协议》的实施和运作相关的任何事宜。

根据《与贸易有关的投资措施协议》第8条规定,GATT1994的争议解决程序与规则适用于《与贸易有关的投资措施协议》项下的协商和争端解决。

(九)货物贸易理事会的审查

根据《与贸易有关的投资措施协议》第9条规定,在《与贸易有关的投资措施协议》生效后的 5 年内,货物贸易理事会将对该协议的实施情况进行检查评审,并视具体情况提出修改意见,同时考虑该协议是否需要补充有关投资政策和竞争政策方面的规定。

第二节 世界贸易组织禁止的投资措施

一、各国引进外资中的附加要求

东道国政府在引进外资过程中,通常都会采取各种法律和行政的手段来对外国直接投资的项目或企业进行限制和管理。东道国政府采取的比较常见的投资限制措施有:

(1) 当地含量(成分)要求,即东道国政府要求外国投资企业在生产中购买或使用一定价值的当地投入。

(2) 贸易平衡要求,即东道国为了防止外汇净流出,要求外国投资企业购买或使用进口产品的数量或价值应与该企业出口当地产品的数量或价值相当。

(3) 外汇平衡要求,即规定外国投资企业进口需要的外汇应来自其出口创汇额及一定比例的其他来源的外汇收入。

(4) 外汇管制,即东道国政府限制外国投资企业使用外汇,从而限制其进口。

(5) 国内销售要求,即东道国政府为限制外国投资企业出口其产品,要求公司在当地销售一定比例的产品。

(6) 出口实绩要求,即东道国要求外国投资者必须将一定比例的产品用于出口。

(7) 产品授权要求,即要求外国投资者用特定设施生产的指定产品供应某些市场。

(8) 生产制造限制,即东道国政府为避免外资企业所生产的产品与本国产品竞争,要求外国投资企业不得在东道国生产特定产品或产品线。

(9) 技术转让要求,即要求外国投资企业非商业性地转让规定的技术或在当地进行一定水平或类似的研究与开发活动。

(10) 许可要求,即要求外国投资者取得与其在本国使用的类似或相关技术的许可证。

(11) 汇款限制,即东道国为限制外国投资者向国外转移资金,限制后者将投资所得汇回本国。

(12) 当地股份要求,即东道国政府为限制外国投资者所有权,规定外国投资企业或项目中必须有当地投资者持有一定百分比的股份。

二、《与贸易有关的投资措施协议》禁止使用的投资措施

为避免世界贸易组织成员在其内部实施的某些投资措施对贸易造成限制或扭曲,世界贸易组织在《与贸易有关的投资措施协议》中规定了禁止使用的投资措施,但没有涵盖上述投资措施的全部。它只是规定:凡不符合关贸总协定的国民待遇原则或禁止数量限制原则的投资措施,各成员方都应禁止使用。这些投资措施包括当地含量要求、生产制造限制、贸易平衡要求、产品指令要求、外汇管制要求和国内销售要求。

(一) 不符合 GATT1994 第 3 条"国民待遇原则"的投资措施

根据《与贸易有关的投资措施协议》附录的规定,违反国民待遇原则的与贸易有关的投资措施不仅包括东道国国内法律和行政法规规定的强制性措施,而且包括那些采用后会给东道国带来竞争优势的措施。在《与贸易有关的投资措施协议》中明文列出的禁止东道国采取的投资措施为以下两种:第一,当地成分含量要求。要求外国投资企业生产的最终产品中必须有一定比例的零部件是从东道国当地购买或者是当地生产的。这种投资措施对贸易的扭曲作用主要是可以阻止或限制进口产品的使用。第二,贸易外汇

平衡要求。规定外商投资企业购买或使用进口产品的数量或价值应与该企业出口当地产品的数量或价值相当,而不得超过该企业的出口额或出口额的一定比例。

（二）不符合 GATT1994 第 11 条"一般禁止使用数量限制"的投资措施

根据《与贸易有关的投资措施协议》附录的规定,此类投资措施包括国内法律、行政法规的强制性规定以及那些采用后会给东道国带来竞争优势的措施。协议具体列举了 3 种不符合禁止数量限制的投资措施:第一,贸易外汇平衡要求。对外商投资企业的进口作出一般的限定,或规定不得超过该企业出口量或出口值的一定比例。第二,进口用汇限制。规定外商投资企业用于生产所需的进口额应限制在该企业所占有的外汇的一定比例内。第三,国内销售要求。限制外商投资企业出口其产品,规定其要有一定数量或价值的产品在东道国销售。

三、一般例外与发展中国家例外规定

首先,GATT1994 中的所有例外均适用于本协议。即因安全保障、国际收支困难等原因采取的进口限制,可以作为该协议的一般例外。

其次,考虑到发展中国家,特别是最不发达国家在贸易、发展和金融方面的特殊要求,可以允许它们暂时背离国民待遇和一般禁止数量限制原则,但必须只能是为了扶持国内幼稚产业而采取的修改或撤销其关税减让表中的关税减让以及数量限制等措施。

再次,世界贸易组织货物贸易理事会可以应发展中国家和地区成员方的要求,延长其过渡期,但申请方必须证明其在规定时期内废除有关的投资措施确实存在特殊困难。

四、过渡期安排

根据《与贸易有关的投资措施协议》的规定,在世贸组织协议生效后的 90 天之内,各成员国要将其正在实施的与该协议不相符的所有与贸易有关的投资措施通知货物贸易委员会,不仅要通知这些措施的基本特征,还应通知其一般和具体的实施情况。

世界贸易组织在 1995 年成立时的协定中,根据各成员经济发展阶段的不同,规定了不同的过渡期来让其取消这些措施。其中,发达国家为 2 年,发展中国家为 5 年,最不发达国家为 7 年。发展中国家成员方在过渡期内执行协议确有困难者,经证实后还可延长过渡期。

在过渡期内,成员方不得修改其向世界贸易组织提交的与贸易有关的投资措施清单,同时,为了不对已建立的公司造成不利影响,成员方可以在两种情况下将那些适用于已建立公司的与贸易有关的投资措施用于新建公司:第一,新建公司生产的产品与已建公司类似;第二,有必要避免在新建公司与已建公司间造成竞争扭曲。

案例:

从 1993 年起,印尼政府开始积极推行汽车国产化政策。1993 年制定的激励计划规定,根据国产化率和汽车的类型对汽车中使用的进口汽车零部件减免关税;对某些特定种类的汽车减征或免征奢侈品税。1996 年制定的国产汽车计划规定,对设备的所有权、商标使用及技术方面达到规定标准的公司,授予"先锋"公司或国产汽车公司的称号,具有这一称号的公司可以免除国产汽车奢侈品税和进口零部件的关税。但要保持这一称号,就必须在获得称号后 3 年内增加国产化程度。印尼国民在国外生产的汽车达到工业与贸易部规定的国产化率的要求,享有与印尼国内生产的国产汽车相同的待遇。另外还规定,如果外国生产的汽车中使用的印尼生产的零部件达到汽车价格的25%以上,可以视为满足了20%国产化率的要求。

1996年10月至11月,欧盟、美国和日本先后指控印尼1993年和1996年的汽车计划违反了《与贸易有关的投资措施协议》(TRIMS)等规则,给它们的汽车工业造成了不利影响。1997年7月30日,WTO争端解决机构成立专家小组来解决这一纠纷。1998年7月2日,专家小组裁定,印尼汽车产业政策将国产化要求与优惠政策挂钩,违反了TRIMS第2条关于投资措施国民待遇和数量限制的规定以及GATT第1条和第3条的规定,建议争端解决机构要求印尼修改其汽车政策,以与WTO规则相一致。1998年7月23日,争端解决机构通过了专家小组报告。1999年7月15日,印尼通知争端解决机构,它已在规定的期限内公布了新的产业政策,履行了专家小组报告中的建议。

结论和启示:

本案中,印尼在本国的外资政策中有当地含量限制(国产化)方面的内容,违背了WTO《与贸易有关的投资措施协议》等规则。在中国的外资政策中,许多方面也有国产化要求,很显然,这与WTO《与贸易有关的投资措施协议》相违背。"入世"后,我国对外资的这些限制必须取消。按照中国"入世"议定书规定,中国将在5年内全面遵守《与贸易有关的投资措施协议》,并取消外汇平衡要求、贸易平衡要求、当地含量要求和出口实绩要求等与贸易有关的投资措施。随着对外资限制政策的逐步取消,与之相关但与WTO规则无关的对外资的优惠政策措施也必须逐步取消。因为给予外商过度的优惠待遇客观上会造成内资企业和外资企业之间的不公平竞争。今后,政府不应再出于某些特定的理由而对外资或内资企业优惠或歧视。

第五章 WTO与贸易有关的国际投资惯例

思考题

1. 《与贸易有关的投资措施协议》中有关投资措施的限期取消规定具体是怎样安排的?
2. 《与贸易有关的投资措施协议》禁止使用的投资措施有哪些?
3. 简述"与贸易有关的投资措施"的含义。
4. 《与贸易有关的投资措施协议》的适用范围。
5. "入世"后,我国政府在引资政策上应作何调整?

第六章 WTO与贸易有关的知识产权国际惯例

学习目的与要求:通过本章的学习,要掌握《与贸易有关的知识产权协议》的保护范围、主要原则以及发生侵权行为时的种种救济方式等,了解协议的主要内容及专利、商标、版权、地理标志、工业品外观设计、集成电路布图设计、未公开信息的概念。

20世纪70年代以来,与知识产权相关的贸易迅猛发展,暴露出的问题也日益增多,如在商品贸易中,出现了大量假冒专利权、商标权等知识产权的侵权贸易,带来一系列知识产权纠纷,阻碍了与知识产权有关的贸易的正常进行。因此,知识产权问题特别是有形的商品贸易中的知识产权保护,越来越受到各国尤其是发达国家的重视。

国际社会对知识产权的保护已形成一系列国际公约和建立了国际知识产权组织,但实施的效果都不令人满意。原因是参加这些公约的缔约国有限,而各国国内法对知识产权的保护范围、程度和期限及法律程序千差万别;这些公约没有统一的解决争端的方式和机构,有些国际公约的争端条款允许成员保留;对新出现的未公开的知识产权,没有在公约中明确加以保护。针对公约的上述不足,各国特别是在知识产权贸易中具有优势的发达国家认为应当讨论制定一项新的公约,以加强知识产权的国际保护。最终,各国决定将知识产权问题纳入到乌拉圭回合多边贸易谈判中来。经过艰苦的谈判,1994年4月15日,在摩洛哥的马拉喀什由各参加方签署了《与贸易有关的知识产权协议》(Agreement on Trade-Related Aspects of Intellectual Property Rights,简称 TRIPS)。《与贸易有关的知识产权协议》的签署,标志着WTO除货物贸易、服务贸易外,又拓展了一个新的领域。

于1995年7月1日正式生效的《与贸易有关的知识产权协议》在世贸组织规则中具有特殊意义。它与多边货物贸易和服务贸易协议不同,货物贸易和服务贸易协议是就与贸易政策有关的一般规则和原则达成的协议,并取得了各国自由化的承诺,但并没有寻求各国政策的协调统一,而知识产权协议包括了所有成员都必须达到的知识产权保护的最低标准,并要求各成员方积极采取行动保护知识产权,这也与货物贸易和服务贸易协议只对成员的政策进行约束是不同的。

第一节　WTO知识产权保护的基本原则

如前所述,在乌拉圭回合谈判前已有一系列有关知识产权保护的国际公约,如规范工业产权的《巴黎公约》、规范专利的《专利合作条约》、规范商标国际注册的《马德里协定》、规范版权的《伯尔尼公约》和《世界版权公约》等。但上述众多公约并未使纷乱复杂的知识产权保护体系得以统一,乌拉圭回合谈判达成的《与贸易有关的知识产权协议》试图对知识产权的国际保护体系作进一步的完善。

《与贸易有关的知识产权协议》由1个序言和7个部分组成,共73条。第一部分规定总则与基本原则;第二部分规定知识产权的效力、范围及使用标准;第三部分规定知识产权在国内的执行;第四部分规定知识产权的取得、维持及相关程序;第五部分规定知识产权争端的防止与解决;第六部分规定过渡期的安排;第七部分规定机构安排与最后条款。

《与贸易有关的知识产权协议》将其"目标与原则"在协定第一部分的第7条和第8条单列,而不是将其在协定序言与宗旨中加以约定或表述,说明了世界贸易组织将其视为世贸组织成员必须遵守的义务及相应享有的权利加以对待,对其成员具有法律约束力,反映了世贸组织的务实性。无论是发达国家还是发展中国家均可以此作为权利与义务的具体依据,在自己的权利受到损害时,可按照本协定及世贸组织有关争端解决的协议、条款维护自己的利益。协议将上述原则与国民待遇、最惠国待遇等世贸组织的其他基本原则并列在协议第一部分加以规定,反映了世贸组织在管辖知识产权方面与世界知识产权组织的不同,它力图通过权利与义务的平衡及强有力的约束来解决知识产权的国际保护问题。

(一) 国民待遇原则

1. 国民待遇原则的规定

《与贸易有关的知识产权协议》第3条第1款规定,所有成员在知识产权保护方面,对其他成员的国民给予的待遇,不应低于其给予本国国民的待遇,但《巴黎公约》(1967)、《伯尔尼公约》(1971)、《罗马公约》和《关于集成电路知识产权》中已经分别规定的例外除外,也就是说,在知识产权保护方面对本国国民和外国国民应一视同仁。

鉴于世贸组织成员可以是主权国家政府,也可以是单独关税区,协议第1条第3款专门对该协议有关"国民"的特指含义加以注释。该注释指出:"本协议中所称'国民'一词,在世贸组织成员是一个单独关税区的情况下,应被认为是指在那里有住所或有实际和有效的工业和商业营业所的自然人或法人。"当世贸组织成员是主权国家时,协议规定:"就相关知识产权而言,其他成员的国民应理解为符合《巴黎公约》(1967)、《伯尔尼公约》(1971)、《罗马公约》和《关于集成电路知识产权》所列明的保护标准项下的自然人或法人,是那些条约成员方与世贸组织所有成员的国民。"由此可见,协议使知识产权国民待遇的范围扩大到世贸组织所有成员,既包括成员国的自然人、法人,还包括独立关税保护区的居民,大大扩大了知识产权的保护范围。

(1) 国民待遇一般是指对外国国民给予与本国国民同样的待遇。但《知识产权协议》却强调"不应较为不利",这意味着在某些事项上,也可以给予外国国民比本国国民较为有利的待遇。

(2) 这里的知识产权仅指协议所规定的各种知识产权类型,即版权和有关权利、商标、地理标志、工业品外观设计、专利、集成电路布图设计、未公开的信息的保护。其他未规定的知识产权,如实用新型,不包括在内。

(3) 这里的知识产权保护范围包括受保护的各项条件、授予的各项权利、权利的期限以及影响知识产权提供的种类、获得、范围、维持、执法等事项。

2. 国民待遇原则的例外

《与贸易有关的知识产权协议》中国民待遇的适用范围是有限制的,并不覆盖知识产权的所有方面,为此,协议确定了以下几方面的例外:

(1) 协议第 3 条第 1 款规定,对已经在《巴黎公约》(1967)、《伯尔尼公约》(1971)、《罗马公约》和《关于集成电路知识产权》中规定的例外,协议予以认可。另外,还特意规定成员方在使用《伯尔尼公约》(1971)第 6 条或《罗马公约》第 16 条第 1 款第(2)子款这两个允许缔约国在特殊情况下以互惠作为国民待遇的例外时,应向与贸易有关的知识产权理事会通报。

(2) 协议在第 3 条第 2 款中对国民待遇例外作出了具体规定,即在不对正常贸易构成变相限制,也不与《与贸易有关的知识产权协议》规定的义务相抵触的前提下,允许成员方在司法及行政程序方面对国民待遇作出例外规定。除此之外,还特别提到国民待遇的例外规定包括对服务地点的指定和在某一成员方司法管辖中对代理人的指定。

（3）协议第3条规定，对录音及广播机构的表演者、制作者，各成员方提供国民待遇的义务仅适用于本协议所规定的知识产权范围。

（4）协议第5条规定，国民待遇的义务不适用于由世界知识产权组织主持缔结的多边协议中有关获得或者维持知识产权的程序方面的规定，即没有加入这些多边协议的成员方的国民，不能享受这些协议规定的程序方面的待遇。

（二）最惠国待遇原则

1. 最惠国待遇原则的规定

《与贸易有关的知识产权协议》第4条首次确立了知识产权领域实行最惠国待遇原则，即在知识产权保护方面，由一成员方授予任何一个其他国家国民的任何利益、优惠、特权或豁免均应无条件地给予所有其他成员方的国民。这种最惠国待遇原则与GATT1994规定的最惠国待遇一样，是无条件的、多边的、永久性的。但是，《与贸易有关的知识产权协议》的最惠国待遇只适用于知识产权领域。世贸组织把最惠国待遇视为国与国之间经贸关系的基石，而在过去的知识产权领域的国际公约中，几乎没有一个知识产权方面的国际公约制定有关最惠国待遇的条款。为此，协议要求在其管辖的知识产权范畴内，在4个重要的知识产权国际公约即《巴黎公约》、《伯尔尼公约》、《罗马公约》和《关于集成电路知识产权》已有的国民待遇原则基础上，将重要的最惠国待遇原则纳入知识产权保护之中。这是知识产权领域国际保护方面的重大变化，对世贸组织成员间实行非歧视贸易提供了重要的法律基础。

2. 最惠国待遇原则的例外

《与贸易有关的知识产权协议》第4条和第5条规定，下列情况下一成员方给予的利益、优惠、特权或豁免可以免除最惠国待遇

义务:

(1) 一成员方在加入世贸组织以前所签订的不是专门保护知识产权的国际协议中所产生的利益、优惠、特权或豁免可以免除最惠国待遇义务,即根据这类协定所产生的利益、优惠、特权或豁免仅适用于签订该类协定的国家和地区间,而不适用于世贸组织的其他成员方。

(2) 根据《伯尔尼公约》(1971)及《罗马公约》中的选择性条款,在某些国家间按授权所获得的保护,根据互惠原则相互提供而不按最惠国待遇原则扩展到其他成员。

(3) 本协议中未作规定的表演者权、录音制品制作权和广播组织权,可以免除最惠国待遇。

(4)《建立世界贸易组织协议》生效前已经生效的知识产权保护国际协议中产生的利益、优惠、特权或豁免,可以免除最惠国待遇义务,即一成员方根据已有的协议而给予另一成员方国民的利益、优惠、特权或豁免不必给予世贸组织的其他成员方的国民,但必须将此协议通知与贸易有关的知识产权理事会,并且不能对其他成员方的国民构成不公正的歧视。

(5) 最惠国待遇义务不适用于世界知识产权组织主持缔结的多边协议中规定的有关在获得或者维持知识产权的程序方面一成员方给予的利益、优惠、特权或豁免,即这些多边协议中规定的给予成员方在程序上的优惠待遇,只能在这些协议的签字国间生效与适用,没有加入协议的世贸组织成员不能要求享受。

(三) 权利用尽原则(权利穷竭原则)

协议第6条规定,根据该协议进行争端解决时,在符合国民待遇和最惠国待遇规定的前提下,不得借助该协议的任何条款去涉及知识产权用尽(或穷竭)问题。

所谓权利用尽或权利穷竭是指知识产权人行使一次即告用尽了有关权利,不能再次行使。在合法贸易中才会适用权利穷竭原则,对非法制作的产品,不论其处于制造、运输、销售或者已经进口、出口阶段,知识产权人的权利不会穷竭。

各国对是否承认权利用尽原则以及原则适用的范围,有不同的规定,《与贸易有关的知识产权协议》也无意统一各国的规定。关于专利权的用尽,大多数国家专利法规定,专利权人制造或经专利权人授权许可制造的专利产品销售之后,其他人不经过许可就可以有权使用或再销售该专利产品。关于商标权的用尽,绝大多数国家都规定注册商标所有人及被许可人的商品出售后,第三人在本国合法使用或在出售的这些商品上使用该商标不构成侵权,即商标权人的权利用尽,他不能阻止第三人在该商品上使用该注册商标。关于版权的用尽,各国的分歧较大,一些国家版权法规定,如果版权人本人或经其授权,将其有关作品的复制本投入国内外市场后,这一批复制本随后的发行、销售等,权利人都无权干涉,这就是权利用尽。

(四) 保护公共利益原则

协议第 8 条规定,各成员方在制定或修正其法律和规章时,可采取必要措施以保护公众健康和营养,并增进对其社会经济和技术发展至关重要的部门中的公众利益;采取适当的措施,防止知识产权权利持有人滥用权利或实施对贸易有不合理限制作用或对国际技术转让有消极影响的行为。这表明,虽然《知识产权协议》认为知识产权是私权并应给予充分的保护,但该协议也强调应避免由于过度顾及知识产权人的利益而损害公共利益的行为。各成员方为此可以采取包括立法在内的措施,对知识产权进行必要的限制。保护公共利益原则也体现在协议第 7 条所规定的目的之中,即促进技术的革新、技术的转让与技术的传播,以有利于社会及经济福利的途径,促进技术知识的生产者与使用者互利,并促进权利与义务的平衡。

（五）与其他相关公约并存不悖的原则

《与贸易有关的知识产权协议》只是对知识产权的国际保护进行全面性的规定，而并不是要取代以往的国际公约。各成员方依据《巴黎公约》(1967)、《伯尔尼公约》(1971)、《罗马公约》和《关于集成电路知识产权》所承担的义务不应由于本协议的规定而受到减损，而必须继续遵守。

第二节 WTO《与贸易有关的知识产权协议》的主要内容

知识产权是指个人或单位对其在科学、技术、文学艺术等领域里创造的精神财富所享有的专有权，也就是基于其智力创造性活动的成果所产生的权利。知识产权主要包括工业产权和版权（著作权）。工业产权主要指发明的专利权和商标的专有权，此外还包括外观设计、服务标记、产地标识或原产地名称以及制止不正当竞争等内容。版权是指对文学艺术和科学作品的专有权。因此，协议在规定知识产权保护的内容时，涉及的是版权、商标、地理标识、工业设计、专利、集成电路的外观设计和未公开的信息等7个方面的内容。

一、对专利权的保护

协议规定对具有新颖性、创造性和实用性的一切技术领域内的产品或方法的发明可以授予专利，但为保护公共秩序或社会公德，各成员方均可排除某些发明而不授予其专利。但各成员方应对植物新品种给予保护，并在世贸组织协定生效4年之后进行检查。专利保护期为自提交申请之日起20年以上。专利权包括制止第三方未经许可制造使用、提供销售，或为上述目的进口该专利产品或由该专利方法直接获得的产品。此外，协议还规定对独立创作的、具有新颖性或原创性的工业品外观设计予以保护,保护期不少于10年。

(一)专利权的客体及条件

对授予专利权的客体范围,发达国家与发展中国家之间存在较大分歧,如有的发展中国家专利法规定只对制造药品和化学物质的方法授予专利,而不对药品和化学物质本身授予专利,而发达国家为了自身的利益,坚持药品和化学物质及其制造方法都应列为专利客体的范围。《与贸易有关的知识产权协议》对专利权的客体作了有利于发达国家的规定。

协议对专利的授予条件规定采纳了各国对授予专利的"三性"要求,在协议的第27条第1款中规定,所有技术领域的任何发明不论是产品还是方法,只要它们具有新颖性,包含创造性并能在产业上应用,都可以获得专利,但协议对三性要求的具体规定与各国专利法的规定是存在一定差异的。

1. 新颖性

所谓新颖性,按中国《专利法》的规定,是指在申请日以前没有同样的发明或实用新型在国内外出版物上公开发表过、公开使用过或以其他方式被公众所了解、知道,也没有他人向主管部门提出过申请并记载在申请日以前公布的专利申请文件之中。实际上,各国在具体实施时对绝对新颖性的要求存在差异,有的规定较为严格,有的衡量标准较为宽松,从而出现了所谓的"绝对新颖标准"、"相对新颖标准"、"混合新颖标准"。正是由于这些差异,《与贸易有关的知识产权协议》在新颖性方面没有作出任何强制性的规定,各成员方可以以本国法为基础,自由选择采用上述三种标准中的任何一种。这也是出于尊重各国立法和尽量不给每一成员方在世贸组织内部实施知识产权保护带来太大的困难而采取的"维持现状"的处理办法。

2. 创造性

对申请专利的创造性要求是各国专利法授予专利的重要要求,但具体什么样的发明符合创造性要求,什么样的发明不符合创造性要求,各国专利法的规定存在一定的差异。有的认为创造性就是先进性、独创性;有的认为是进步性、非显而易见性等。《与贸易有关的知识产权协议》认为这两者意义相同,是同义语。

3. 实用性

许多国家专利法规定,一项发明要获得专利权,则该项发明必须能在工业或某些产业中加以使用,即一般所理解的"实用性"。协议在第 27 条第 1 款的注释中作出解释,认为"可付诸工业应用"与"实用性"是同义语。实用性一般指发明或实用新型能够制造或者使用,能够产生积极的效果,各国专利法对此的理解没有太大差别。

总之,授予发明、实用新型专利权必须具备新颖性、创造性、实用性 3 个条件,这是《与贸易有关的知识产权协议》对各国专利法的基本认同和对可获得专利的发明、实用新型的要求,这 3 个条件是统一的整体,缺一不可。协议第 27 条第 1 款还强制性地规定,在符合第 65 条第 4 款、第 70 条第 8 款以及第 27 条第 3 款的规定情况下,各成员方应给专利权的获得及实施以非歧视待遇,尤其不得因发明地点、技术领域的不同以及产品是进口或当地生产等方面的不同而给予歧视性待遇。

(二)授予发明专利的例外

协议规定各成员方在特定情况下可以拒绝授予某项发明专利权或某些发明不能给予专利权。具体包括:

(1) 为保护公共秩序、社会公德为目的,包括保障本国人民、动物或植物的生命健康,或避免对环境的严重损害而涉及的有关发明。

(2) 对人或动物的诊断、治疗和外科手术方法。

(3) 除微生物外的植物和动物工艺,特别是除用微生物和非微生物方法生产的、主要是用生物过程生产的动物、植物品种。但是,各成员方应采用适当的形式对植物品种提供保护。本项规定将在《建立世界贸易组织协定》生效之日起的4年之后予以复查。

(三) 专利权人的权利范围

协议授予专利权的核心内容是赋予专利权人以财产独占权。该独占权允许专利权人禁止他人利用该项专利。其他人如想利用,须获得专利权人的许可或授权,并支付一定的专利使用费。

专利权人的独占权具体体现在:

(1) 对产品专利,专利权人有权禁止第三方未经其许可从事制造、使用、提供销售、出售或为这些目的而进口该专利产品。此外,世贸组织还明确了专利所有权人的进口权,并要求其成员方将此项内容融入国内法中。所谓进口权指专利权人有权制止他人未经其许可进口其享受产品专利的专利产品,或进口依其享有方法专利的方法生产的产品。

(2) 对方法专利,专利权人有权禁止第三方在未经其同意的情况下使用该方法,及从事使用、提供销售、出售或为这些目的而进口至少是由该方法专利所直接获得的产品。方法专利的所有权人享有进口权。

(3) 专利权人也应有权转让或通过继承而转移其专利,还应有权订立许可合同。这主要明确了专利权可作为财产权加以转移、继承,专利权人可通过订立许可合同获得报酬。

协议还对方法专利发生侵权行为时的举证责任作出了规定。如果一侵权产品同该制造工艺所生产的产品完全一样,那么司法当局有权要求被告人证明其获得相同产品的方法与被授予专利权的方法是不同的。如果被告人没有相反的证明,则可认为该产品是通过方法专利获得的。

（四）专利申请人的义务和条件

协议第29条第1款规定，成员方应要求专利申请人对发明作出清楚和完整的说明，以便使一个普通技术人员能够实施其发明，并可以要求申请人指出发明人在申请日或者优先权日（如果提出优先权要求的话）所知道的实施该发明的最佳方案。这为发展中国家成员方在引进专利技术并加以实施时带来了方便和一定程度的保障。

协议第29条第2款规定，成员方可以要求专利申请人提供有关其相应的外国申请和其审批情况的信息。

（五）对专利权的例外限制及强制许可使用问题

协议第30条规定了一般的权利限制，各成员方可以对授予专利的独占权规定有限的例外。如果某成员方在专利法中规定了例外，则要符合一定的条件或要求：这种例外必须是有限的，不能无限制地规定例外；考虑到第三方合法利益的情况下，例外不能与专利的正常实施相冲突；考虑到第三方合法利益的情况下，例外没有无理地损害专利权人的合法利益。如果专利持有人要求不合理的条件而拒绝给予使用许可时应怎么办？许多国家的立法规定，如果专利产品得不到或者得到的价格苛刻，那么政府出于公众利益考虑可授权有兴趣的制造商使用该项专利，并要求使用者支付合理的专利费。然而协议对实施强制许可的条件作了较为严格的规定，只有在特殊或者客观情况下，才能实施强制许可。协议还专门规定，只有当有兴趣的制造商通过个人努力按合理条件无法得到使用授权时，才可以考虑实行强制许可，而且在实施强制许可前必须满足下列条件：实施这类强制许可主要是为了供应国内市场；如果当条件允许这一强制许可停止存在时，该强制许可应终止；涉及半导体技术，实施强制许可只能用于公共非商业目的或为用于补救判决存在的反竞争措施；实施强制许可不应有独占使用权；专利权人应得到足够的补偿并考虑这一许可的经济价值；专利持有人有权对实施强制许可的决定或补偿决定提出上诉。

（六）专利权保护期限

协议第 33 条规定，专利权保护的有效期应不少于自申请日起的 20 年（对于那些不具有原始批准系统的成员来说，保护期限应从原始批准系统的申请日起开始计算）。

二、对商标权的保护

《与贸易有关的知识产权协议》中所指商标不但包括商品商标，还包括服务商标。

（一）可保护的商标

1. 商标的概念与使用目的

协议规定，商标是能将一企业的商品或服务与其他同类企业的商品或服务相区别的标志。这些标志往往是由一个或多个特殊的单词、字母、名称、数字、数字符号和颜色混合而成的，也可能是上述几个因素联合组成的。协议要求各成员方将标记具有的"可识别性"作为注册商标的必备条件。但如果标记没有能够区别商品或服务的特征，各成员方可以以使用获得的区别作为注册的条件。如"五粮液"作为标识从字面表明酒的原料，但经长期使用已与其他标识加以区别，就具有可识别性而被注册。协议还允许各成员方以视觉可感知作为标记注册的条件，这表明协议将气味商标和音响商标排除在外，但可包括立体商标。

商标的基本目的是区别，因而多数国家的法律规定，受保护的商标必须有两个目的：一是帮助商标所有人通过鼓励消费者对其品牌的信任达到促销其产品；二是帮助消费者在几种可能中作出选择，以鼓励商标所有人维护或改善该商标代表的产品质量。

2. 商标保护的注册条件及限制

协议对商标的获得提出了注册条件要求，即世贸组织成员方对其成员的商标提供保护必须以其成员方或地区的国民对其商品或服务提出注册申请为前提条件,没有采取一些国家所采取的使用在先原则。

协议除规定商标注册的条件以外,为防止各国对商标注册条件作出不合理的规定,还对此作出了限制。针对仍有少量国家实行"使用在先"的原则作为获得商标权的前提条件,协议规定各成员方不得以此为理由拒绝为某些商标注册,但这些理由要符合《巴黎公约》1967年文本中的规定;商标的实际使用不应作为提交注册申请的条件,而可以作为申请的依据,一项申请不应仅仅由于意图使用而在申请日起3年期限届满前没有使用而被驳回;不能以拟使用商标的商品和服务的性质作为商标注册的拒绝理由。

3. 商标的公布

协议为增加注册程序的透明度,在第15条第5款规定,各成员方应在商标注册以前或者商标注册后迅速将商标予以公布,并应当提供取消注册的合理机会。协议允许各成员方提供对商标的注册提出异议的机会。

(二) 对商标权人授予的权利

1. 注册商标所有人的权利

协议第16条第1款规定,商标所有权人应当享有独占权,第三方未经其授权不得在相同或相似的商品或服务的交易过程中使用与其已获注册商标相同或相似的标记。在使用相同的标记于相同的商品或服务的情况下,应推定有侵权的可能。从此规定中可以看出,世贸组织突出强调了世贸组织成员方之间因商品和服务交换扩大而带来的商标保护问题。

世贸组织对注册商标所有权人的上述权利也作了相应的限制,即商标所有权人在行使上述权利时不应损害任何已有的在先权,也不应影响各成员方在使用的基础上获得权利的可能性。在先权是指他人在注册商标申请之前依法享有的民事权利,各国对在先权范围界定差异较大,因此协议没有具体规定"在先权"包括哪些权利。但一般认为至少应包括以下几个方面的权利:已获保护的商号权;已获保护的工业品外观设计专有权;版权;已获保护的原产地地理标志名称权;姓名权和肖像权等。由于协议承认因使用而获得商标权,注册商标权也不应损害这种商标权。

2. 对驰名商标的保护

对驰名商标的保护是商标保护国内法及国际和地区性公约保护的重要组成部分。协议要求各成员方的国内法都必须禁止使用与成员方中的任何驰名商标相同或近似的标记,并拒绝这种标记的商标注册申请。如果已获得注册,则应当予以撤销。对应特别保护的驰名商标,不论是已注册的,还是未注册的,都应加以保护。

协议第16条第2款的规定将《巴黎公约》第6条中关于驰名商标的规定扩展到服务商标,这是将驰名商标的特殊保护首次延伸到服务领域,这与乌拉圭回合将全球贸易体制的范围扩展到服务贸易领域直接相关。该条款还对各成员方认定驰名商标作出规定,即应考虑有关公众对该商标的知晓程度,包括在该成员方地域内因宣传该商标而使公众知晓的程度。《巴黎公约》第6条第3款对驰名商标的保护范围作出了扩大性规定,即适用于与商标注册的商品或服务不相类似的商品或服务,这样驰名商标所有者有权制止第三方未经其同意而在贸易中将与注册商标相同或近似的标记使用于其他的所有商品或服务,以免因此造成混淆。对这一宽泛的范围,协议作了必要的限制,即以该商标使用于该商品或服务可能会表明与注册商标所有人之间存在联系,而且以注册商标所有人的利益可能因这种利用而受到损害为限。

3. 商标权的例外规定或限制

协议第17条规定,各成员方可对商标所赋予的权利作有限的例外规定,如公正使用说明性术语,条件是这种例外要考虑到商标所有者和第三方的合法利益。

（三）商标权的保护期限及续展

协议第 18 条规定，注册商标保护期应不少于 7 年，每次续展注册的商标保护期也应不少于 7 年，而续展次数应为无限，即商标所有人有权无条件地续展。这样在事实上使商标权的保护期与版权、专利权极不相同。只要商标所有权人不违反商标法的规定，如符合使用要求、按期办理续展手续，就可无限期地享有商标专有权，而版权与专利权的保护期是法定的有效期限，一般在有限时间期满后便不再享受保护而进入公共领域，任何人均可免费使用而不构成侵权。

（四）商标的使用要求

协议第 19 条规定，如果成员方以商标使用为条件来维持商标注册，则只有在商标至少连续 3 年以上没有进行使用，并且商标所有者没有提出使用存在障碍的充分理由时，成员方才可以取消该项注册以作为不使用的制裁。但是，如果商标所有人有正当理由说明其不使用是合理的，则不能取消其注册。此处的正当理由，主要指"出现不为商标所有人意愿所控制的情况而构成对商标使用的障碍"，一般认为应包括不可抗力、政府禁令和政府的其他要求等。

在关于使用的要求中，协议认为商标的使用应不限于商标所有权人自己使用，如果商标所有权人本身没有使用，却授权他人使用该商标，则不能认为此注册商标的使用中断了。这一规定为商标所有权的使用提供了良好的环境，有利于维持商标专有权。

协议第 20 条规定，在贸易中使用的商标不得受到不合理的特殊要求的限制，如与其他商标一起使用，以特殊形式使用，以及以不利于该商标将一企业的商品或服务与其他企业的商品或服务相区别的方式使用等。但识别生产某种商品或服务的企业的商标与识别该企业同类特殊商品或服务的商标连在一起但不一起使用的规定，不属于以上不合理限制的情况。

（五）商标权的许可与转让、共同使用

协议第21条对商标权的许可与转让作出了与版权不相同的规定。考虑到版权转让许可方式的多样性及各国法律的差异太大，在协议中没有对版权的许可与转让作出具体规定。但商标的许可与转让在经贸实践中极为普遍，也是权利人获得利益的最重要的手段，由此，协议对商标的许可使用与转让进行了规范。

各成员方可以国内立法对商标许可使用与转让合同自行确定条件，但不允许规定强制性商标许可。在商标转让中，商标所有权人有权选择将注册商标所属的商品或服务的一部分业务或全部业务转让给他人。此外，在协议中还提到了商标在贸易中的使用，特殊要求不能够对商标的使用构成不合理的阻碍。并指出这种"特殊要求"主要指与其他商标共同使用，以特殊形式使用，以及以不利于该商标将一企业的商品或服务与其他企业的商品或服务相区别的方式使用。

三、对版权与邻接权的保护

（一）版权及邻接权的概念及客体范畴

版权，又称著作权，是指文学、艺术和科学作品的作者依版权法及相关法律所享有的权利。版权属于民事权的范畴，是知识产权的一个重要组成部分。在各国版权法中，版权的内涵有狭义和广义之分。狭义的版权包括著作人身权与著作财产权，广义的版权包括著作人身权、著作财产权、著作邻接权。

著作人身权主要包括：第一，发表权。发表权是作者所享有的决定作品是否公之于众的权利。一部文学艺术作品完成之后，是否向大众展示，公开的时间、地点及地域范围、方式等都应当取决于作者的意愿。第二，署名权。署名权是作者在其创作的作品及其复制品上标示自己姓名的权利。署名权只能由作品的实际作者和被认定为作者的法人和非法人单位享有，作者以外的任何人都

无权享受。署名权一方面表明某作品的实际创作者，另一方面表明任何人在他人的作品上署名的行为是法律所禁止的、非法的，而作者在自己的作品上署上他人的姓名，也是属于无效的法律行为，他人不能享受署名权及该作品的财产权或人身权。第三，作品修改权与保护作品的完整权。作品修改权是作者对自己的作品进行修改的权利。作品在完成后或发表后，作者均可自行进行修改，也可授权他人修改其作品。与作品修改权相对应的是作者保护作品的完整权，即作者保护其作品不受歪曲、篡改的权利。这里的歪曲指故意改变事物的真相、事实或内容，篡改指用作假、伪造的手段对作品进行改动或曲解。

著作财产权是著作权人依著作权法及相关法律通过各种合法形式利用其作品的权利，由于利用作品可给其带来经济利益，故称为著作财产权或版权的经济权利。著作财产权因作品的创作由依法获得著作权的著作权人拥有，也因法律规定的期限届满而消灭，并不是永久存在的。著作财产权可分为复制权、演绎权与传播权三大类。大多数国家在复制权之后列出翻译权、改编权、制版权等属于著作演绎权的内容，在传播权中列出发行权、播放权、表演权、展览权等。

邻接权指与版权相邻近的权利，主要包括唱片制作者对其录制的唱片、表演者对其表演的节目、广播电视组织对其广播的节目所享有的权利。

《与贸易有关的知识产权协议》第9条第2款规定，版权客体是指在文学、科学、艺术领域中具有独创性的思想表达，而不包括构思、程序、操作方法或者数学概念本身。与《伯尔尼公约》相比，协议将版权客体范围拓展到计算机程序和数据汇编。根据其第10条第1款的规定，计算机程序不论是以源代码还是以目标代码表达，都应按《伯尔尼公约》(1971)作为文字作品予以保护。值得一提的是，1971年《伯尔尼公约》文本中的文字作品并没有包括计算机程序。因此款规定的依据并不存在,被成为"超伯尔尼条款"。协议第 10 条第 2 款规定,数据汇编或者其他资料汇编,不论是用机器可读形式或者其他形式,由于对其内容的选择或者安排而构成智力创作,应予以保护。但这种保护并不及于数据或者资料本身,不应损害存在于数据或者资料本身的版权。

(二) 版权及邻接权保护的三原则

版权及邻接权保护的三原则分别为:第一,国民待遇原则。此处规定的国民待遇原则与协议基本原则中的国民待遇原则相同。第二,自动保护原则。享有及行使国民待遇,无须经过任何手续,同时不依赖于作品在来源国受到的保护。按照该原则,世贸组织及《伯尔尼公约》成员方国民,及在成员方有长期居住地的其他非《伯尔尼公约》成员方的国民,在其文学艺术作品创作时即应自动地享有版权,非成员方国民如果在成员方无长期居住地,则其作品首先在成员方出版时即享有版权。第三,独立性保护原则。除《伯尔尼公约》的规定外,世贸组织成员版权及邻接权受保护的程度及为保护作者权而提供保护的方式,完全适用提供保护的那个国家的法律。但是任何成员方不能以独立性原则为理由,提出自己的国内版权法没有为本国国民提供某种保护而不愿为其他成员方国民提供类似的保护。

(三) 最低保护标准原则

最低保护标准原则要求各成员方不论其国内立法对版权的保护水平如何,必须达到以下最低保护水平:第一,对于作品的保护必须包括文学、科学和艺术领域的一切成果,而不论其表现形式。第二,对各国版权法中的权利限制限定在一定范围内,即为提供信息之目的,可不经作者许可将讲课、讲演等公开发表的口头作品以印刷、广播等方式复制并传播。但是,这类口头作品的汇编权仍属于作者。第三,只有在一定条件下才能实行权利限制。

关于作品的保护期限规定:对一般作品的保护期不少于作者

有生之年加死后 50 年。电影作品不少于与观众见面起 50 年,若 50 年尚未与观众见面,则保护期从作品摄制完成起 50 年。摄制作品及实用艺术作品作为艺术作品在《伯尔尼公约》成员方受到保护,该国即可自行立法决定其保护期,但该保护期至少应维持到该作品完成之后 25 年。合作作品或被视为共同合作作品的其他作品,保护期为共同作者中最后一个去世者有生之年加死后 50 年。但是,公约规定成员方可以提供比上述各款规定更长的保护期。

(四) 版权权利的范围

协议第 9 条第 1 款规定,各成员方应保护《伯尔尼公约》(1971)第 1 条至第 21 条所规定的权利,但该公约第 6 条第 2 款规定的权利排除在外。这表明《与贸易有关的知识产权协议》所规定的版权权利是指一切经济权利,而排除作者发表权、修改权、保护作品完整权等精神权利。

协议包括了《伯尔尼公约》中所规定的著作权人可享受的 8 项经济权利及各成员方可视具体情况授予作者的"追续"权。这 8 项经济权利是翻译权、复制权、公演权、广播权、朗诵权、改编权、录制权、制版权。此外,《知识产权协议》在第 11 条还增加规定了新一类经济权利即出租权。鉴于各成员方对出租权规定存在很大差异,协议要求成员方至少应当对计算机程序和电影作品的作者及其权利继受人(而不包括版权持有人),授予许可或有权禁止将其享有版权的作品的原件或复制件向公众商业性出租的权利。

协议之所以将《伯尔尼公约》规定的精神权利排除在外,不授予作者发表权、修改权、署名权、保护作品完整权等精神权利,是因为精神权利不属于协议所规范的与贸易有关的知识产权范围,以及一些发达国家因其国内版权法没有作者精神权利的规定而加以阻挠。

(五) 作品保护期限

协议规定,作品的保护期限不同于摄影作品和实用艺术作品的保护期限,它不是以自然人的生命为计算依据的,作品保护期为经授权出版之年年底起至少不少于50年。如果作品创作后50年内没出版,则自作品创作完那年年底起开始计算,保护期为50年。

(六)关于版权保护中的权利限制与合理使用问题

与其他知识产权保护的国际公约和国内立法一样,协议在赋予知识产权所有权人及持有人权利的同时,也对其专有权利及范围加以限制,并规定了合理使用的条件。

(七)关于邻接权的保护及权利限制问题

在参考《罗马公约》的基础上,协议在第14条中对表演者、录音制作者和广播组织的权利即邻接权进行了规定和保护。但从其内容看,对邻接权的保护水平总体要低于罗马公约。第一,表演者可以禁止下列未经其授权的行为:录制其未曾录制的表演并翻录这些录制品;以无线方式广播和向公众播出其现场表演。第二,唱片制作者有权授权或禁止他人复制发行并获得报酬的权利。第三,广播组织有权禁止未经其授权的下列行为:录制其广播;复制其广播作品;通过无线方式重播或广播;原样向公众播送电视广播。第四,唱片制作者享有出租权。协议第14条第5款规定,对于唱片表演者和制作者的有效保护期为自录制或节目表演当年年底开始起算至少50年。对广播组织的保护,保护期限一般为自广播开始那年年底起至少20年。协议允许各成员方对邻接权的保护作出例外规定,也允许成员方或地区降低对邻接权的保护标准。

(八)对发展中国家的优惠安排

协议认为发展中国家成员方在行使其他公约成员方作品的翻译与复制权这两项权利时,可以享有一定的优惠。

四、对地理标志的保护

《巴黎公约》的实质性规定,尤其是关于产地标志和原产地名称的规定也适用地理标志的保护。《与贸易有关的知识产权协议》

第 3 节还对此进行了补充规定。

（一）地理标志的概念及与原产地名称的区别

《与贸易有关的知识产权协议》中没有使用"地理名称"一词，而是使用"地理标志"一词。地理标志是指表明一种商品来源于某一成员方的领土内或者该领土内的一个地区或地方的标志，并且该商品的特定品质、声誉或其他特征与该地理来源密切相关。

从这一概念中我们可以认为，地理标志与原产地名称有一定的区别。原产地名称是指生产国的标志，如"Made in China"，这就是一个明显的原产地标志。地理标志包含三种可能的标示方式：第一，成员方领土，如"法国香水"；第二，该领土的一个地区，如"中国东北大米"；第三，该领土的某地区内的一个地方，如"涪陵榨菜"。由此可见，地理标志有可能包括用国名标示的标志，标示方法较原产地名称更多。除此之外，地理标志与该商品的特定品质、声誉或其他特征具有本质上的联系，这与原产地名称显然有根本区别。

（二）各成员方在保护地理标志中的义务

在《与贸易有关的知识产权协议》中，把地理标志作为独立的知识产权加以保护，各成员方具有保护地理标志的义务。

（1）第 22 条第 2 款规定，协议各成员方应当为各利益方提供法律手段以制止下列行为：在产品的名称或表述上使用任何方法，以指示或暗示该产品来源于真实原产地以外的一个地理区域，从而导致公众对该商品的地理来源产生误解；在商品的名称或外表上使用任何方法，构成《巴黎公约》第 10bis 条所称的不正当竞争行为。

（2）第 22 条第 3 款规定，如果某种商品不是产自于某个地理标志所指的区域，但其商标却包括了该地理标志或由其构成，则各成员方应依职权或应利益方的请求而拒绝为该商标进行注册，已经注册的，则应予以撤销，目的在于防止商品商标中的该标志在商品原产地方面误导公众。

(3) 第 22 条第 4 款规定,本条上述诸款的规定应适用于这样的地理标记,即该标记虽然在字面上真实表明商品的来源领土、地区或地方,但结果却向公众虚假地表明该商品来源于另一领土。在这种情况下,各成员方应当为有利害关系的各方提供法律手段以制止,并在其法律许可的条件下依职权或应利益方的请求而拒绝或撤销该商标的注册。

(三) 对地理标志的侵权与救济

由于地理标志与该商品的特定品质、声誉或其他特征具有本质上的联系,因此,滥用或利用足以使人产生误解的手法就形成对地理标志的侵权。例如,非中国制造却滥用"Made in China"标志,便形成侵权行为。同时,由于地理标志具有 3 个来源,不是某一地域而乱用、不是某一地方来源而滥用的行为同样属于侵权行为。

对地理标志侵权的救济方式可以分为两种:第一种方式,是依照利益方的请求,对具有地理标志侵权行为的商标拒绝注册申请或撤销已进行了的注册;另一种方式,是只要国内法律允许,一成员方可以主动依照职权对地理标志的侵权行为进行处理或处罚。

对有关地理标志的侵权行为加以处理的机关既可以是法院,也可以是行政机关。另外,行政机关可以主动依照职权对上述行为加以处理,也就是说,在利益方没有提出诉讼的情况下,行政机关一样可以对有关地理标志的侵权行为加以处理。行政机关的主动介入在知识产权保护中是必要的,但必须排斥其介入对保护知识产权的削弱行为。

(四) 对葡萄酒和烈性酒地理标志的额外保护

由于酒类与地域联系密切,《与贸易有关的知识产权协议》对其中贸易额较大的葡萄酒和烈性酒的地理标志作了特别的规定和保护。

(1) 每一成员方应当为有利害关系的各方提供法律手段,以阻止不产自于某一地理标志所指地方的葡萄酒或烈性酒使用该地理标志。即使在使用不真实地域标志时或在翻译中使用了表示类似的一些词(如伴以"种类"、"类型"、"风味"、"仿制"等),如"苏格兰式威士忌"、"波尔多风味葡萄酒"等,也属侵权行为,各成员方应当制止。

(2) 对于不产自于某一地理标志所指的原产地却含有该产地地理标志的葡萄酒或烈性酒,各成员方应在其法律许可的条件下依职权或应利益方的请求而拒绝该商标的注册或使该商标无效。

(3) 不同葡萄酒采用多个同音或同形的地理标志,只要符合协议规定,每一个地理标志都应受到保护。在给予各有关生产者公平待遇以及使消费者不致受到误导的情况下,各成员方应使同名地理标志能够区别。

(4) 为了便于对葡萄酒地理标志进行保护,与贸易有关的知识产权理事会应进行有关葡萄酒地理标志的通知和注册制度的多边系统的谈判,以便为参加该系统的缔约方提供适当的保护。

(五) 地理标志的保护例外

协议第 24 条第 4 款至第 9 款规定了地理标志保护的例外:在先使用或善意使用例外;在先注册或获得商标权例外;地理标志中的普通用语例外;提出请求的期限例外等。

五、对工业品外观设计的保护

(一) 工业品外观设计的保护条件

工业品外观设计主要是指工业产品所具有的外形、线条、图案、花边、颜色等装饰特征,对工业产品的外形所作的富有美感并且适用于工业应用的新的、独创性的设计,如外形、线条、图案、花边、颜色等,也是重要的工业产权,应当予以保护。《与贸易有关的知识产权协议》规定,各成员方应对工业设计给予保护,受保护的设计主要集中在纺织品、皮革制品和汽车等产品上,但对工业品外观设计给予保护的前提条件是,它必须是具有新颖性的、独立创作的作品。另外,协议规定,各成员方虽然有义务对符合独立创作和新颖性的工业外观设计给予保护,但仍集中于对外观设计本身进行保护,而没有义务将保护延伸至主要由技术因素或功能因素构成的设计。

（二）纺织品的外观设计

外观设计对纺织品来讲十分重要,能使产品对消费者产生吸引力。但是纺织品的设计更新较快,协议为此作了专门规定,规定各成员方应确保其对纺织品外观设计提供的保护,特别是在成本、审查或公布方面的规定,不得无理地损害纺织品外观设计寻求和获得该保护的机会。各成员方可以选择工业产权法或版权法来履行这一义务。从实际情况来看,采用版权法保护纺织品外观设计的成员方因对外观设计采取自动保护,不会对有关费用、审查或公布提出任何要求。一般只有采取工业产权保护的成员方才适用本规定。

（三）外观设计的保护

1. 外观设计所有权人的权利

协议第26条第1款赋予工业品外观设计的所有权人生产制造权、销售权及进口权,受保护的外观设计的所有权人有权制止第三方未征得其同意而为商业目的制造、销售或进口载有或体现有受保护外观设计的复制品或实质上是复制品的物品。

2. 对外观设计保护的例外规定

协议允许各成员方对外观设计的保护作出例外规定,但同时对此作出限制,即以合理为限。协议第26条第2款规定,在考虑第三方合法利益的情况下,以并没有与受保护的外观设计的正常利用不合理地相冲突,也并没有不合理地损害受保护的外观设计所有人的合理利益为限。

3. 外观设计的保护期限

协议第 26 条第 3 款规定,外观设计可以获得保护的期限至少为 10 年。这是对工业品外观设计保护的最短时间,是最起码的保护要求,但这并不排斥一些国家可以签订协议,尽快推动对工业品外观设计实行较长时间的保护期。

六、对集成电路布图设计(拓扑图)的保护

(一)与《集成电路知识产权条约》之间的关系

协议第 35 条规定,成员方根据《集成电路知识产权条约》第 2 条至第 7 条(不包括第 6 条第 3 款)、第 12 条和第 16 条第 2 款的规定,同意对集成电路布图设计(以下简称布图设计)提供保护,并且同意另外遵循相关规定。排除适用的第 6 条第 3 款是关于允许条约的参加国采用强制许可等非自愿许可制度的条件的规定。

(二)保护范围

《与贸易有关的知识产权协议》第 36 条规定,成员方应将未经权利所有者同意而进行的下述行为认作是非法行为:(1)为了商业目的而进口、出售或发行受到保护的布图设计;(2)为了商业目的而进口、出售或发行受到保护的布图设计的集成电路;(3)为了商业目的而进口、出售或发行包括非法复制的布图设计集成电路的产品。

(三)不需要获得权利所有者同意的行为

协议第 37 条规定,下列行为无须获得权利所有者的同意:

(1)尽管有上述第 36 条的规定,但如果从事非法复制的布图设计集成电路或者从事包含这种集成电路产品的人在获得该集成电路或装有这种集成电路的产品时,不知道而且也没有正当的理由应该知道它采用了非法复制的布图设计,则任何成员不得将这种行为视为非法行为,即不知者不为罪。

协议还规定,如果使用人在获得该物时,不知也无合理根据应

知有关物品中含有非法复制的布图设计,则不视为非法,但在这些人被告知该布图设计是非法复制之后,对于在通知之前已经获得的库存物品或预定物品,虽然仍然可以进行上述行为中的任何一种,但是却有义务向权利所有者支付一定的费用,该费用应在数额上与按照经过自由谈判达成的有关该布图设计的许可合同所应支付的使用费相当。

(2) 第31条(a)～(k)款所规定的条件应准用于有关布图设计的任何非自愿许可或者由政府或者为政府所进行的未获权利所有者同意的使用行为。

(四)保护期限

协议第38条根据情况对保护期限作了不同的规定:

(1) 如果成员方要求以注册作为提供保护的条件,对布图设计的保护期限不得短于自注册申请日起或者自在世界上任何地方进行的首次商业性使用之日起的10年。

(2) 如果成员方不要求将注册作为提供保护的条件,对布图设计的保护期限不得短于自在世界上任何地方进行的首次商业性使用之日起的10年。

(3) 尽管有上述第1款和第2款的保护,成员方还可以规定保护期为创作完成布图设计之后的15年。

七、对未公开信息的保护

未公开信息包括商业秘密和未公开的试验数据。《与贸易有关的知识产权协议》第一次用国际公约的形式明确要求对未公开信息如商业秘密进行保护,从而首次明确了未公开信息也是一种知识产权。

(一)与《巴黎公约》的关系

协议第39条第1款规定,成员应确保按照《巴黎公约》(1967)第10bis条所规定的不正当竞争行为对未公开信息提供有效的保护。除此之外,成员应该根据下述第 2 款的规定对未公开信息提供保护,根据下述第 3 款的规定对于由政府或政府性机构提供的数据提供保护,从而为未公开信息提供了双重保护。

(二) 未公开信息受保护的条件

协议第 39 条第 2 款规定,受保护的未公开信息需同时满足以下条件:

(1) 处于保密状态。所谓保密,是对于通常接触该类信息的同行业中的人来说,它不是以整体或者其他组成部分的准确排列组合为这样的人所共知或者为这样的人所能获得;

(2) 由于是保密的,因而具有商业价值;

(3) 合法支配该信息的人为保守秘密采取了在具体情况所需的合理措施。

(三) 未公开信息的保护

协议第 39 条第 2 款规定,自然人或法人应有可能防止他人在未经其同意的情况下,以非诚实商业活动的方式(对于本规定来说,所谓"非诚实商业活动的方式"指的至少是诸如破坏合同、违背信义和诱导违背信义的行为,并且包括通过第三方来获得非公开的信息,该第三方知道或者本应知道,却因为粗心大意而不知道在获得过程中包含了这样的行为)透露、获得或使用合法地处于其控制之下的信息。

(四) 对试验数据的保护

如果成员方要求以提交未公开的测试数据或其他数据作为批准一种采用新化学成分的药品或农业化学产品投放市场的条件,而上述数据的产生需要付出相当的努力,则该成员方应禁止对这种数据的不正当商业性使用。

此外,除非是为保护公众所必须,或者除非已经采取措施来确保防止对这样数据的不正当商业性使用,否则成员方应禁止公开这样的数据。

八、对许可合同中限制竞争行为的控制

（一）各成员方对许可合同中限制竞争行为的控制

知识产权人往往利用其经济和技术上的优势，在许可合同中滥用其知识产权，协议认为，应对这些行为予以控制。协议第 40 条第 2 款规定，某些与知识产权有关的限制竞争的许可行为或许可条件可能对贸易产生消极的影响，并完全可能妨碍技术的转让和传播，鉴于此，有必要对其进行控制。

协议第 40 条第 2 款规定，各成员方有权在其国内立法中规定构成对知识产权的滥用，从而在相应的市场上对竞争产生相反作用的许可行为或许可条件。各成员方可以在与本协议的其他规定相一致的前提条件下，采取适当的措施来防止或控制这样的行为。由于各成员方对于滥用知识产权行为存在分歧，《与贸易有关的知识产权协议》以列举的方法规定了 3 种限制竞争行为，即独占性反授条件、禁止对有效性提出异议的条件和强迫性一揽子许可。

（二）成员的磋商

《与贸易有关的知识产权协议》为成员解决滥用知识产权行为提供了磋商程序规则。协议第 40 条第 3 款和第 4 款规定，每一成员方在有理由认为另一成员方的知识产权所有者正在进行限制竞争性行为，而且该成员方希望在遵守法律且不影响双方自主地作出最终决定的情况下，应请求与另一成员方进行磋商。在符合国内法律并达成令双方满意的保守秘密协议的条件下，被请求的成员方应对这样的磋商给予充分的考虑，并且提供与磋商有关的公众可获得的非保密性信息以及在其他信息上予以合作。

第三节 WTO知识产权规则的执行

在《与贸易有关的知识产权协议》生效之前,知识产权的实施主要是通过国内立法来阻止侵权行为的。虽然也存在一些知识产权方面的国际公约,但在其执法程序方面缺乏实质性的规定,使得各国在打击侵权行为方面采取了种种不同的措施,却未能达到保护知识产权的最佳效果。为了弥补这一缺陷,《与贸易有关的知识产权协议》用21条的内容对知识产权的执行作出了详细的规定,这些规定属于程序性条款,目的是建立成员方之间解决争端的途径,减少国际贸易中的摩擦。

一、总的义务

加强知识产权的司法保护是知识产权协议的一个主要目标。《与贸易有关的知识产权协议》对各成员方的司法制度提出了总体要求。其中,协议的第41条规定了有关知识产权执法的下列义务:

(1)成员应保证其国内法律能够提供如本部分所规定的施行程序,以便对侵犯本协议所述知识产权的任何行为采取有效的制止措施,包括制止侵权的及时法律救济和防止进一步侵权的法律救济。这些程序的应用方式应不至于构成对合法贸易的阻碍,并且能为防止滥用提供保障。

(2)施行知识产权的程序应是合理和公平的。这些程序不应过分复杂,也不应收费过高或者包含不合理的时间限制或无保证的拖延。

(3)对案件是非曲直的判决应最好采用书面方式,并陈述决定的理由。上述决定应至少及时地提交给案件的当事人。对案件是非曲直的判决应仅仅依据证据,对于这样的证据,双方当事人均应获得听证的机会。

（4）对行政部门的终局决定或裁决，各成员方在任何情况下都应为当事人提供司法审查的机会；对初审的司法判决，在符合条件下，各成员方应使当事人有上诉请求复审的机会。然而，缔约国没有义务为刑事案件中的无罪宣告提供复审机会。

（5）各成员方不需要为知识产权的执法建立一个不同于一般法律执行的司法系统，也不影响各成员方执行一般法律的能力。

二、成员方的救济方式

协议主要规定各成员方应当对知识产权持有人提供执行知识产权的民事司法程序以及司法机关给予的民事救济。协议不排除成员方就知识产权的执法适用行政程序和刑事程序，但对于是否采用，成员方有选择权。

（一）民事司法程序救济

1. 民事司法程序

协议第 42 条规定，成员应当为权利持有者（在这里"权利持有者"包括具有维护这种权利法律地位的联合会和协会）提供执行本协议所涉及的任何知识产权的民事司法程序，并保证该程序是公平、公正、合理的。

民事司法程序应该公平、公正、合理，主要是指：

（1）被告应有权获得及时的和足够详细的书面通知，包括赔偿请求的依据。

（2）应允许当事人委托独立的法律顾问充当代理人，而且有关程序不得强制性要求当事人本人出庭而给其带来负担。

（3）参加程序的所有当事人应有权详细陈述权利，要求并出示所有的有关证据。

（4）该程序应规定一种识别和保护机密信息的办法，除非如此规定会违反现有的宪法要求。

2. 证据和信息的提供

协议第43条第1款规定,当一方当事人提供了其合理获得的并足以支持其权利要求的证据,并指出和证实与其权利要求有关的证据处于另一方当事人控制之下时,司法部门应有权责令另一方当事人提供这样的证据,但是在必要的情况下应满足保守机密情报的条件。

协议第43条第2款规定,如果诉讼程序的一方当事人没有正当理由拒绝提供必要的信息,或者没有在合理的期间内提供,或者有意妨碍与知识产权执法有关的程序,成员方可以授权司法部门基于向其出示的信息,包括由于拒绝提供信息而受到不良影响的当事人所提交的控诉和主张,作出初步或最终确认或否定判决。但应向各当事人提供机会,就指控或证据进行陈述。

(二) 对侵犯知识产权的民事救济

对知识产权规定一些最低的保护标准,是《与贸易有关的知识产权协议》的主要目的之一。为此,协议从版权与邻接权、商标权、地理标志权、工业品外观设计权、专利权、集成电路布图设计权、未公开的信息专有权等方面对各成员方的知识产权法律提出了具体的要求。各成员方有义务在各自的知识产权法律中对这些方面作出具体的规定,包括制定新的法律和修改原有的与这些义务规定不一致的法律。

对已知或应知自己从事的活动系侵权的侵权人,司法部门有权责令其向权利人支付足以补偿因其侵权所致损害的损害赔偿金,还有权责令侵权人向权利人支付有关费用,包括相应的律师费用。在特定情况下,即使侵权人不是已知或有充分理由应知自己从事的活动系侵权,各成员方也可以授权司法部门令其退还利润和(或)支付法定的赔偿金。

司法部门应有权责令一方当事人停止侵权行为,包括在海关批准进口之后,立即禁止侵犯知识产权的进口商品在其管辖范围内进入商业渠道。为了对侵权行为产生有效的威慑作用,协议进一步规定,司法部门有权在不给予任何补偿的情况下,下令将侵权的货物清除出商业渠道,或者下令将其销毁,除非如此会违背现行宪法的要求。司法部门还有权在不给予任何补偿的情况下,把主要用于制造侵权产品的材料和工具清除出商业渠道,将发生进一步侵权的风险减少到最低限度。在考虑这类请求时,应考虑侵权的严重程度和给予的补救及第三方利益之间的均衡。对于假冒商标货物,除了例外情况,仅仅除去非法粘贴的商标是不够的。

根据协议第47条,成员方可以规定,除非是与侵权的程度严重不协调,司法部门有权责令侵权者将从事制造和销售侵权产品或侵权服务活动的第三方的身份以及他们的销售渠道告诉权利所有者。

(三) 行政救济

协议第49条规定,如果行政程序涉及到案件的是非曲直,而且其结果是采取某种民事法律救济措施,则该程序应遵照与上述民事程序相当的原则。

符合合理的程序和手续是获得或保持知识产权的条件之一,当然这种程序和手续应符合本协议的规定。如果知识产权的获得是以该权利的授予或注册为前提,各成员方应保证只要符合实质性条件,该权利将在一个合理期限内得以授予或注册,《巴黎公约》(1967)第4条关于商标注册的规定,也适用于服务标记。有关获得或保持知识产权的程序,以及由一些国内法所规定的行政撤销程序和诸如异议、无效和取消的双方当事人程序,应遵循公约所规定的一般原则。根据上述任何程序作出的行政终局裁决都应能够接受司法或准司法部门的复审。但是,在异议或行政撤销不成立的情况下,无义务提供对这种决定进行复议的机会,除非进行这种程序的理由使之能够成为无效诉讼的程序处理。

(四) 刑事救济

协议要求各成员方政府确立适用侵犯知识产权的刑事诉讼程序和刑罚,至少要对故意的具有商业规模的商标侵权或著作侵权规定刑事诉讼程序和刑罚。其补救措施应与同等犯罪行为的处罚相同,包括监禁和罚金,在适当情况下,可使用的补救手段还应包括扣押、没收和销毁侵权货物与主要用于侵权活动的任何材料和工具。各成员方可规定适用于其他知识产权侵权行为,尤其是故意并具有商业规模的侵权案件的刑事程序和处罚。

三、制止侵权行为的临时措施

为彻底有效制止侵权行为,《与贸易有关的知识产权协议》第50条制定了临时性措施规定。临时性措施是在侵权行为发生之初,由成员方的司法机关和行政机关采取,以制止侵权行为的继续。

(一) 由司法机关采取临时性措施

1. 司法机关采取的临时性措施

(1) 防止任何侵犯知识产权的行为发生,特别是防止侵权商品进入其管辖下的商业渠道,包括刚刚获得海关批准的进口商品。

(2) 保存有关被指控侵权行为的证据。

另外,在适当的情况下,特别是在任何迟延有可能对权利所有者造成无法弥补的损害,或者存在证据被销毁的明显危险时,司法部门有权依当事人的请求采取临时性措施。

2. 司法机关采取临时性措施的程序

(1) 请求人提交证据和保证或担保。司法机关有权要求请求人提交证据,以便能够确认该请求人的权利受到了侵犯或者这样的侵权行为将马上发生,还有权责令请求人提供足以保护被告和防止请求人滥用其权利的保证或相当的担保。

(2) 通知被告并进行复核。当临时性措施是应一方当事人请求而采取时,应及时地通知受到影响的当事人,最迟也应在执行上述措施后予以通知。如果被告在发出通知后的合理期间内请求裁决改变、取消或确认这样的措施的,司法机关应该进行复核,包括给予被告听证的权利。

(3) 验明商品。可以要求请求人提供其他必要信息,以便让将要执行临时性措施的司法机关验明有关商品。

(4) 临时性措施的撤销。在不违反通知被告并给予被告复核机会规定的情况下,如果申请人没有在合理的期限内提起诉讼,那么应根据被告的请求,司法机关取消其采取的临时性措施或者终止其效力。申请人起诉的合理期限在国内法律允许的情况下,由司法机关确定;不由司法机关确定的情况下,上述期限不得超过20个工作日或31个日历日(以两者中的较长者为准)。

(5) 对被告的赔偿。如果临时性措施已被取消,或者由于请求人的任何行为或懈怠而失效,或者随后发现不存在对知识产权的侵权或侵权威胁,司法机关应有权根据被告的请求,对因此而造成的任何损失,责令请求人向被告进行适当的赔偿。

(二) 由行政机关采取临时性措施

临时性措施主要由司法机关采取,但协议也不排除行政机关可采取临时性措施。根据第 50 条第 8 款规定,在进行行政程序之后就能够责令采取某种临时性措施的情况下,这样的行政程序应遵循本节所规定的司法原则。

四、有关边境措施的特殊规定

协议为了迅速有效地打击国际贸易中侵犯知识产权的商品,对边境措施制定了详细的规定。

如果一成员与另一成员均为海关同盟的成员,因而已经实质上取消了对通过它们之间边境商品流通的所有控制,则在这样的边境上不适用该规定。对于旅客个人行李中所携带的或在小型交运件中发送的少量非商业性的商品,成员方也可以不适用上述规定。

(一)海关中止放行

协议第51条规定,成员应当遵守协议的有关规定制定程序,使权利所有者能够向有关司法部门或行政部门提交书面请求,要求由海关中止放行,不让这样的商品进入流通领域。

海关中止放行措施,只适用于权利所有者有正当理由怀疑进口商品是假冒商标的商品或盗版商品,而不适用于由权利所有者同意而投入到另一国家市场之中的进口商品或过境商品。所谓假冒商标的商品(包括包装)是指在未经同意的情况下使用了与有关这种商品的有效注册商标相同的商标,或者使用了其实质性部分与有效注册商标不能形成区别的商标,因而根据进口国的法律侵犯了该商标所有者的权利。所谓盗版商品,是指未经权利所有者或者其在商品制造国的被授权人同意而复制的,而且是直接或间接以某一物品为样版而制造的,而这样的复制根据进口国的法律已经构成了对一项著作权或有关权利的侵权行为。

协议还规定,在申请人符合上述规定条件的情况下,成员可以(不是必须)允许对侵犯知识产权的其他侵权行为如侵犯专利权、商业秘密等提出这样的请求。第51条还允许成员可以(而非必须)制定相应的程序,使海关中止放行措施适用于试图由其领土出口的侵权商品。

(二)海关中止放行措施的程序

1. 申请

协议第52条规定,启动海关中止放行程序的权利所有者应提供适当的证据,使有关主管部门相信,按照该国的法律,已可初步认定存在对其知识产权的侵权行为,同时还应提供有关商品的足够详细的说明,使海关能够容易地识别侵权商品。主管部门应在合理的期限内通知申请人是否已接受其申请,并在已作出决定的情况下,通知申请人由海关采取行动的时间。

2. 保证金或等值担保

主管部门有权要求申请人提供足以保护被告和主管部门防止滥用程序的保证金或等值担保。海关根据非司法或其他非独立当局的决定对涉及工业设计、专利、集成电路布图设计或未公开信息的货物暂停放行其进入自由流通,暂停放行的期限已经到期,如果正式授权的部门未给予临时补救,而且有关进口的所有其他条件已得到满足,则货物的所有人、进口商或收货人有权在缴纳一笔足以保护权利持有者的保证金后,按照协议规定的条件提出申请,要求放行该货物。保证金的支付不妨碍给权利人的任何其他补救,而且如果权利人在一合理期限内未行使诉讼权,则该保证金应予发还。

3. 中止放行的通知和期限

协议第54条规定,如果海关中止对商品的放行,应及时通知进口者和申请人。

协议第55条规定,如果发出中止放行通知之后不超过10个工作日内,海关当局没有得到除被告之外的当事人提起的一项诉讼,或者未被告知经正式授权的部门已采取临时性措施延长货物暂停放行的期限,则该货物应予放行,只要有关进口或出口的其他所有条件都已得到满足;在适当情况下,这一时限可以再延长10个工作日。如果已提起了将导致对案件的是非曲直作出判决的诉讼,则在被告提出请求的情况下,应进行复议,包括由被告行使陈述权,以在合理期限内决定这些措施是否应予以修正、撤销或确认。

4. 对进口者和商品所有者的赔偿

协议第56条规定,由于被错误地扣留或因扣留超过期限,使应予以放行的货物遭受损失,有关部门有权责令申请人向该商品的进口商、收货人和货物所有者支付适当的补偿。

5. 检查权和通知权

协议第 57 条规定,在不影响保护保密情报的条件下,成员应授权有关主管部门为权利所有者提供足够的机会,要求海关对扣押货物进行检验以证实其权利要求。主管部门还有权给进口商提供相应的机会对该货物进行检验。

在对案件已作出肯定的裁决的情况下,成员可以授权该主管部门将发货人、进口者和收货人的姓名和地址以及所涉及商品的数量通知权利所有者。

(三) 依职权行动

协议第 58 条规定,如果各成员方要求主管部门主动采取行动,并根据其获得的初步证据对有关正在侵犯知识产权的货物中止放行时:

(1) 该主管部门可以在任何时候要求权利所有者提供可能有助于行使其权利的任何信息。

(2) 应迅速地将中止放行一事通知进口者和权利所有者。在进口者已经向该主管部门提出反对中止放行的申诉时,有关中止放行的期限应符合上述中止放行规定的期限。

(3) 在采取或拟采取的行动是出于善意情况下,各成员才能免除政府机构和官员应承担的采取适当法律补救措施的责任。

(四) 法律救济

在不妨碍权利持有人享有其他权利,并在被告有权要求司法部门进行复议的情况下,主管部门有权销毁或处理侵权货物。对假冒商标商品,主管部门不得允许侵权货物在未作改变的状态下再出口或对其适用不同的海关程序,但例外情况除外。

五、对发展中国家的优惠安排

许多国家特别是发展中国家和最不发达国家的国内立法目前与上述所描述的规定不相符。例如,协议规定,专利权一般应适用于所有技术领域,而有些国家则把化工产品和食品排除在可获得专利之外。即使对化肥、农药、与医药相关的发明给予专利权,其期限一般也比协议规定的 20 年短得多。在医药方面,有些国家只给予工艺专利权而不给予产品专利权。在版权领域,很多国家并不认为计算机软件可以获得保护。一些国家对工业品外观设计不提供保护。为了使发展中国家的工业和贸易适用本协议所要求的变化,协议对这些国家规定了过渡期。在过渡期后,这些国家的知识产权立法应符合协议的要求。

在过渡期内,协议要求各成员方不得采取任何导致现有知识产权保护水平降低的措施。从 1996 年起,协议规定所有成员方都有义务实施最惠国待遇和国民待遇原则。

六、过渡期安排

因世贸组织成员经济发展水平存在较大差距,协议针对发展中国家和最不发达国家规定了不同的过渡条款。《与贸易有关的知识产权协议》将过渡性安排分为 4 个档次。

(1) 在世界贸易组织协议生效后 1 年内,所有成员方都没有义务履行《与贸易有关的知识产权协议》的有关规定,即 1996 年 1 月 1 日前,所有成员方可以不实施该协议。

(2) 除有关"国民待遇"、"最惠国待遇"以及"保护的获得与维护的多边协定"规定外,发展中国家成员方可以再推迟 4 年适用本协议,即发展中国家成员方的过渡期为 1995 年 1 月 1 日至 2000 年 1 月 1 日。除了发展中国家外,同时符合以下条件的其他国家也适用该过渡性安排:第一,处于经济转型时期,即正处于由中央计划经济向市场、自由经营经济转化过程中;第二,正进行知识产权体系的改革;第三,面临知识产权法起草和实施的特殊问题。

(3) 因协议对产品专利的保护程度较高,对发展中国家实施有关产品专利的规定作出了过渡性安排,即在本协议生效之日,发展中国家成员方需要将对产品专利的保护扩大到尚不能获得保护的技术领域,还可以再延迟 5 年即可以有一个总和为 10 年的过渡期(1995 年 1 月 1 日至 2005 年 1 月 1 日)。但各成员方政府必须在过渡期结束时才予批准。如果过渡期内获得销售这些产品的许可,则必须对此产品提供 5 年的专销权。

(四)对最不发达国家的最特殊过渡性安排

考虑到最不发达国家的特殊需要和要求,它们在经济、金融和行政管理上的紧迫性,以及它们建立可以生存的技术基础所需的灵活性,协议第 66 条规定,最不发达国家可以在协议生效的 10 年内即在 2005 年 1 月 1 日前不适用本协议。但对于"国民待遇"、"最惠国待遇"以及"保护的获得与维护的多边协定"的规定,最不发达国家应当遵守。最不发达国家还可以获得更长的过渡期,但应向知识产权理事会提出具有正当理由的请求,并由理事会作出决定。

(五)过渡期安排的保障

(1)作为协议过渡期安排的保障,第 65 条规定,过渡期的各成员方应当保证,在此期间内对其国内法律、规则和司法实践作出的任何改变都不得低于本协议规定的程度,而应保证与本协议的规定保持一致。

(2)为了促进本协议的实施,发达国家还应承担下述义务:应发展中国家的请求或按双方达成的条件,向发展中国家和最不发达国家的成员方提供技术和金融合作,包括对有关知识产权的保护和实施以及阻止滥用国内立法起草的协助,对设立或加强有关这些问题的国内机关和机构提供援助,以及对政府官员的培训。

(3)为了使最不发达国家成员方能够建立良好的能够生存的技术基础,发达国家应采取措施,鼓励和促进其境内的企业和研究机构向最不发达国家成员方传输技术。

案例：

  1996年7月2日，美国以印度未给予药品和农用化学产品的专利保护损害其利益为由，根据DSU第4条和TRIPS第64条，要求与印度磋商，但磋商未能取得满意结果。11月7日，美国请求成立专家小组，世界贸易组织争端解决机构11月20日决定成立一个专家小组。专家小组经查认为：印度在药品和农用化学品发明申请产品专利方面，没有建立一种可以保存其新颖性和优先权的制度，违反了TRIPS第70条第8款规定；印度未能充分地公布和通知有关制度，违反了TRIPS第63条第1、第2款；印度未能建立授予独占销售权的制度，违反了TRIPS第70条第9款。1997年10月15日，印度向DSB提起上诉。上诉机构报告维持了专家小组认定印度违反TRIPS第70条第8款、第9款规定，但推翻了专家小组关于印度违反TRIPS第63条规定的裁定。1998年1月16日，DSB通过了上诉机构报告和修改后的专家小组报告。1998年4月，美国和印度宣布双方就裁决履行期限已达成协议，即印度在15个月之内履行该裁决。

结论与启示：

  作为世界贸易组织成员的印度缺乏药品和农用化学品的知识产权制度，因而违反了《与贸易有关的知识产权协议》的规定，在该案中败诉。此案的实质是美国等发达国家期望通过《知识产权协议》的尽快实施，保障其利益。印度等发展中国家的知识产权保护水平比较低，甚至没有达到世界知识产权组织规定的起码水平。但是，作为世贸组织的成员又必须接受和实施《知识产权协议》。尽管协议规定了发展中国家和最不发达国家的过渡期，然而第70条第8款、第9款不适用于过渡期。也就是说，药品和农用化学品专利的保护属于过渡期的例外。因此，发展中国家不得不从1995年1月1日起建立有效的保障制度,并在符合条件的情况下授予药品和农用化学品专利持有人独占销售权。

与WTO的《知识产权协议》相对照,中国现行的知识产权保护法律法规尚存在许多差距,最显著的表现是保护水平偏低,保护范围偏小,而且还存在一个很严重的现象,那就是我国整个社会的知识产权保护意识观念很淡薄,可中国已是世贸组织的正式成员了,也必须不折不扣地遵守《知识产权协议》。为此,我们必须认真修改与世贸组织《知识产权协议》不相符的内容,必须树立知识产权保护意识,切实遵守知识产权保护制度。

思考题

1. 什么是知识产权?《与贸易有关的知识产权协议》的基本原则有哪些?
2. 根据《与贸易有关的知识产权协议》的规定,一项产品或方法的发明要想获得专利必须具备哪些要求?拥有专利的所有权人又能享受哪些权利?
3. 什么是商标?《与贸易有关的知识产权协议》对商标保护的注册条件、要求及义务作了哪些规定?
4. 《伯尔尼公约》规定著作权人可享受哪8项经济权利?
5. 什么是地理标志?它与原产地名称的区别何在?
6. 《与贸易有关的知识产权协议》规定,对知识产权的侵权行为,成员方可以采取哪些救济方式?
7. 知识产权协议对发达国家和发展中国家的影响相同吗?为什么?

第七章　WTO 贸易争端解决国际惯例

学习目的与要求：通过本章的学习，要掌握世界贸易组织争端解决机制的特点、性质及其运作程序与方法、主要成就与不足，特别是要熟悉 WTO 国际仲裁惯例，了解贸易争端解决机制的框架。

WTO 是一个建立在多边贸易规则基础上的国际组织，它的工作主要是规范和协调其成员之间的贸易关系。在这样一个多边贸易体制的运行过程中，不可避免地会遇到各种各样的问题，尤其是各成员方之间因贸易而发生的争端。各国间的贸易争端如果在双边基础上解决，这极易导致国家间的严重冲突。要保证多边贸易体制的正常运作，仅靠各成员方对规则的自愿遵守是不够的，还必须建立相应的约束机制，以促使成员方都能在法律的框架下执行 WTO 的各项规定。1995 年 1 月 1 日开始运行的 WTO 争端解决机制，是在 GATT1947 试验四十八年的基础上，根据国际贸易关系的新发展而创立的一种崭新的制度。它继承了原有规则的合理之处，并进行了"革命性"的变革，成为一个较为完善的多边贸易争端解决机制。

第一节　WTO贸易争端解决机制概述

WTO争端解决机制自建立起来,已经成功解决了许多国际贸易争端,并且受理的争端数目呈现出逐年递增的趋势,日益受到各成员方的信任,大有应接不暇之势。中国加入世界贸易组织后,深入研究WTO的争端解决机制是非常重要的。

一、贸易争端解决机制的演化历程

(一) GATT争端解决机制

WTO的争端解决机制是从GATT继承而来的。GATT的争端解决机制在40多年的实践中,创造了规范合理地处理国际贸易争端而又在实际操作过程中可行的程序规则,运行初期解决贸易争端条款的适用曾获得相当大的成功,处理了贸易争端200多起,为维护和发展以GATT为核心的多边贸易体制,促进贸易公平、有序、自由地发展作出了巨大的贡献。但由于GATT本身并不是一个正式组织,它的正常运转没有组织和法律上的保障。另外,一些贸易大国凭借其强大的经济实力,把自己的意志强加于GATT上,导致原GATT的争端机制存在许多不足之处,阻碍了其作用的正面发挥。

概括起来,GATT在争端解决机制方面的不足主要有以下几个方面:

1. 解决过程较长

虽然在1979年11月28日通过的GATT的《关于通知、协商、争议解决和监督的协议》及以后的协议中都明确规定,应该尽快地解决贸易争端,并规定了专家组完成工作的时间框架,但在实际操作过程中,争端解决的每一过程都有可能因为某种原因而延误,因而使得整个程序时间上拖得很长。由于争端解决需要经过一系列的程序,从双方协商到组成专家组,再由专家组进行调查、作出报告以及报告的通过和败诉方对裁决的执行,争端的一方可以在任何环节上设置障碍,造成争端解决工作不能顺利地进行。

2. 程序法规的不完善

GATT 只是一个临时性的组织,对缔约国没有很强的约束力。而其基本法规多而分散,相互之间缺乏连贯性和一致性,在争端解决机制方面的法规也是如此。这样,在具体的适用过程中往往会发生适用选择的争端,特别是东京回合谈判中达成的 9 项协议,使争端解决程序更加复杂。由于 GATT 的争端解决实行一致通过的原则,这使得败诉方可以单方面地阻止专家小组报告的通过。另外,由于 GATT 本身的缺陷,其专家组的报告通过后并没有强制力,没有有效的约束机制,使得裁决的结果往往难以得到有效的执行。

3. 适用范围狭窄

由于 GATT 的管辖权只涉及货物贸易领域,而对于服务贸易、与贸易有关的知识产权和投资措施等没有管辖权,与此相适应,GATT 的争端解决机构也只对货物贸易有管辖权。例如,1982 年 3 月 21 日,美国就解决加拿大外国投资审核的问题提出申诉,但许多国家认为这不属于关贸总协定的管辖范围,故美国无权申诉。

另外,在具体的运作过程中,还会出现某些专家小组无法解决的专业技术问题,有时候甚至会出现专家小组的工作受到某一成员左右的情况。

(二) WTO 争端解决机制

WTO 的正式建立,从根本上改变了 GATT 只是个准国际组织的尴尬局面。WTO 争端解决机制是在继承 GATT 争端解决机制的基础上建立起来的,并作了进一步的改革和完善。GATT 乌拉圭回合最后通过了《关于争端解决规则和程序的谅解》,是

第七章　WTO贸易争端解决国际惯例

WTO争端解决机制的基本法律文件,它不仅合理吸收了GATT争端解决机制中经过实践检验证明为行之有效的制度,而且在总结过去经验教训的基础上,针对原争端解决机制存在的种种弊端进行了大胆的改革和创新。与GATT相比,WTO的争端解决机制在许多方面都有了改进。主要表现在以下几个方面:

1. 制定了统一的贸易争端解决机制

总的来说,GATT的争端解决机制缺乏系统性和完整性,缺乏对各种争端解决办法的工作程序的具体规定。WTO的《关于争端解决规则和程序的谅解》统一规定了其争端解决机制的各项内容,形成了一套适用于成员方的完整的争端解决机制。

2. 成立了解决贸易争端的专门机构

GATT没有建立负责解决争端的常设机构,实践中只能由总协定代表理事会和干事担负解决缔约各方之间的贸易争端的责任。相比之下,WTO总理事会作为专门的争端解决机构的建立,不失为专门性国际争端解决制度中的一项创举。

3. 形成了比较完善的争端解决程序

GATT的争端解决机制规定了双边协商和多边解决程序。WTO的争端解决机制在此基础上,健全了专家小组程序,建立了上诉复审制度,明确规定了仲裁是解决贸易争端的方法之一,从而形成了一整套完备的争端解决程序。

4. 扩大了争端解决制度的调整范围

GATT的争端解决机制主要调整缔约国基于总协定发生的涉及货物贸易的国际争端,而WTO的争端解决机制适用于成员方关于《建立世界贸易组织协定》和其他16项协定的解释和适用所产生的争端。

5. 强调加强多边解决程序的重要性

由于GATT争端解决机制的缺陷,成员方利用其多边解决程序的积极性不高。WTO的争端解决机制要求加强多边制度在解决争端中的作用,以防止成员方在 WTO 体制之外以强制的方法解决贸易争端,破坏正常的国际贸易秩序。

二、WTO 贸易争端解决机制的作用和职责

(一) WTO 贸易争端解决机制的作用

《关于争端解决规则和程序的谅解》指出,WTO 的争端解决机制是保障多边贸易体制的可靠性和可预见性的核心因素。WTO 成员承诺,不应采取单边行动以对抗其发现的违反贸易规则的事件,而应在多边争端解决机制下寻求救济,并遵守其规则与裁决。

WTO 总理事会作为争端解决机构召集会议,处理根据乌拉圭回合最后文件中的任何协议提起的争端。这样,争端解决机构具有独断的权力以建立专家组,通过专家组作出上诉报告,保持对裁决和建议执行的监督,在建议得不到执行时授权采取报复措施。

《关于争端解决规则和程序的谅解》强调,争端的迅速解决对于 WTO 的有效运作是基本的要求。因此,它非常详细地规定了解决争端所应遵循的程序和时间表。WTO 争端解决机制的目的在于"为争端寻求积极的解决办法"。因此,对于成员方之间的问题,它鼓励寻求与 WTO 规定相一致、各方均可接受的解决办法。通过有关政府之间的双边磋商,找到解决办法。如果磋商失败,并经双方同意,在这个阶段的案件可以提交给 WTO 的争端解决机构。

(二) WTO 贸易争端解决机制的职能

WTO 贸易争端解决机制的主要职能有二:第一,维护 WTO 各成员方依据 WTO 协定所享有的各项权利和所承担的各项义务。第二,按照国际公法解释的习惯规则,澄清 WTO 协定的各项现行规定。但在行使职权时,WTO 争端解决机制不得损害各成员方根据 WTO 协定和诸边贸易协定,通过决策程序谋求权威解释该协定各条文的权利,而且其作出的各项建议和裁定也不得增

加或减损WTO协定所规定的各项权利和义务。

三、WTO贸易争端解决机制的性质

对于WTO的争端解决机制的性质问题,学术界一直众说纷纭:有人认为该机制是一种国际仲裁机制;有人认为应将该机制视为一种司法性的体制或准司法性的体制;也有人认为WTO的争端解决体制兼有国际仲裁和国际司法的特点。

编者认为,WTO的争端解决体制既非一种国际仲裁体制,也非一种国际司法或准司法体制,而是兼具两者某些特点的,具有实用价值的,集各种政治方法、法律方法和准法律方法于一身的全新的综合性的争端解决机制。

（一）争端标的的特殊性

WTO的成员既包括作为国际法主体的国家和国际组织（如欧盟）,也包括实行独立关税制度的关税领土（如香港、澳门）。因此,WTO争端解决机构不仅要解决国家之间的贸易争端,而且要解决国家与国际组织及单独的关税领土之间,以及国际组织与关税领土之间或者它们相互之间的贸易争端。这样的涉案当事成员范围与国际司法机构相比明显要宽,如国际法院的诉讼当事成员仅限于国家;与国际仲裁组织相比,则略窄了一些。

（二）争端解决程序的灵活性

当事成员之间以协商方式解决争端是首要的方法,协商未果,可自愿选择斡旋、调停、调解或仲裁程序。如果这些方法仍不能解决有关争端,只要当事一方请求,有关争端就应提交给专家组程序。如果当事一方对专家组报告中对法律问题所作的法律解释存在疑虑,则可提交上诉程序。上诉机构的报告一经争端解决机构通过,当事方应无条件接受,否则争端解决机构可授权申请方采取补偿或报复措施。可见,争端解决程序吸收了国际公法关于解决国家争端所采用的法律解决办法——仲裁和国际诉讼,但同时又

规定了协商、斡旋、调停和调解等政治性的解决方法。

(三) 管辖权的强制性

除非当事成员协议以其他方法来解决纠纷，否则只要任何一方因争端为由而提出建立专家组或起诉，另一方必须应诉，双方均须尊重有关机构对裁决和建议执行情况的监督。相比之下，国际法院只有在当事成员自愿的条件下才有管辖权。可见，WTO争端解决机制的管辖全，不仅强于国际仲裁组织，而且强于国际司法组织。

(四) 自力救济与法制主义的双重性

成员方之间如果发生争端，应在尽量不诉诸争端解决机构的情况下协商解决，特别是在当事一方不执行争端解决机构的建议或上诉机构的裁决时，WTO允许另一方自己采取报复、补偿措施。同时，WTO也强调以法律方法解决贸易争端的重要性，除要求专家小组的报告和上诉机构的裁决得到遵守外，还力图在法律上规范成员方的自力救济行为，要求任何成员方非经规定程序，不得自行认定其他成员方违反了有关协议的义务，也不得自行认定自己根据有关协定可享受的利益；任何争端当事方非经争端解决机构授权，不得对其他当事方采取报复措施。另外，WTO还鼓励成员方以仲裁形式解决贸易争端。

(五) 争端解决机制的实用性

WTO的争端解决程序与司法程序不同。WTO虽然制定了比较完善的争端解决制度，但其目的不是为了确定争端当事方谁是谁非，也不是为了惩罚违反有关协定的行为，而是要找到争端各方都能接受的解决办法，恢复有关贸易利益的平衡。这一特点在WTO争端解决程序中得到了充分的体现。首先，WTO强调协商解决，避免对抗措施；其次，专家组在成立后仍然鼓励争端各方自行解决争端，而不是简单地适用WTO的法律确定谁是谁非；再次，在争端解决机构审议专家组报告时，它首先考虑的是报告中提

第七章 WTO贸易争端解决国际惯例

出的建议能否为争端当事方接受；最后，即使当事方不执行争端解决机构的建议或裁决，争端解决机构也不是立即授权一方对另一方采取报复措施，而是促使双方再进行协商，以找到满意的补偿办法。不难发现，WTO的争端解决机制吸收了国际仲裁的实用主义和调和主义的特点，并在此基础上进行了很大程度的发挥，这对妥善解决贸易争端、调和矛盾、避免对抗是卓有成效的。

兼收并蓄、注重实效，这也是WTO的争端解决机制与其他国际条约规定的争端解决机制相比较最大优点之所在。

四、WTO贸易争端解决机制的弱点

由于WTO的争端解决机制更为适应形势的需要，因而一登上世界舞台就显示出惊人的强劲势头。在关贸总协定存在的40多年间，利用关贸总协定争端解决制度处理的贸易争端不足300起。而WTO在成立后仅仅一年半的时间里，争端解决机构受理的贸易争端案已达51起。当然，在实践过程中WTO争端解决机制也暴露出自身的弱点，具体表现在：第一，对成员方的约束力还不够。尽管已有较完善的强制管辖的规定，但这些规定不以国家强制力为后盾，其约束力自然不及国内法。事实上，国际社会也不存在一个超国家的机构强制解决国家之间的争端。第二，制裁机构不够健全。应该说WTO将报复作为成员方可以诉诸的解决争端的最后程序，是必要而合理的。但实践表明，由于各国经济实力不同，在国际贸易中的地位不同，因而运用报复程序的机会和效果也不相同。发展中国家或者小国对发达国家或者大国进行报复的能力有限，所以很难充分运用报复手段达到解决争端的目的。第三，对大国霸权主义不遵守谅解书的行为束手无策。

WTO争端解决机制建立之后面临的一个严峻考验，就是日美贸易争端。在1994年日美经济首脑会谈破裂后，美国于1995年4月决定对日本实行制裁并向WTO起诉，日本则准备采取报

复性措施。后来,日美谈判代表在日内瓦戏剧性地达成了协议,从而暂时结束了两国间的汽车贸易争端。应该承认,日美经过长达两年半的谈判,在 WTO 总部达成了协议,避免了一场贸易制裁战,这无论是从当事国的关系而言,还是从 WTO 规章和争端解决机制的角度而言,都是值得欢迎的。但我们也应注意到,尽管这场争端最终是在 WTO 的场所中得到解决的,但却是在大国动辄单方施压的背景下产生的结果。一当事国通过高压手段从另一当事国捞到贸易特权,势必意味着后者对其他国家待遇的相对降低。

1999 年 3 月 3 日,美国以欧盟未能按其满意的条件修改进口香蕉的规定为由,宣布对价值 5.2 亿美元的 14 种欧盟出口产品进行制裁,从而引发美欧"香蕉战"。4 月 6 日,争端解决机构作出裁定,欧盟在香蕉问题上违反了国际贸易法,造成美国方面每年损失 1.914 亿美元。这一裁决所体现的利益关系十分微妙,尽管 WTO 可能采取一种解决方案明确规定这些国家必须做些什么来执行其裁决,但美欧反对 WTO 扮演这种角色,它们希望让其他国家担责任,而自己的手脚又不会被捆得太紧。

缺乏深层次的约束力是 WTO 争端解决机制存在这样那样问题的主要原因。这不能简单归因于该机制没有国家强制力为后盾,因为 WTO 本身并非是凌驾于国家之上的国际组织,而是由于各国政治经济实力不均导致的在 WTO 的势力不平衡所致。某些大国实力强劲,而占 WTO 成员 75% 的发展中国家则人微言轻。国际经济秩序的不平等导致世界贸易组织内部的秩序不平等,使得 WTO 的争端解决机制不能完全按照当初的设想约束和规范成员的一切行为。

案例:

  由于 GATT 在处理贸易争端时,存在较大的不足之处,因此使得一些上诉到关贸总协定的争端没有得到彻底解决。WTO 成立以后,一些起诉方又将原来的未了之案上诉到

WTO的争端解决机构。加拿大、美国、欧盟与日本之间的酒类饮料税案就是比较典型的案件之一。

日本的《酒税法》规定了适用于所有酒类饮料的国内税体系,该法将日本市场上各类酒类饮料分成10大类和若干小类,10大类为:日本米酒、日本米酒混合物、烧酒、甜料酒、啤酒、葡萄酒、威士忌、烈酒、甜露酒及各种杂类酒。早在1986年11月,欧共体就向关贸总协定申诉,日本市场酒的划分类别太复杂,每一类别的税率差异很大,违背了公平竞争原则。关贸总协定于1987年2月成立专家组进行调查,同年通过了专家组报告。报告认为,日本《酒税法》的一些划分不符合GATT1947第3条第2款的规定。1989年4月,日本政府取消了此类规定,并按新的酒精含量等级制度来征税。

但是,加拿大、美国、欧盟仍就日本按照《酒税法》所实行的个别税率提起上诉,他们认为日本对从这些国家进口的酒类饮料税收高于国内同类产品,该做法违背了GATT1994的国民待遇原则,对同类直接竞争性或替代性的进口产品造成歧视。日本对此表示否认,认为《酒税法》没有实行保护的目的和效果。双方对此进行了磋商,但没有达成一致意见,于是上诉到世贸组织。1995年7月27日,针对此案成立专家小组,并于1996年6月21日提交了专家组报告,加拿大、欧盟、美国胜诉。日本对此表示遗憾,但同时表示愿意就裁决的执行与胜诉的三方磋商。

第二节　WTO贸易争端解决机制的框架

一、WTO贸易争端解决机制的规定

（一）GATT争端解决机制的主要条款

在WTO成立之前，关贸总协定总共受理了241起案件，涉及数量限制、关税减让、国民待遇、最惠国待遇、利益损害、补贴等各个方面的贸易争端。关贸总协定第22条和第23条是关贸总协定争端解决机制的核心。第22条实际上为成员方规定了2种承上启下的磋商，即首先由双边协商，双方协商不成，可以由成员方全体出面调解。第23条第1款实际上也是一个磋商程序；第2款规定赋予成员方全体迅速调查向其提出的任何这类事情，并向它认为的成员方提出适当建议，或者在适宜时作出裁决，以及批准成员方终止履行该协定规定的减让或其他义务的权力。根据关贸总协定处理争端的实践可以看出，其解决争端程序在很大程度上推动了贸易自由化的进程。

（二）WTO贸易争端解决机制的规定

由于关贸总协定的争端解决机制存在一些自身难以克服的缺陷，成员方进行了多轮谈判，以期建立一个严格、具有较强司法性的争端解决机制，使之既可有效地解决争端，又能广泛地适用于各个贸易领域。

1. WTO争端机制的法律基础

除了关贸总协定、世界贸易组织章程、各有关多边贸易协议和诸边贸易协议的有关条款外，1994年4月15日签署的乌拉圭回合的最后文件中，《关于争端解决规则和程序的谅解》便是世界贸易组织有关贸易争端解决的法律依据。《关于争端解决规则和程序的谅解》由27条规定以及4个附件组成，就WTO争端解决机

制的适用范围、管理与运作、一般原则、基本程序、建议与裁决的实施和监督、补偿与减让的中止、涉及最不发达成员方的特殊程序等,分别作出了较为系统的规定。

2. 参与争端解决的机构

(1) 世界贸易组织争端解决机构(Dispute Settlement Body,简称 DSB)。《建立世界贸易组织协定》第 4 条第 3 款规定,世界贸易组织总理事会应于适当时候召开会议,确定如何履行《关于争端解决规则和程序的谅解》规定的争端解决机构的职能。争端解决机构可以设立自己的主席,并为履行这些职责制定其认为必要的程序规则。这就是说,在通常情况下,世界贸易组织总理事会在履行争端解决职能时,即被视为争端解决机构。

(2) 其他相关机构。除了世界贸易组织争端解决机构之外,其他相关机构包括世界贸易组织秘书处、专家组、上诉机构、世界贸易组织总干事等。其中专家组是负责处理具体案件的、非常设的贸易争端解决机构;常设上诉机构是负责审理争端当事成员方对专家组的报告提出上诉的机构。

二、WTO 贸易争端解决机制的宗旨和使用范围

(一) WTO 贸易争端解决机制的宗旨

WTO 争端解决机制在向 WTO 多边贸易体制提供安全及预见性方面起着中心作用,其目的在于保证争端获得积极的解决。《关于争端解决规则和程序的谅解》的宗旨是提供一种有效、可靠和规则取向的制度,以便在多边架构内解决因适用 WTO 协定所产生的各种争端。因此,WTO 争端解决机制,首先是一种偏爱符合 WTO 协定的相互同意解决办法的制度。即便在专家小组阶段,WTO 也鼓励争端当事方谋求达成相互满意的解决办法。其次,WTO 争端解决机制是一种规则取向的制度。它所产生的各种建议和裁定必须是符合 WTO 协定赋予其成员权利和义务的一

种满意的解决。因此,根据 WTO 协定协商与争端解决条款正式提起争端的所有解决办法,包括仲裁裁决,都必须符合 WTO 协定,而且不得剥夺和损害任何成员根据 WTO 协定所享有的各种利益。第三,WTO 争端解决机制是一种旨在保证撤销违法措施的制度。如不能达成一项相互同意的解决办法,WTO 争端解决机制的首要目标,通常是保证撤销已被确认为违反 WTO 协定的有关措施。最后,WTO 争端解决机制是一种具有高度有效性和可靠性的争端解决制度。高度有效、可靠地解决争端,是 WTO 有效运行的关键。《关于争端解决规则和程序的谅解》规定,迅速解决一成员认为另一成员所采取措施正在对其的任何利益造成损害的情势,是 WTO 有效运行与维护其成员权利义务适当平衡的必要条件。

(二) WTO 贸易争端解决机制的适用范围

《关于争端解决规则和程序的谅解》适用于 WTO 成员之间基于以下协定、协议所产生的争端:《建立世界贸易组织的协定》、《货物贸易多边协议》、《服务贸易总协定》、《与贸易有关的知识产权协议》、《关于争端解决规则和程序的谅解》、《民用航空协议》、《政府采购协议》、《国际奶制品协议》、《国际牛肉协议》。此外,在下列有关协定、协议规定的特殊或者附加规则、程序的限制之外,世界贸易组织《关于争端解决规则和程序的谅解》亦适用:《实施卫生和植物检疫的协议》、《纺织品和服装协议》、《技术性贸易壁垒协议》、《关于实施关贸总协定第 6 条的协议》、《服务贸易协议和服务贸易协议某些争端解决程序的决定》等。

三、WTO 贸易争端解决机制的原则

从《关于争端解决规则和程序的谅解》中我们可以看出,WTO 争端解决机制的基本原则主要有:

第七章 WTO贸易争端解决国际惯例

（一）统一程序原则

WTO的争端解决机制规定了统一的争端解决程序。凡是有关《建立世界贸易组织协定》、《货物贸易多边协议》、《服务贸易总协定》、《与贸易有关的知识产权协议》、《关于争端解决规则和程序的谅解》、《诸边协议》的争端，都适用于统一程序，其中关于诸边协议的争端还要适用诸边协议各方通过的决定。

（二）协商解决争端原则

WTO争端解决机制鼓励争议双方尽量采取友好协商的办法来解决问题。《关于争端解决规则和程序的谅解》规定，每个成员应保证对另一成员提出的有关问题给予考虑，并就此提供充分的磋商机会。WTO争端解决机制的目的在于"为争端寻求积极的解决办法"。因此，对于成员之间的争议，鼓励寻求与WTO规定相一致的、各方均可接受的解决办法。一般情况下，如果一方向另一方提出磋商的要求，接到要求的一方应该在10天内给予答复，并在30天内进入磋商程序，以达成双方满意的结果。

（三）自愿调解与仲裁原则

如果说在WTO争端解决机制中，磋商是必要程序的话，那么调解程序和仲裁程序则是建立在各方自愿的基础上的。WTO争端解决机制中的调解程序主要规定在《关于争端解决规则和程序的谅解》的第5条中，名为"斡旋、调解和调停"。WTO总干事依照其职权进行斡旋、调解与调停。斡旋是第三方以各种方式促成当事方进行谈判的行为，调停则是以第三方的中立身份直接参与有关当事方的谈判。在处理国际争端时，调解是将争端提交一个委员会或调解机构，该调解机构的任务是阐明事实，提出报告，特别是提出解决争端的建议，以设法使争端各方达成一致。因此，调解机构的权威性与参与程度要大于调停方式。

此外，《关于争端解决规则和程序的谅解》还规定了仲裁程序。WTO范围内的仲裁作为争端解决的一项选择性手段，能够促进解决某些由当事成员双方已经明确界定的争端。仲裁协议是建立在自愿基础上的,应该以双方达成一致的仲裁协议为基础进行,接受仲裁裁决的各当事方要受到仲裁裁决的约束。

四、WTO贸易争端解决的程序与渠道

（一）WTO贸易争端解决的程序

WTO总理事会作为争端解决机构,处理就乌拉圭回合最后文件所包括的任何协定或协议而产生的争端。根据WTO成员的承诺,在发生贸易争端时,当事各方不应采取单边行动对抗,而是通过争端解决机制寻求救济,并遵守规则及所作出的裁决。争端解决的程序是：

1. 争端解决机构有权成立专家组

如果WTO成员之间有争端,应先行协商,如60天内未获解决,一方可申请成立专家组。只有争端解决机构全体成员反对,专家组才不能成立。

2. 争端解决机构采纳专家组及上诉机构的裁决和建议

专家组必须按《关于争端解决规则和程序的谅解》所规定的具体程序进行工作。专家组成立后一般应在6个月内向争端各方提交终期报告,在紧急情况下,终期报告的时间缩短为3个月。专家组的终期报告公布后,争端各方均有上诉机会。上诉由争端解决机构设立的常设上诉机构受理。一般情况下,上诉审议不得超过60天。上诉机构的报告作出30天后,一经采纳,争端各方必须无条件接受。

3. 争端解决机构监督裁决和建议的执行情况,并在建议得不到执行的情况下授权采取报复措施

（二）WTO贸易争端解决的渠道

随着国际贸易的扩大和迅速发展,贸易争端不可避免。如何运用WTO争端解决机制,寻求国际贸易争端的有效解决方式,将

是我们面临的重要课题。

WTO的争端解决机制提供以下争端解决渠道：第一，由当事方自行解决。争端当事方可以采取磋商等手段解决争端。第二，由第三方协助解决。其手段包括斡旋、调解和调停。第三，提交争端解决机构解决。可采取专家组程序和上诉机构审议两种方式。

1. 磋商

磋商是争端解决的最基本方式，贯穿了争端解决的整个过程。磋商是关贸总协定一开始就已确立并长期奉行的解决成员之间贸易争端的首要原则。根据世贸组织《关于争端解决规则和程序的谅解》的规定，若某成员对另一成员的某一行为或其未履行WTO义务感到不满，可要求后者进行磋商。磋商文件中应包括有关申诉的简要描述，并需明确被指控的措施以及提出申诉的法律依据。要求磋商的通知要提交争端解决机构（DSB）有关理事会和委员会等。

被诉方必须在10天内作出答复，并在30天内进入磋商。若争端未能在60天内通过磋商得到解决，申诉方可以要求成立专家组，同时应提供有关该案的具体情况。

在磋商中，要遵循一定的规则：(1)紧急情况特殊处理原则；(2)照顾发展中国家的原则；(3)磋商必须秘密进行；(4)磋商不损害任何一方在以后诉讼程序中的权利；(5)对磋商的请求给予同情的考虑并提供充分的机会；(6)请求磋商的争端方应向争端解决机构及有关的理事会、委员会书面通报关于磋商的请求，并说明磋商的理由以及争端中各项措施的核定材料及申诉的依据；(7)根据某个协议的规定而进行磋商的过程中，在采取进一步行动前，双方应力求使事件的调解得到令人满意的结果；(8)根据有关协议的规定，与正在进行磋商所涉及的争端有重大利害关系的第三方如有意参加磋商，可在该磋商请求分发之日起10天内，向参与磋商的各方和争端解决机构通告其参与磋商的意愿，若磋商方同意则可参与磋商。

2. 斡旋、调解和调停

根据《关于争端解决规则和程序的谅解》第5条的规定,斡旋、调解和调停是在争端各方同意下自愿采取的程序。涉及斡旋、调解和调停的诉讼程序,特别是争端各方在这些诉讼程序中所采取的立场应予保密,并不得损害双方中任何一方的权利。争端任何一方可随时请求进行斡旋、调解或调停,此程序可随时开始,随时终止。一旦斡旋、调解或调停程序终止,起诉方即可开始请求设立专家组。如斡旋、调解或调停在收到磋商请求之日起60天内开始,则起诉方在请求设立专家组之前,应给予对方自收到磋商请求之日起60天的时间。如争端各方共同认为斡旋、调解或调停过程未能解决争端,则起诉方可在60天期限内请求设立专家组。如争端各方同意,斡旋、调解或调停程序可在专家组程序进行的同时继续进行。总干事可依其职权提供斡旋、调解或调停,以协助各成员方解决争端。

3. 仲裁

仲裁已被实践证实为一种有效的争端解决方式。政府间的仲裁、私人间的商事仲裁、处理私人与外国政府争议的"混合仲裁",日益在国际经济纠纷的解决中显示其重要性。一般情况下,仲裁需按照当事方达成的仲裁协议进行。这种仲裁协议应在仲裁程序开始之前及时通知所有成员方,其他成员方只有征得已协议仲裁的各当事方同意,方可参与仲裁。求助于仲裁的各方应服从仲裁裁决。当然,从程序上看,它只是一项选择性的辅助方法,不是一项必经程序。

国际贸易争端在难以协商解决的情况下,如果双方能够先达成仲裁协议,则接受仲裁。仲裁具有很强的司法特征,一经双方合意选择,即可进行审理;作出的裁决是一裁终局制,仲裁双方当事人必须遵守。因此,在处理国际经济贸易争端方面,仲裁不失为一种便捷的解决方式。

4. 专家组

专家组程序在WTO争端解决过程中起着十分重要的作用，也是整个争端解决过程中最为复杂的部分。《关于争端解决规则和程序的谅解》第6条至第8条以及第11条和第12条对专家组作出了具体规定。

(1) 专家组的设立。除非通过协商一致决定不成立专家组，DSB在接到通知后必须立即成立专家组。WTO有关协议规定，若所有参加关于成立专家组会议的成员均未正式反对，则可达成协商一致。设立专家组的请求应以书面形式提出。

(2) 专家组的职权范围。在设立专家组时，争端解决机构可授权其主席与争端各方磋商，制定专家组的职权范围。由此制定的职权范围应散发全体成员。

(3) 专家组的组成。专家组应由资深政府和非政府个人组成，包括曾在专家组任职或曾向专家组陈述案件的人员、曾任一成员方代表或GATT1947成员方代表或任何适用协定或其先前协定的理事会或委员会的代表人员、秘书处人员，曾讲授或出版国家贸易法或政策著作的人员，以及曾任一成员方高级贸易政策官员的人员。专家组应由3名成员组成，除非在专家组成立后10天内，争端各方同意专家组由5名成员组成。专家组的组成情况应迅速通知各成员方。秘书处应向争端各方建议专家组成员的提名。除非由于无法控制的原因，争端各方不得反对提名。专家组成员应以其个人身份任职，既作为政府代表，也作为任何组织的代表。各成员方因此不得就专家组审议的事项向他们作出指示或试图影响他们个人。当争端发生在发展中国家成员方与发达国家成员方之间时，如发展中国家成员方提出请求，专家组中至少应有1名成员来自发展中国家成员方。

(4) 专家组的职能。专家组的职能是协助争端解决机构履行

《关于争端解决规则和程序的谅解》和适用协定项下的职责。因此,专家组应对其审议的事项作出客观评估,包括对该案件事实及有关适用协定的适用性、一致性的客观评估,并作出建议或提出其他调查结果。专家组应定期与争端各方磋商,并给予其充分的机会以形成双方满意的解决办法。

(5)专家组程序。为了确保专家组能迅速、及时地开展工作,争端解决机制为专家组制定了详细的工作程序。专家组程序应在不延误正常工作进程的情况下,有足够的灵活性,确保能有高质量的专家组报告。下面详细介绍专家组的工作程序。

① 专家组程序启动的条件。(a)如果受到磋商请求的成员方没有在受到请求起 10 天内给予答复,或未受到请求后不超过 30 天给予答复,或未在双方另外同意的期限内进行磋商,则请求方可申请直接成立专家组。(b)在起诉方提起磋商后的 60 天之内,双方没有达成一致意见,或所有当事方都认为无法通过磋商达成解决的办法,起诉方可在 60 天之内申请成立专家组。(c)若涉及紧急情况,如在受到磋商请求之日起的 20 天之内,磋商没有达成一致的意见,则起诉方可要求设立一个专家组。

② 专家小组的工作程序。专家小组成立之后,应当执行 DSU 第 12 条以及附件 3 中所规定的如下工作程序,除非专家组与争端方商议后另有其他决定。(a)经与当事方进行磋商,在一致同意专家组的成员组成以及职责范围后的 1 周内,专家组的成员应尽可能地制定专家组工作进程表。在确定工作进程表时,专家组应为争端当事方提供足够的时间以准备它们所要提交的书面材料。专家组应明确规定这一时限,各争端方必须充分遵守这一最后时限。(b)争端的各当事方将书面材料送交秘书处,秘书处迅速将其传达给有关各方及专家小组。起诉方应在应诉方之前提交自己的第一份书面材料,除非经过协商后,专家小组决定双方应同时递交第一份书面应诉材料。随后的书面材料应同时递交,并且

专家组应严格建立递交书面材料的时间表。(c)在专家组第一次实质性会议上,起诉方陈述相关的事实和起诉的理由,应诉方对此进行辩护并陈述自己的观点,所有已通知在争端中有重大利益的第三方应被邀请,在第一次实质性会议期间另行安排的一次大会上陈述观点。整个期间,此类第三方都应该出席会议。(d)在专家组的第二次实质性会议上,争端方将展开辩论,在会议前当事方应向专家组递交书面的辩驳书,被诉方有权首先发言。(e)专家组将其报告中有关事实和论据的部分提交给争端各方,给予各方 2 周时间提出不同意见。(f)专家组提交中期报告,其中包括调查结果和结论。争端各方可在 1 周内提出审议的要求,但审议的时间不能超过 2 周,其中还包括可能与各方举行的另外的会议。(g)专家组向各方提交最终报告,3 周后报告向世贸组织的全体成员方公布。

③ 专家组的报告。专家组的报告应以书面形式作出,对每一细节都应有详细的叙述。一份专家组报告通常有数百页,主要包括如下内容:(a)简述案件审理情况,介绍专家组的授权范围和专家组成员组成;(b)有关程序问题的陈述,对案件各方面事实的陈述;(c)争端双方主要观点的陈述,一般应包括概述和详述两部分;(d)第三方观点的陈述;(e)中期评审情况;(f)专家组调查结果;(g)结论和建议。

④ 专家组的工作进度。作为一般规则,专家组应在 6 个月内完成工作。在特殊情况下可以适当延长,但无论如何,每一案件的审理不得超过 9 个月。如遇紧急情况,则其工作应在 3 个月内完成。

(6) 专家组报告的通过。为向各成员方提供充足的时间审议专家组报告,在报告散发各成员方之日 20 天后,争端解决机构方可审议通过此报告。对专家组报告有反对意见的成员方应至少在审议该报告的争端解决机构会议召开前 10 天,提交反对意见的书面理由。争端各方有权全面参与争端解决机构对专家报告的审议，它们的意见应完整记录在案。如一方已通知其上诉决定，则在上诉完成之前，争端解决机构将不审议通过该专家组报告。该通过程序不损害各成员方发表意见的权利。

(7) 专家组报告的执行。专家小组或上诉机构的结论和建议经通过后，各争端方应参照执行。自通过专家小组或上诉机构报告的 30 天内举行的争端解决机构(DSB)的会议上，有关的成员方应公布其执行各项裁决的意向。贸易争端各方可以 3 种方式执行专家组报告：

① 履行。争端解决程序强调，违反其义务的一方必须立即履行专家组或上述机构的建议。如果该方无法立即履行这些建议，争端解决机构可以根据请求给予一个合理的履行期限。

② 提供补偿。若违背义务的一方在合理的履行期限内不履行建议，提请争端解决的一方可以要求补偿，违背义务的一方也可以主动提出给予补偿。

③ 授权报复。当违背义务的一方未能履行建议并拒绝提供补偿时，受侵害的一方可以要求争端解决机构授权其采取报复措施，中止协议项下的减让或其他义务。争端解决机构(DSB)也规定了一些措施来限制滥用报复的情况发生，如限制美国与欧盟的香蕉争端中美国单方面的行动。这些限制措施主要有：如一成员方要求授权终止减让或其他义务，该成员方应向 DSB 陈述其理由，并将这些理由传达给世贸组织的其他相关的理事会；若寻求在同一协议下的不同部门进行报复，还需要通报给世贸组织的其他机构。

(8) 上诉复审程序。争端有关方可以就专家组的报告向上诉机构提起上诉，上诉机构一般在 2 个月之内完成工作，最长不超过 3 个月。上诉机构的工作应秘密进行，在没有争端方参与的情况下，根据所提供的资料和陈述拟订出相关的报告。在报告中发表

第七章　WTO贸易争端解决国际惯例

看法的人不需署名。上诉机构应以绝大多数同意的方式通过决议，但同时要力争一致同意通过决议。上诉机构可维持、修改、推翻专家组的法律认定和结果。上诉机构应在2个月内通过报告。上诉机构的报告也应由DSB来批准，应在散发给各争端方的30天之内通过，除非DSB在30天之内一致不通过该报告，各当事方应该无条件地接受被批准的报告。

案例：

　　WTO成立以来，受理了200多起贸易争端，其中有很多首次涉及乌拉圭回合签订的多边协议、诸边协定、《关于争端解决规则和程序的谅解》等，对一些有代表性的案例进行分析，可以帮助我们更好地了解WTO的争端解决机制是怎么处理发生的各种贸易争端的，也使我们能够对案例所涉及的多边协议和法律规则有一个更好的了解。委内瑞拉与巴西诉美国的汽油标准案是较典型的一个案例。

　　WTO成立之后，由DSB审理的第一桩争端案件就是委内瑞拉诉美国的汽油标准案。后来巴西也加入进来。这是一个在世界贸易领域中无足轻重的发展中国家诉当今的头号贸易大国的案例。能否公正及时地处理案件，对于WTO新建立的争端解决机制来说是一个严峻的考验，是检验该机制与GATT争端解决机制是否不同的试金石。

　　在1995年4月1日举行的WTO争端解决机制的特别会议上，委内瑞拉控诉美国环保署新颁布的关于重整汽油和传统汽油的标准违反了GATT1994和《技术性贸易壁垒协议》的规定，对从委内瑞拉进口的汽油造成很大的影响。为此，委内瑞拉已经和美国进行了多次协商，但没有解决问题。依照WTO的争端解决程序，委内瑞拉要求成立专家小组。经审议，委内瑞拉的请求得以通过。

　　在1995年5月3日的争端解决机构大会上，巴西加入了委内瑞拉的行列,称美国的新标准严重影响了巴西对美国的石油输出商的利益。仅在1995年的前2个月,巴西对美国的石油输出由原来的800万美元骤降为零。巴西认为美国的做法违背了WTO的国民待遇原则和最惠国待遇原则。巴西在与美国协商未果后,向WTO提出设立专家小组并获得了通过。由于已经有委内瑞拉诉美国同样的问题,因此争端解决机构主席凯尼恩建议,委内瑞拉和巴西同美国之间的贸易争端由同一专家组审理。争端解决机构同意了这一建议。同时,加拿大、挪威、欧盟表示将作为有重大利害关系的第三方参与专家组对此案的审理。

经过10个月的调查,专家组得出报告,美国败诉。美国对此表示不满并提出异议。1996年2月21日,美国向WTO的上诉机构提起上诉。经过上诉机构3个月的审理,1996年5月31日,争端解决机构作出决议,通过了上诉机构的报告,委内瑞拉和巴西胜诉。美国对此表示服从,并称将就执行问题与委、巴两国协商。

此案的顺利结案,使得人们对WTO争端解决机构信心大增。争端解决机构对发展中国家利益的关注,使其在发展中国家中树立了良好的形象,有助于发展中国家利用WTO的争端解决机制来维护自己的利益。该裁决公布之后,WTO的成员方纷纷放弃双边解决争端的方法,转而求助于这一多边机制来解决贸易中的争端。

第三节 WTO国际仲裁惯例

仲裁在WTO争端解决机制中,可用于不同目的和不同争端解决阶段。除作为一种通用的选择性争端解决方法外,仲裁还可成为解决特定争端的方法。

一、普通仲裁

GATT1947 的《蒙特利尔决定》所确定的仲裁作为一种可以促进解决有关各方已明确确定的争端的选择性解决办法,几乎原封不动地被重新纳入 WTO《关于争端解决规则和程序的谅解》第 25 条第 1 款和第 2 款。鉴于仲裁裁决必须符合 WTO 所管理的各适用协定和可能影响其他成员国的权利或义务,《关于争端解决规则和程序的谅解》第 25 条第 3 款规定:"仲裁裁决应通知争端解决机构或任何有关协定的理事会或委员会,以便任何成员国可能向他们查询与此有关的任何问题。"

至于第三方参与仲裁,《关于争端解决规则和程序的谅解》第 25 条第 3 款规定:"其他成员国只有在同意提交仲裁的当事各方的同意下,才能成为仲裁程序的当事方。"

二、特殊仲裁

(一)确定合理实施期限的仲裁

《关于争端解决规则和程序的谅解》首次明确规定了此种"合理期限"。根据《关于争端解决规则和程序的谅解》第 21 条第 3 款的规定,合理期限为:(1)有关成员国提出的且获得争端解决机构批准的时间;(2)如未获得上述批准时间,争端当事方在该建议和裁决通过后 45 天内相互同意的时间;(3)如没有达成上述相互同意的时间,则在建议或裁决通过之日后 90 日内经仲裁所确定的时间;(4)仲裁机构在确定执行专家小组或上诉机构建议的合理期限时遵循的指导原则是不得超过专家小组或上诉机构报告通过之后的 15 个月。诚然,根据具体情况,此种合理期限可以少于或多于 15 个月。

（二）确定报复或制裁是否遵守中止或减让义务原则和程序的仲裁

被报复国有权对报复权的授予与行使提请仲裁。《关于争端解决规则和程序的谅解》对此类仲裁的下列问题作了规定：

1. 提交仲裁的条件

根据《关于争端解决规则和程序的谅解》第 22 条规定，满足下列任一条件即可提请仲裁：(1)败诉方对所提出的中止水平表示反对；(2)败诉方指控投诉方在要求授权交叉报复中未遵守有关原则和程序。

2. 仲裁庭的组成与职权

此种仲裁，如专家小组成员可用，则应由原专家小组仲裁，或者由总干事任命的仲裁员（一人或一个小组）来进行仲裁，仲裁应在合理期限到期后的 60 天内结束。仲裁期间减让或其他义务不得中止。

3. 当事方应接受仲裁裁决为终局决定，不得谋求第二次仲裁

4. 争端解决机构应迅速被通知仲裁决定，且应根据符合仲裁决定的请求给予中止减让或其他义务的授权，除非争端解决机构一致决定驳回该项请求。

三、仲裁裁决的执行

（一）通知执行意图

在执行或实施争端解决机构建议或裁决的期限方面，《关于争端解决规则和程序的谅解》第 21 条规定，迅速执行 DSB 的建议或裁决，是确保有效解决影响全体成员方利益争端的必要条件。在仲裁裁决作出之日后 30 天内（如在此间没有安排 DSB 会议，则应为此目的举行此种 DSB 会议）举行的 DSB 会议上，有关成员方应通知 DSB 其履行 DSB 建议或裁决的意见。如不能立即执行建议

或裁决,该成员应在上述合理期限内履行。

(二) 监督实施

一旦仲裁裁决作出,争端解决程序并不因争端当事方发表执行或接受仲裁裁决的声明而结束。根据《关于争端解决规则和程序的谅解》第21条第6款规定,DSB应对所作出裁决的实施进行监督。任何成员方在仲裁裁决作出后随时可以向DSB提出与实施裁决有关的问题。除非DSB作出另外决定,实施裁决的问题应该列入根据第3款确立的合理期限之后6个月的DSB会议议程,且在该问题解决前一直保留在DSB议程中。至少在DSB每次召开此类会议前10日,有关成员方应向DSB提供执行该裁决的书面进展报告。

(三) 对发展中国家成员方的特殊待遇

在监督建议或裁决的实施中,《关于争端解决规则和程序的谅解》还对发展中国家成员方的有关问题作了特别规定。根据《关于争端解决规则和程序的谅解》第21条第2、第7、第8款的规定,对于已接受争端解决的各项措施,应对影响发展中国家成员方利益的各事项予以特别注意:如果该案件是一发展中国家成员方提出的问题,DSB应根据情况考虑采取进一步行动;如果该案件系一发展中国家成员方提起,在考虑可以采取适当行动时,DSB应不仅考虑被指控措施的贸易方面,而且应考虑其对有关发展中国家成员方经济的影响。这就使发展中国家成员方可以要求违法国加速执行DSB的决定或裁决。

(四) 授权胜诉方对拒绝执行仲裁裁决的败诉方进行报复或制裁

尽管WTO争端解决机制的目的是确保对争端的积极解决,但是援用争端解决程序的成员可用的最后手段是:经DSB批准,在差别待遇基础上,对在合理期限内不执行DSB决定或仲裁裁决的另一争端当事方,中止实施减让或有关适用协定下的其他义务。

《关于争端解决规则和程序的谅解》第 22 条第 2 至 9 款明确规定了报复的各项具体规定。根据这些规则,这种报复权几乎可以自动获得,这就使胜诉方极易获得报复权。尽管《关于争端解决规则和程序的谅解》也对报复权的行使进行了一定的限制,但是历史表明,报复只有在经济实力相当的国家之间才是有效的,对于弱国来说通常是毫无意义的。此外,报复也是自残行为,它首先对报复国造成损害,这在国际贸易关系中尤其如此。最后,报复具有从 WTO 争端解决机制所设想的临时措施演变成常规或长期的危险。《关于争端解决规则和程序的谅解》把报复制裁作为促进和保证实际履行条约义务的最终手段。报复虽然并不是一种最好的救济手段,但是在一定条件下有助于促进和保证仲裁裁决的有效执行。

当然,败诉方也可以把退出 WTO 作为保护自己的最后手段。

综上所述,在仲裁员的选任、仲裁协议的范围、仲裁适用的法律和仲裁裁决的执行等方面,WTO 争端解决机制虽然尚未出现以"普通仲裁"解决有关争端的案例,但是以"特殊仲裁"解决的争端达 14 件,而且正日益增多。

案例:

目前,最能代表 WTO 争端解决机制特点的案例当属拉美五国等诉欧盟的香蕉案。该案涉及国家较多,既有发展中国家又有发达国家,既涉及关贸总协定的传统领域,又涉及世贸组织协定、服务贸易协议、进口许可证协议以及农产品协议,其中还牵涉到洛美协定的有关内容,因此很具有代表意义。

1975 年 2 月 28 日欧共体与非洲、加勒比和太平洋地区的 46 个发展中国家在多哥首都洛美签定了经济与贸易协定。该协定全称为《欧洲共同体—非洲、加勒比和太平洋(国家)洛美协定》,简称洛美协定,协定的主要内容是欧共体单方面给予非洲、加勒比、太平洋地区的国家(ACP)优惠进口关税待遇。其具体内容为:在不要求互惠的前提下,欧共体允许非、加、太地区国家即ACP的全部工业产品、96%的农产品免税进入欧共体市场;在ACP输入的12种主要产品跌价时,欧共体向产品输出国补偿损失。其后,洛美协定原则上5年签署一次,尽管内容上有修改,但是欧共体不要求互惠的原则不变。洛美协定给与ACP的单方面优惠中就有香蕉。自1988年以来,美元区的香蕉生产国一直对此有异议,欧盟也对此进行了多次的修订,但是没有能够从根本上解决问题。1993年2月,欧盟颁布了在香蕉领域的共同市场规则,允许非、加、太国家对欧盟的香蕉出口保持传统的数量,对美元区和非ACP国家实行配额制度。后来对配额的数量又进行了多次修改。1992年9月,拉美五个香蕉生产国向关贸总协定申诉,要求解决欧盟在香蕉进口上对它们的歧视性的待遇,但是直到1994年底专家组报告也未能通过。1993年2月13日,拉美针对欧盟新的香蕉进口法令再次向关贸总协定申诉,但由于欧盟的阻挠,专家组的报告仍未能通过,关贸总协定的争端解决机制对此也无能为力。

  WTO成立之后,美国、危地马拉、墨西哥、洪都拉斯于1995年9月28日就上述争端向欧盟提出磋商的要求。1996年2月5日,厄瓜多尔也加入进来。磋商的内容包括:欧盟根据《委员会404/93规则》建立的欧盟香蕉进口销售制度;随后修订的欧盟法规、规则与管理措施,其中包括正在执行的、补充的《香蕉框架协议》中的一些规定和措施。五国认为欧盟的香蕉进口、分销和销售机制违反了关贸总协定第1、第2、第3、第10、第11、第13条的规定,以及农产品协议、许可证协议和服务贸易总协定的相关规定。

  1996年3月16日,双方进行了协商,但没有达成一致意见。上述五国便于4月1日要求成立专家组,5月8日专家组成立。同时,加拿大、喀麦隆、哥伦比亚、哥斯达黎加等21个国家作为有重大利害关系的第三方保留向专家组递交有关报告和反映意见的权利。1996年6月7日,专家组成员正式确定。

1997年3月18日,专家组提交中期报告,4月29日提交了最后报告。专家组认为,欧盟的香蕉进口机制及其许可证程序违背了关贸总协定有关原则,洛美协定豁免规定可免除关贸总协定的非歧视实行数量限制的义务,但不能消除许可证程序中不符之处。1997年6月11日,欧盟就专家组的报告向上诉机构提起上诉。

1997年9月25日,争端解决机构通过了上诉机构的报告和经过修订的专家小组的报告,欧盟败诉并表示愿意就执行问题与起诉国协商。

1998年8月18日,投诉方根据《关于争端处理规则与程序的谅解》即DSU第21条第5款的规定,要求与欧盟进行谈判。投诉方认为欧盟采取的新措施(1637/98会议规则)仍与世贸组织的规则不符。12月15日,欧盟同样依据该条款要求设立专家组确定欧盟的措施是否符合世贸组织的规则,除非启动DSU的争端解决程序。

1998年12月8日,厄瓜多尔要求重新召回专家组来考察欧盟新规则的合理性问题。1999年1月2日,专家小组重新设立,来考察欧盟和厄瓜多尔的要求,牙买加、尼加拉瓜、哥斯达黎加、科特迪瓦、多米尼加共和国、圣卢西亚、毛里求斯、圣文森特等作为有利害关系的第三方保留提供报告和意见的权利。1999年11月8日,厄瓜多尔要求争端解决机构授权其对欧盟终止减让4.5亿美元,欧盟要求对此进行仲裁。2000年3月24日,仲裁报告发布,仲裁终止减让的幅度为

2.016亿美元。2000年5月18日,争端解决机构授权厄瓜多尔进行报复。

美国也认为欧盟的新制度仍然违背了关贸总协定相关协议规定,要求进行审议。1999年1月14日,美国要求争端解决机构授权对欧盟终止减让5.2亿美元,欧盟对此要求进行仲裁,因此美国的要求必须在仲裁之后才能考虑。在审议未果的情况下,1999年3月3日,美国单方面对欧盟进行报复,欧盟提起上诉,要求对美国贸易法301条款的合法性进行审议。1999年4月,争端解决机构认为欧盟的新机制违反了世贸组织的原则,并对美国的终止减让幅度进行仲裁,认为不合理,裁定为1.1914亿美元。1999年4月19日,授权美国对欧盟终止减让。

1999年1月20日,拉美五国以欧盟每次在截止日期前作出少许修改,致使执行起来达不到规定效果为由向世贸组织申诉,并说明目的是为了澄清欧盟的历次修改对市场的影响,以及与世贸组织规则仍不相符合的地方,并讨论修改的方法。1999年11月9日的争端解决大会上,欧盟提出改革香蕉机制的方案,提议与各利益方继续讨论为关税配额体制分发进口许可证的可能性,如没有可行性方案,就取消过渡性关税配额体制的建议。由于各方分歧较大,迄今为止没有达成一致意见。

本案是关贸总协定的未了之案,其所涉及的国家和协议很广,体现了成员方对WTO的争端解决机制的信任和支持。对洛美协定的处理表明,未来任何的公约和协定都要与世界贸易组织的规则相一致。同时也提出了问题和挑战,对以后的世界贸易组织的运行可能会带来一些影响,尤其是对农业协议以及发展中国家的利益问题产生影响。另外,欧盟在实施期满之前总会调整一些措施作为修改的做法,实际上是利用争端解决机制的缺陷不执行争端解决机构裁决的结果。而美国单方面制裁也向世贸组织提出了怎样对成员方的行为进行有效约束的问题。

思考题
1. 比较 GATT 和 WTO 争端解决机制的异同。
2. WTO 争端解决机制所适用的国际争端有哪些？
3. 简述 WTO 争端解决机制的基本程序。
4. 评析 WTO 争端解决机制。

第八章 WTO其他国际惯例

学习目的与要求:通过本章的学习,要熟悉政府采购协议、民用航空器贸易协定、贸易政策审议机制和电子商务规则的主要内容。

第一节 政府采购协议

一、《政府采购协议》概述

政府采购是指一国中央政府、地方政府及其授权机构,为政府直接消费的需要而进行的采购行为。由于政府采购的商品价值高,批量大,在优先购买本国产品的思想指导下,政府采购的订单大部分落在本国商人的手中,外国供应商处于一种不公平的地位。因此在政府采购过程中,外国供应商受到的歧视大大超过在民间商品供销环节中所可能遭受到的歧视。一般来说,各国政府购买供自用的商品数量占各国国民生产总值的10%~15%左右。几乎所有的公用事业和影响国计民生的金融业、保险业、钢铁行业都被置于政府采购政策的管理和控制之下。但由于20世纪80年代以前,政府采购行为被排除在GATT管辖范围以外,也无须遵守国民待遇原则,各国政府都自行规定采购标准,从而对其他国家或地区的供应商进行种种限制,以此来保护本国产业发展。因此,歧视性的政府采购越来越成为严重的非关税壁垒,阻碍了国际贸易的健康发展。

关贸总协定的东京回合首次制定了《政府采购协议》,对政府采购作了国际范围的统一规范和制约。乌拉圭回合在此基础上,制定出了更为完善的《政府采购协议》,由序言、24个条款和4个附录组成。《政府采购协议》具有三大特点:

1. 次多边协议

作为一个次多边协议,政府采购协议并不要求 WTO 的所有成员无条件予以接受,WTO 成员有选择加入的自主决定权。

2. 适用范围广

该协议适用于包括中央政府实体、地方政府实体、其他附录规定的公共实体在内的全部实体;适用于任何形式的采购行为,包括直接购买、期权购买、租赁等方式;适用于合同金额不少于规定限额(即门槛值)的任何采购。

3. 规定详细完整

例如,该协议增加了有关"质疑程序"的规定;特别值得一提的是对门槛的详细规定:中央政府为13万特别提款权,地方政府为20万特别提款权,一般企业为40万特别提款权,建筑服务业为500万特别提款权。

二、《政府采购协议》的基本原则

政府采购也应遵循国民待遇原则和最惠国待遇原则,即每个成员方在政府采购方面对另一成员方的产品和供应者所提供的待遇不得低于对其国内产品和供应者的待遇,也不得低于该缔约方向其他缔约方的产品和供应者所提供的待遇,但进口关税和进口费用除外。此外,也不允许成员方对政府采购实体按地区来源、资金比例等实行区别对待。协议还规定不得为政府采购目的而实行原产地原则。

三、对发展中国家的差别待遇

考虑到发展中国家的经济、贸易需求,《政府采购协议》对其实行差别待遇,以便发展中国家保持国际收支平衡,促进国内产业的建设,支持那些完全或主要依靠政府采购为生的企业单位,便于在发展中国家之间进行地区性和全球性安排。协议要求发达国家成员方应当根据请求向发展中国家成员方提供政府采购方面的技术援助,并建立信息咨询中心以满足发展中国家的信息索求。

四、《政府采购协议》对招标、投标程序的规定

1. 招标

在招标类问题上,《政府采购协议》认为可以根据不同情况,采用公开招标、选择性招标或限制性招标这样几种招标方法。在招标条件的规定和公布方面,该协议认为:招标条件应以世贸组织规定的官方语言之一及时予以公布,并且招标方政府应根据有关投票人的请示提供必要的补充信息,机密资料除外。招标条件应包括这样几项内容:采购标的;投标期限和最后交标日期;交货日期;技术条件等。同时,《政府采购协议》要求招标方在制定招标文件时应充分考虑到国内外各地邮寄投标书的正常时间、各投标人分析制定投标书的必要时间,以及生产所需的实际时间等。

在对有意向或有可能的供应商资格审查问题上,《政府采购协议》要求对供应商的资格审查应该遵循非歧视原则,公平对待各供应商。审查内容主要包括资金担保、技术水平、信誉情况等。

2. 投标

《政府采购协议》对投标的要求是,投标人应在招标人所规定的期限内将投标书以书面形式直接或通过邮寄提供,投标书中应有为评估所需的全部资料,特别是投标价格,符合招标条件的投标人的保证表示等。如以电传、电报方式进行投标,则必须立即以信

件方式提供副本加以确认。

3. 接标和开标

《政府采购协议》具体规定,若发生接标延误,应具体分清职责。由于招标人处理不当造成的,则投标人不应被取消资格或受罚。开标应符合国民待遇原则和非歧视原则,公开开标。

4. 合同签订

一旦选定了最佳的中标者之后,招标政府就与其签署合同,中标者须缴纳一定的履约保证金。

五、质疑程序

为了处理招标过程中可能出现的不公平问题,《政府采购协议》专门制定了"质疑程序"。具体内容如下:(1)鼓励双方通过磋商来解决质疑;(2)招标方政府应提供一套非歧视的、及时的、透明且有效的程序,以便供应商质疑;(3)质疑必须在规定的时间内提出;(4)质疑由法院或与采购结果无关的独立公正的审议机构进行审理,并及时完成。

案例:

美国于1999年2月16日就韩国机场建设局及其他与机场建设有关的实体的某些采购行为提起协商请求。美国认为这些行为违反了韩国的《政府采购协议》义务。这些行为包括对主承包商投标的资格、国内合同,对违反《政府采购协议》的程序缺乏提出质疑的途径。美国认为,韩国机场建设局及其他实体,正如《政府采购协议》附件1中关于韩国义务附表1中所规定的,属于韩国中央政府实体,并且依据《政府采购协议》第1条(1)款适用于机场建设采购。应美国1999年5月11日的请求,DSB于6月16日成立了专家小组。欧盟和日本保留了第三方的权利。专家小组报告于2000年5月1日分发给各成员,专家小组裁定,本案中从事采购的并不属于

《政府采购协议》中韩国附件1中的实体,也不承担韩国在《政府采购协议》中的义务。专家小组进而裁定,由于美国在谁是韩国负责项目的机构上存在认识错误,也没有证实其依据《政府采购协议》或美国加入谈判而享有的合理期待利益被韩国采取措施(无论是否与《政府采购协议》相冲突)剥夺或损害,因此,美国的请求不予支持。DSB于2000年6月19日通过了专家小组报告。

第二节 民用航空器贸易协议

一、《民用航空器贸易协议》概述

第二次世界大战以后,随着科学技术的进步,航空运输服务有了长足的进步。无论是航空运载器的制造技术能力、运行的安全系数,还是运输效率,都大大提高。由于航空器产品制造费用高,技术竞争激烈,各国都加强了制造方面的国际合作和产品及修理服务方面的贸易往来。

为了促进民用航空器贸易的公正、平等和自由化,关贸总协定在1979年东京回合达成了《民用航空器贸易协议》,并且于1980年1月生效。当时协议的签署方包括GATT中主要的民用航空器生产国,包括美国、加拿大、法国、英国、德国、荷兰等国家。在乌拉圭回合上,民用航空器委员会设立了一个小组委员会,通过谈判对协议进行修正。这样到1994年4月15日的马拉喀什部长级会议上,《民用航空器贸易协议》以诸边贸易协议(即"次多边协议")的方式被列入WTO管辖的范围之内。

《民用航空器贸易协议》由序言、9个条款和1个附件构成。9个条款涉及的内容有:产品范围;关税和其他费用;技术性贸易壁垒;政府指导的采购、强制分包合同和引诱性条件;贸易限制;政府支持、出口信贷和航空器销售；地区和地方政府监督、审议、磋商和争端解决；最后条款。而附件则提到有关产品的范围。

二、《民用航空器贸易协议》的宗旨

该协议的宗旨是：为民用航空器活动及其生产者能参与世界民用航空器市场提供公正、平等的竞争机会，在世界范围内鼓励航空工业在技术上的持续发展，从而达到世界贸易最大限度的自由化。

三、《民用航空器贸易协议》的适用范围

该协议适用于除军用航空器以外的一切航空器。具体包括：一切民用航空器、一切航空器发动机及其零部件、一切其他民用航空器零部件及配件、一切地面飞机模型及其零部件。

四、《民用航空器贸易协议》有关促进贸易自由化的措施规定

(1) 1980年1月1日本协议生效之日，各成员方取消对民用航空器进口关税和其他费用，并把它列入各自的减让表。

(2) 确认技术贸易壁垒的各项协议适用于民用航空器贸易。

(3) 成员方不得要求或施加不合理的压力迫使航空公司、航空器制造商或从事航空器购买的其他实体从任何特定来源购买民用航空器，从而给予供应商以歧视性待遇。

(4) 各成员方不得采取与GATT相抵触的方式，运用数量限制或进出口许可证或其他类似要求，限制民用航空器的进口和出口。

(5) 民用航空器的定价应根据扣除全部成本的合理利润的原则，若有低价出售的情况，则可采用"反补贴"和"反倾销"来加以补偿。

此外，《民用航空器贸易协议》还要求设立民用航空器贸易委

员会,来负责评审和解决贸易争端。

第三节 贸易政策审议规则

一、贸易政策审议机制概述

(一)有关贸易政策审议机制的一些概念

贸易政策是指由政府为本国公司获得法律上有约束力的市场准入条件而实施的一整套法律、法规、国际协议与谈判立场的框架。它的基本构成包括最惠国待遇、国民待遇、透明度和交换关税减让等。从对贸易的作用来分,一般可分为鼓励性贸易政策与保护性(或限制性)贸易政策。一般说来,保护性或限制性贸易政策通常对贸易起阻碍作用,其表现为国家运用关税、进出口限制、外汇管制、出口补贴等措施限制进口,保护出口。这些政策的运用发展到后来,又产生了管理贸易政策,这些限制性的管理贸易政策仍然对自由贸易起阻碍作用。

实现贸易的自由化是 WTO 的宗旨和原则之一,各国实行的种类繁多的贸易政策在一定程度上阻碍了贸易自由化的实现,因此 WTO 建立了相应的贸易政策审议机制,对各成员方的贸易政策进行评估,确保成员方的贸易政策的透明,系统地监督成员方贸易政策的制定和实施,以有效地防止贸易争端的发生。所谓贸易政策审议机制,是指世贸组织的成员方可以定期地对有关成员方的贸易政策与立法程序及其对多边贸易体制的影响实行审议并提出相应的建议机制。该机制的有效运行,有利于改善国际贸易环境,促进成员方遵守多边贸易体制的法律、规则和制度,防止政府之间因为贸易政策而产生的争端。

(二)贸易政策审议机制的来源及演变

WTO 要求各成员方制定的贸易政策与其规则相符,以实现自由贸易和维护稳定的国际贸易秩序。各成员方在制定贸易政策的时候一般都不会离开 WTO 的原则。但在特定情况下,制定的贸易政策以及各种政策中的细节可能会与 WTO 的规则发生背离。因此,就需要建立相应的机制来对成员方的贸易政策进行评审,以消除其不利影响。

GATT1947 并没有建立相应的监督机制,只在第 10、第 11、第 22 条中规定了一些条文来促进各方贸易政策的透明度。这些规定在关贸总协定成立的早期较为有效,但随着 20 世纪 60 至 70 年代缔约方数量的迅速增加,随着当时各主要资本主义国家的经济陷入衰退、竞争加剧,贸易保护主义重新抬头。当时,关税对于保护所起的作用已经被削弱,各国纷纷采用透明度低、隐蔽性很强的非关税壁垒。同时,一些"灰色区域措施"也纷纷涌现,使得国际贸易环境大大恶化,多边贸易体制受到严重的侵蚀。

在东京回合的谈判中,关贸总协定通过了《关于通知、磋商、争端解决与监督的谅解》,重申了缔约各方贸易政策和实践的公布与通知义务,授权全体缔约方经常地、系统地审议贸易体制的发展情况,但这种审议所起的作用不大。1986 年 9 月,在乌拉圭回合的部长宣言中明确指出:有关货物贸易的谈判将关贸总协定体制作用作为一个谈判议题,谈判的目的在于达成谅解和协议,使关贸总协定的监督机制能对缔约方的贸易政策和实践及其对多边贸易体制运作的影响进行定期的监督。同时,乌拉圭回合建立了谈判小组,谈判的进展很快。在 1988 年 12 月的蒙特利尔中期评审会议上,谈判各方决定创立贸易政策审议机制来对各国贸易政策进行审议,正式用包含定期报告程序的评审机制替代了 GATT 的监督机制。1989 年 4 月 12 日,缔约方全体会议授权总理事会执行贸易政策定期评审事宜。在乌拉圭回合结束时,该机制成为常设的机制,有关其目标和程序的规定,成了乌拉圭回合一揽子文件中的一个附件,并规定将审议责任转移到世贸组织总理事会。

二、贸易政策审议机制的目标、作用及原则

WTO的贸易政策审议机制将审议的范围从货物贸易扩大到知识产权和服务贸易的领域,反映了其更广泛的职能。该审议机制主要对单个成员方的贸易政策进行审议,但同时也对WTO贸易环境的发展情况进行年度审议,鼓励成员方加强贸易政策事务方面的透明度。

(一)贸易政策审议机制的目标

贸易政策审议机制的目标是,对成员方的贸易政策和做法及其对多边贸易体制运行的影响进行定期的集体审议和评估,以便促进所有成员方更好地遵守多边贸易协议及其适用的诸边贸易协议所制定的原则、纪律和承诺。也就是说,通过经常性的审议和监督,了解所有成员方在多大程度上遵守WTO的规则和法律,更多地了解它们的贸易政策和实践,促进它们履行义务,增强其贸易政策及做法的透明度,从而使多边贸易体制能顺利运行。

(二)贸易政策审议机制的作用

贸易政策审议机制的作用在于促进多边贸易体制的有效性。主要体现在以下几个方面:

1. 改善贸易政策的透明度,从而提高贸易政策的可预见性和稳定性

WTO贸易政策审议机制的建立,可以使世贸组织能随时了解各成员方贸易政策的发展变化动态,加强对世界贸易总体环境和发展趋势的了解和把握,增进每个成员方对其他成员方贸易政策与实践的动向和变化的了解,减少贸易摩擦。对于发展中国家成员方来说,贸易政策审议机制有助于它们了解其他成员方乃至整个国际贸易政策的发展趋势,掌握世界市场的动向。

2. 加强多边贸易体制的监督作用

通过定期审议,可以随时检查各成员方的贸易政策与措施是

否和 WTO 有关协议相一致,是否与它们所承担的各项多边义务及各自所作的承诺相吻合。对成员方的贸易政策的定期审议,不仅有助于世贸组织加强对成员方的监督,也有助于成员方之间的相互监督,确保 WTO 的规则得到贯彻。审议机构的报告,可以促使成员方尽快地修订其与多边贸易体制不相符的贸易政策。对发展中国家成员方来说,贸易政策审议机制可以督促它们提高国内贸易政策的透明度和自省能力,改善市场准入条件,进一步融入到多边贸易体制中来。因此,多边贸易体制可以通过审议过程,不断阐明 WTO 所规定的各成员方的义务,保证这些义务得到重视和履行。

(三) 贸易政策审议机制的原则

1. 保持贸易政策的透明度

贸易政策透明度,是指各成员方正式实施的有关进出口贸易的政策法规及条例必须公布,成员方之间签订的影响国际贸易政策的现行协定也都必须公布。保证世贸组织各成员方的贸易政策和措施的充分透明,是实现 WTO 总体目标的重要保证,也使多边贸易体制能够健康发展。GATT1947 对透明度作了如下的专门规定:诸如产品的分类、估价等海关规定都应公布;不公布的政策不得实施;设立贸易政策审议机制对各缔约方的贸易政策进行审议等。在评审期间,如果成员方的贸易政策发生重大的变化,必须及时向贸易政策审议机制提出简要报告。

2. 贸易伙伴之间不得采取歧视性的政策

非歧视性待遇又称无差别待遇,是针对歧视性待遇的一项缔约原则。它要求缔约双方在实施某种优惠或限制措施时,不要有任何歧视性待遇。WTO 的国民待遇和最惠国待遇原则要求成员方之间不得有歧视性的做法,因此在实施贸易政策的时候各贸易方不得相互歧视。

3. 贸易保护必须依靠关税措施

WTO并非不允许实施保护性的贸易政策,但要求在实施保护时必须用关税措施,不得使用各种非关税措施。由于非关税壁垒具有较大的隐蔽性,比关税措施造成的危害更大。而关税的透明度高,谈判比较容易,同时关税也比较容易执行非歧视原则,有利于贸易的发展。

4. 减少对服务贸易的限制

各成员方通过承诺开放服务市场,稳定服务贸易的发展。由于服务贸易提供的是服务,是一种无形的产品,因此它不像货物贸易那样可以采取关税措施。在服务贸易谈判中,各成员方通过承诺来确定自己的义务。各成员方通过按不同的部门进行承诺,并把这些承诺明确列入它们的服务贸易总协定减让表中。按照《服务贸易总协定》的规定,各成员方就自己的义务、实施框架、承担义务的生效日期作出说明,使国际服务贸易有规可循。

5. 贸易政策的可预见性和可预测性

WTO建立的多边贸易体系要求各成员方政府为投资者、企业家、雇员和消费者提供一个良好的贸易环境,以开拓市场和创造更多的贸易与投资机会,并要求这种贸易环境有可预见性和可预测性。而这主要是通过以下的办法来达到WTO目的:通过关税减让来约束成员方的关税;通过承诺义务来开放服务市场;对非关税壁垒采取约束和减少的措施等。

三、贸易政策的审议机构、审议范围和审议程序

(一)贸易政策的审议机构

WTO建立了贸易政策审议机构来对各成员方的贸易政策进行评审。贸易政策审议机构并不是世贸组织的一个单独的机关,它实际上是总理事会在行使贸易政策评审职能时的称谓,它由世贸组织的全体成员组成,并负责召集贸易政策审议会议。它可以

拥有自己的主席和设立履行其职责所需的程序规则。通常在第一次年度审议会议上,从成员代表中选出会议主席。会议主席任期一年。

一般来说,在每次大会上应从成员中选出两位讨论人,他们对世贸组织负责,不受任何成员的支配,以此来活跃贸易政策审议会议。他们在秘书处的协助下,起草审议会的主要议题大纲,并至少在会议开始前一周散发给各成员。

(二) 审议范围及其周期

1. 贸易政策审议范围

所有成员的贸易政策和实践都要接受定期审查。若被审查的对象为几个国家和地区联合形成的经济实体如区域经济集团,则要对该实体及其成员的贸易政策进行综合审查。成员所有影响贸易的政策都会被审查,审查范围不局限于其外贸立法和实践。

2. 审议周期

不同的成员方,视其具体情况,可以有不同的审议周期。其中成员的贸易政策和实践对多边贸易体制的影响大小是决定审议周期长短的主要因素,而成员的贸易政策和实践对多边贸易体制的影响大小又取决于该成员在某一代表性时期内在世界贸易总量中所占的份额大小。按此计算方式,目前,日本、美国、欧盟和加拿大这4个最大的贸易实体,每2年审查1次;其余在世界贸易体系中所占比重在5名~16名的各成员方,每4年审查1次;对于不发达成员方视其具体情况可以有一个更长的审查周期。在特殊情况下,如果成员的贸易政策和实践对其他贸易伙伴造成了重大影响,世贸组织的贸易审议机制可以要求对其进行再次评审。世贸组织的成员数量正在不断增多,这就意味着争端解决机构每年至少要评审20个以上的贸易伙伴,对该机构来说工作量很大。

(三) 审议程序

贸易政策的审议程序根据1989年开始审议以来所获得的经

验制定并实施,并根据1996年成员达成的谅解进行了几项修改。具体程序如下:

1. 准备工作

贸易政策审议机构与被审议的成员进行磋商,确定评审的内容、评审方案和评审计划。此计划一般应在前一年的中期宣布。同时完成评审前的其他准备工作,接受评审的成员应该协调完成这些工作。

2. 搜集审议资料

应收集的审议资料主要有:评审成员提交的关于其贸易政策和实践的报告;世贸组织提供的关于被评审成员的贸易政策和实践的报告;世贸组织秘书处根据其所掌握的资料以及其他成员所提供的资料等。世贸组织秘书处可以从任何相关的来源收集资料,包括采用问卷调查、访问首都的方式从接受审议的成员那里获得资料。

3. 召开审议会议

(1) 审议的依据。进行审议的依据是世贸组织秘书处的报告和接受审议的成员的报告。秘书处的报告是由秘书处根据自己的职权所制定的;接受审议的成员的报告是由该成员的政府自己准备的有关本国或本地区政策的全面性报告。报告的规格形式由秘书处提供,但可作出相应的调整。

(2) 审议会议。审议会议采用问与答的方式。第一次审议会议首先由接受审议的成员政府代表作初步的发言,对该成员的贸易状况作简要介绍,并要求着重介绍秘书处报告和政府文件完成后所发生的新变化。接受审议的成员发言后,随后是2个讨论人的发言,以上的发言都不得超过15分钟,然后由来自参加会议的各成员方发言与评论。

第一次会议结束后,主持会议的主席列出会议的主要议题大纲,并与接受审议的成员协商后,要求讨论者、秘书处和与会者按照列出的主要议题进行发言。第二次会议的讨论,包括接受审议的成员答复在内,必须按照第一次会议的议题进行,以便使得会议可以有层次和有秩序地进行。

会议主要围绕 4 个方面进行:贸易政策和实践的评估;更广泛的经济合作和发展的需要;对多边贸易体制的影响;评估与评价。

评审会议结束后,会议主席在秘书处的帮助下,向外公布会议摘要,进行会议的总结性短评,将秘书处的报告向外公布。

评审结束后,世贸组织秘书处应将成员提供的报告、秘书处报告以及贸易政策审议机构的会议记录装订在一起,并将其提交给部长级会议,由部长级会议将其记录在案。

四、审议报告

(一) 受审议的成员的报告

受审议成员的报告应全面反映其所实施的贸易政策和实践,并按照评审机构规定的统一规格撰写。受审议的成员报告包括 3 个方面的内容:一是贸易政策与实践,包括贸易政策目标、进出口体制、贸易政策法规以及贸易政策的实施等;二是对贸易政策进行评估的有关背景,包括广泛的经济与发展需要以及外部环境等;三是贸易与宏观经济统计资料。当前,为了适应 WTO 管辖权的变化,受评审成员的报告已将报告范围扩大到服务贸易、与贸易有关的投资措施、与贸易有关的知识产权等领域。在两次评审会议之间,如成员的贸易政策有重大的变动,应及时提交简要报告。报告所提供的信息,应尽量与多边贸易协定和双边贸易协议中的事项相互适应。对于最不发达国家成员方,如果其作报告有困难,争端解决机构应给予特别的考虑,并由秘书处给予适当的技术援助。

(二) 秘书处的报告

秘书处报告的着重点在于接受被审议成员的贸易政策与实

践,并偏重于考虑成员具有代表性的阶段至今的整体宏观经济与结构性政策的演变。秘书处的报告大都包含了以下内容:成员的经济环境,包括经济的主要特征、近期经济的运行情况;贸易政策体制、框架和目标;贸易相关的外汇体制;按措施划分的贸易政策和实践,包括所有直接影响进出口、服务贸易和生产联系在一起的货物贸易的措施;按部门划分的贸易政策和实践,包括农业、林业、渔业、矿业、工业与服务业等;贸易争端和协商。

秘书处的报告具有一定的灵活性,可根据各个成员的不同情况作出相应的修改。审议会议结束后在秘书处报告的基础上得出审议的结果报告,作为对该成员的贸易政策和实践的评价。

第四节 电子商务规则

一、电子商务涉及的国际规范和标准

电子商务作为信息化的一项重要内容,是互联网发展的产物。电子商务的启动和发展,改变了企业的交易方式,降低了交易成本,提高了企业的效益,完善了企业的计划系统、采购系统、生产系统、销售系统、储运及物流配送系统和支付系统。同时,电子商务是在开放性公用网络上运作的,涉及到企业、消费者利益的安全问题,因此,建立电子商务的体系规范和交易标准关系到全球电子商务的未来发展。电子商务规范和标准范围广泛,大致可分为4个部分:基础规范、安全规范、操作标准和EDI标准。由于世界上没有统一的电子商务规范或标准,国际互联网协会、国际电工组织和联合国欧洲经济委员会就EDI、开放式EDI及有关贸易单证标准等领域进行了合作和协调。

二、国际经济组织有关电子商务的立法概况

1996年12月16日,联合国国际贸易法委员会根据第六委员会的报告通过了《电子商业示范法》以及《电子商业示范法颁布指南》,以帮助目前尚无电子商务立法的国家制定这种法律;1999年2月,该委员会又通过了《电子签名统一规则(草案)》;2000年9月,又通过了《电子签名统一规则附条例指南2001》。

电子商务作为WTO千年回合的四大议题之一,已列出了工作计划,特别是针对服务贸易提出了重点解决的几个问题,如电子商务主体、司法管辖权、电子商务分类、协议签署等。至于其他如关税、个人隐私、安全保证、国民待遇、公共道德等问题也几经讨论和分析。WTO有关电子商务的立法范围包括:(1)跨境交易的税收和关税问题;(2)电子支付;(3)网上交易;(4)知识产权保护;(5)个人隐私;(6)安全保密;(7)电信基础设施;(8)技术标准;(9)普遍服务;(10)劳动力问题;(11)政策引导。1998年在日内瓦举行的第二次部长级会议上,世贸组织成员同意研究全球电子商务中出现的贸易问题,并将充分考虑发展中国家的经济、金融和发展要求。目前,世贸组织成员已达成的共识是继续对电子商务传输方式免征关税,进一步加强对电子商务的研究,并帮助发展中国家成员方有效地参与有关电子商务的活动。

三、联合国国际贸易法律委员会《电子商务示范法》的主要内容

联合国国际贸易法律委员会《电子商务示范法》的"电子商务总则"部分共有3章15条内容,对整个电子商务领域的基本问题作出了规定。其主要内容如下:

1. 规定了该法的适用范围和定义

该法的适用范围为"在商业活动方面使用的、以一项数据电文

为形式的任何种类的信息。"针对电子商务活动中的一些概念作出了规定,包括"数据电文"、"电子数据交换(EDI)"、"一项数据电文的'发端人'"、"一项数据电文的'收件人'"、"中间人"和"信息系统"等。例如,规定"数据电文"的概念是指经由电子手段、光学手段或类似手段生成、储存或传递的信息,这些手段包括但不限于电子数据交换、电子邮件、电报、电传或传真。

2. 对数据电文适用法律的规定

分别对"数据电文的法律承认"、"书面形式"、"签名"、"原件"、"数据电文的留存"作了相应的规定。例如,规定不得仅仅以某项信息采用数据电文形式为理由而否定其法律效力、有效性或可执行性;规定一项数据电文所含信息可以调取以备日后查用,即满足了法律要求信息须采用书面形式的要求;规定用可靠的方法鉴定人的身份且表明该人认可了数据电文内含的信息,则其签名满足了法律对一项数据电文签名的要求;规定法律要求信息须以其原始形式展现或留存时,如有办法可靠地保证自信息首次以其最终形式生成,作为一项数据电文或充当其他用途之时起,该信息保持了完整性,则满足了法律要求;规定在任何法律诉讼中,不得以它仅是一项数据电文合同、它不是原样为由否定一项数据电文作为证据的可接受性,对于以数据电文为形式的信息,应给予应有的证据力;规定如法律要求某些文件、记录或信息须留存,在符合条件的前提下,此种要求可通过留存数据电文的方式予以满足。

3. 对数据电文传递中所涉及的"合同的订立和有效性"、"当事各方对数据电文的承认"、"数据电文的归属"、"确认收讫"、"发出和收到数据电文的时间和地点"作了相应的规定

其中规定就合同的订立而言,除非当事各方另有协议,一项要约以及对要约的承诺均可通过数据电文的手段表示。如使用了一项数据电文来订立合同,则不得仅仅以使用了数据电文为理由而否定该合同的有效性或可执行性。还规定一项数据电文的发端人

和收件人之间,不得仅仅以意旨的声明或其他陈述的数据电文形式为理由而否定其法律效力、有效性或可执行性。

联合国国际贸易法律委员会《电子商务示范法》的"电子商务的特定领域"部分共有1章2条内容,对电子商务领域中涉及货物运输单据的部分作出了规定。该法第16条规定,在不减损本法第一部分各项条款的情况下,适用于与货运合同有关或按照货运合同采取的任何行动。第17条规定,法律要求以书面形式或用书面文件来执行有关行动,即满足了该项要求。

四、联合国国际贸易法律委员会《电子签名示范法》的主要内容

《电子签名示范法(2001草案)》是国际上关于电子签名的最新立法文件。《电子签名示范法》第6条至第12条是《电子签名示范法》的核心内容,分别规定了"签名要求的满足"、"签名人的行为"、"证明服务提供者的行为"、"信赖方的行为"、"外国证书和签名的承认",确立了电子签名的基本法律框架。

该法第6条规定,在法律要求签名的场合,如果一个电子签名在任何情况下,包括任何相关协议,都是可信赖的,对于签名的法律要求就可以满足。那么,如何确定一项电子签名可以满足法律对签名的要求呢?该条规定:(1)签名数据,在其被使用的背景之下,仅与签名人相关而与其他人没有关系;(2)签名数据在签名的时刻,处于签名人的控制之下而不受其他人控制;(3)在签名时刻之后所作的对电子签名的任何变动都是可发觉的;(4)在法律要求签名的目的是为了保证与签名相联系的信息的完整性时,在签名之后对于该信息的任何变动都是可以发觉的。

第7条规定,"制定法律的国家规定具有适当资格的任何人、组织或团体,无论性质公私与否"都可以决定哪一种电子签名可以满足本法第6条的规定,并且该决定应当与公认的国际标准保持一致。

第 8 条规定,签名人在使用电子签名时负有的义务,应当尽可能合理地注意避免其签名数据未经授权被他人使用;在签名人知道签名数据已经受到了侵害,或者签名人了解的情况导致出现了签名数据可能已被侵害的实质危险时,他应当立即通知其可能预料到的依赖电子签名行事的或为电子签名提供支持服务的任何人。如果签名人没有履行上述义务,他将承担由此引起的一切法律责任。

第 9 条规定,如果证明服务提供者为一项可能作为有法律效力的签名而使用的电子签名提供证明服务,那么他应当:按照其关于自身政策和行为的表述行事;在证书使用期内,应合理注意保证他所作的一切与证书有关的或包括于证书之中的具体表述的准确性和完整性;提供合理的可行的方式使信赖一方能够从证书中获得确信;要确保及时的撤销服务的有效性;在进行服务时使用可信赖的系统、程序和人力资源。证明服务提供者将因未能履行上述义务负法律责任。

第 10 条规定,在电子签名使用过程中涉及电子签名的可信赖性或可靠性时,对于证明服务提供者的行为是否可靠,可以从以下几个方面加以考虑:(1)财务和人力资源,包括现有的资产;(2)硬件和软件系统的质量;(3)制作证书程序、处理制作证书申请的程序以及保存记录的程序;(4)证书中确认的签名人及潜在信赖方的信息可获得性;(5)受一独立机构审核的规范性和范围;(6)官方、可信赖机构或证明服务提供者作出的服从上述规定或上述规定已经实现的声明;(7)任何其他相关因素。

第 11 条规定,在电子签名中,有信赖利益的一方同样负有相应的义务,如果信赖方没有采取合理步骤查证电子签名的可靠性;或者在有一证书支持电子签名的情况下,没有采取合理步骤查证证书的有效性、证书的中止或撤销;并且注意关于证书的限制,那么他将承担因其自身疏忽导致的法律后果。

第 12 条是关于外国证书和签名的承认,充分体现了电子商务的国际属性。该条规定,在决定一证书或电子签名是否具有法律效力或在多大程度上具有法律效力时,不得考虑以下因素:发出证书或电子签名生成或被使用的地理位置;证书的发出者或签名人的营业地的地理位置。如果一项证书能够提供实质上相同的可靠性,那么在法律制定国以外发出的证书,在法律制定国内应当具有与在该国国内发出的证书相同的法律效力。与此相对应,如果一个电子签名能够提供实质上相同的可靠性,那么在法律制定国以外生成或使用的电子签名,在法律制定国内应当具有与该国国内生成或使用的电子签名相同的法律效力。

思考题
1. 简述《政府采购协议》的特点。
2. 《政府采购协议》中的"质疑程序"的具体内容是什么?
3. 什么是贸易政策审议机制?其作用是什么?
4. 简述贸易政策审议机制的原则。

第九章 中国"入世"承诺及应对策略

学习目的与要求：通过本章的学习，了解我国"入世"承诺的具体内容和各行业的开放时间表，掌握WTO规则的例外、漏洞及如何利用例外、漏洞，明确为了提高企业的国际竞争力，政府和企业应该采取怎样的措施。

了解WTO的国际惯例，是为了利用国际惯例为自己服务。本章内容主要分为两部分，第一部分主要讲述我国的入世承诺，即入世要承担的基本义务；第二部分阐述我国的应对策略，又可分为两部分：怎样在遵守国际惯例的基础上，利用各种惯例的例外、漏洞为自己服务；怎样提高企业的国际竞争能力。

第一节 中国"入世"承诺

从1986年7月11日我国正式向关贸总协定提出复关申请，到2001年11月10日在多哈会议上正式签署加入世界贸易组织文件，整整15年的时间终于修成"正果"！

加入世界贸易组织后，我国享有的基本权利有：(1)能使我国的产品和服务及知识产权在世贸组织各成员中享受无条件的、多边的、永久的和稳定的最惠国待遇以及国民待遇；(2)能使我国对大多数发达国家出口的工业品及半制成品享受普惠制待遇；(3)享受发展中国家成员的大多数优惠或过渡期安排;(4)享受其他世贸组织成员开放或扩大货物、服务市场准入的利益;(5)利用世贸组织的争端解决机制,公平、客观、合理地解决与其他成员的经贸磨擦,营造良好的经贸发展环境;(6)参加多边贸易体制的活动,获得国际经贸规则的决策权;(7)享受世贸组织成员利用各项规则以及采取例外、保证措施等促进本国经贸发展的权利。当然,世上没有免费的午餐,我国在享受世界贸易组织成员应有权利的同时,也要履行自己的"入世"承诺。下面具体介绍一下我国"入世"承诺的主要内容。

一、货物贸易领域

(一) 关税减让

首先,我国承诺在全国范围内统一实施关税制度。反映在《中国加入世贸组织议定书》外贸制度统一实施的条款内,即"中国以统一的、公平的、合理的方式管理所有有关货物贸易、服务贸易、与贸易有关的知识产权和外汇管制方面的法律、规定和其他措施"。"WTO协议和中国加入WTO议定书的条款在中国全部关税领土内实施,包括边境贸易地区、少数民族自治区、经济特区、沿海开放城市、经济技术开发区和其他设定特殊关税、国内税和规章的地区"。

其次,全面逐步降低关税。全部商品平均关税由2001年的15.3%逐步降到2004年的9.4%,其中工业产品的平均关税降至8.9%,农业产品的平均关税将降至15%。自加入WTO的当年起,开始履行降税义务,平均每年降低1.5个百分点;2001年底降至13.8%,2002年降至12.3%,2003年降至10.8%,2004年降至9.4%。原油及成品油、木材、纸和纸制品、化工产品、交通工具、机械产品以及电子产品,当年税率降幅就超过25%,2004年基本履行完毕,少数商品宽限至2010年;对于税则中7 066个8位数商品税目,全部实行约束,未经谈判不得自行提高税率。个别工业品的关税减让如下:信息技术产品关税在2005年降至零,即包括通讯设备、计算机、芯片在内的200多项信息技术产品将在2005年实施零关税,同时取消数量限制;进口汽车目前关税实际总水平在80%左右,我们承诺到2006年7月降至25%,同时取消进口车的数量限制和审批制度。

最后,对农产品的关税减让谈判。农业产品的平均关税将降至15%,其中对美国所关注的肉类、园艺产品、加工食品等86项农产品的关税,到2004年由现行的平均税率30.8%下降到14.5%;对小麦、大米、玉米、棉花、植物油、食糖、羊毛、天然橡胶等重要农产品实行关税配额管理,其中粮食(小麦、大米、玉米)2002年关税配额量为1 830.8万吨,植物油(豆油、棕榈油、菜籽油)为579.69万吨,到2004年分别增加到2 215.6万吨和799.8万吨,到2006年取消配额,实行关税配额的产品,配额内税率在1%~10%之间,配额外税率在9%~80%之间,大豆执行现行3%的关税,不采取关税配额管理;我国承诺取消对农产品的出口补贴,包括价格补贴、实物补贴以及发展中国家可以享有的对出口产品加工、仓储、运输的补贴;在"黄箱"政策方面,我国承诺把《农业协议》6.2款的投资补贴和投入品补贴计算到6.4款的"微量允许"中,确定我国农产品价格补贴、投资补贴、投入品补贴最高可以达到农产品产值的8.5%;解除对美国西北七州小麦输华禁令,解除对美国加州等四州柑橘输华的禁令,同意美国农业部批准的加工厂向我国出口肉类,同时保留对美国工厂抽查的权利等。

(二)非关税壁垒

我国承诺按每年15%的增长率增加配额数量,到2005年1月1日,我国将取消所有配额、许可证和特定招标,并确认不再扩大和延长上述非关税措施的范围和期限,不采用或实施任何新的措施,这期间保留的部分商品配额管理,也都明确了基期配额量和增长率;中国应自加入时起取消属于《补贴与补贴措施协定》(SCM协定)第3条范围内的所有补贴等。

二、服务贸易领域

(一)商业

1. 关于对外贸易权

放开外贸权。目前我国私营企业、民营企业是没有外贸经营权的,我们承诺加入WTO 3年后放开外贸权。入世后的第1年,外资占少数股权的合资企业将全部获得进出口权。入世后头2年内,进一步扩展至外资占多数股权的合资企业。入世后3年,所有中国境内企业都将获得对外贸易权,变外贸权审批制为登记制。

2. 关于国营贸易产品

在市场开放、准入的同时,WTO规则允许有例外存在,即对一些大宗农产品的进口和出口采用国营贸易的方式。国营贸易是指对某些产品可以指定由国有的贸易公司来经营。国营贸易在世贸组织里面要受到严格的约束。加入WTO后,我国有8种产品可以由指定的一个或几个国有贸易企业来经营。例如,粮食进口仍然由中粮公司来经营,菜油进口可以由中粮、土畜、华润、南光、粮丰和中粮公司集团来经营,还有糖、烟草、原油、成品油、化肥和棉花等产品在中国加入WTO后,仍然可以由指定的这些公司来经营。另外还有21种主要产品的出口也由指定公司经营,这些产品包括茶、大米、玉米以及矿产品等,即国营贸易可以经营8种进口产品、21种出口产品。

3. 关于批发和零售业

入世2年内允许外资在合资批发公司内拥有多数所有权,届时地域或数量限制将不复存在。除了图书、报纸、杂志、药品、杀虫剂和农用薄膜商品的分销将在入世3年内放开,化肥、成品油和原油在入世5年之内放开之外,入世1年之内合资企业将可分销一切进口产品及国内生产的产品。外国投资的企业可以分销其在中国生产的产品,并针对其分销的产品,提供包括售后服务在内的相关配套服务。

所有的省会以及重庆市、宁波市将在2年内向合资零售企业开放,3年之内将取消地域、数量限制和企业股权比例的限制。当然,烟草和盐将继续实行国家专营制度,不存在市场逐步放开问题。

特许经营在入世3年后将无限制。

在农业服务领域,我国承诺在未来2年~4年内允许外国企业在中国设立从事农业、林业、畜牧业、渔业有关服务的合营企业;允许设立仓储服务的合营企业;允许外国服务企业从事化肥、农药、农膜、成品油的批发和零售。

(二) 交通运输业

1. 公路运输和铁路运输

对于公路运输,将分别在入世1年和3年后允许外资占合资企业多数股份和全资拥有子公司;对于铁路运输,将分别在3年和6年后允许外资占合资企业多数股份和全资拥有子公司。

2. 仓储

分别在入世1年和3年后允许外资占合资企业多数股份和全资拥有子公司。

3. 货运代理

分别在入世1年和4年后允许外资占合资企业多数股份和全资拥有子公司,合资企业经营1年以后可以建立分支机构。外资货运代理公司在其第1家合资公司经营满5年后可以建立第2家合资公司。入世2年后,此项要求将被减至2年。

4. 海上运输

允许开展国际海上货运和客运业务(如航班、散货和不定航线货船)。外资占少数的合资企业还可以中国国旗作为国旗进行经营注册。

5. 邮递服务

分别在入世 1 年和 4 年后允许外资占合资企业多数股份和全资拥有子公司。可以涉及国内一种或多种运输方式的邮递服务,但邮政部门专营的服务除外。

(三) 电信业

电信业分为增值电信和基础电信。增值电信包括语音信箱、电子邮件服务等,基础电信包括传呼、移动电话等。

1. 通信和互联网增值服务(含互联网服务)与寻呼业务

入世后上海、广州及北京允许合资企业外资占少数 30% 股权;入世后 1 年内推广至成都、重庆、大连、福州、杭州、南京、宁波、青岛、沈阳、深圳、厦门、西安、太原、武汉(以下统称"其他 14 个城市"),外资所占股份可增至 49%;入世 2 年内取消地域限制,外资所占股份可增至 50%。

2. 移动话音与数据业务即移动通信

加入之际,外商在北京、上海、广州移动通信领域企业的股权可拥有 25%,到 2003 年在北京、上海、广州和其他 14 个城市的股权可增至 35%,到 2005 年,外商可增加股权至 49%,且没有地域限制。

3. 国内与国际业务即国内和国际固定电话

到 2005 年,外国业务提供者可以通过租用电路向闭合用户集团提供国内和国际业务,外商同时可在北京、上海、广州拥有国内和国际固定电话领域 25% 的股权;到 2007 年,外商在北京、上海、广州和其他 14 个城市的股权可以增至 35%;到 2008 年,外商的股权可增至 49%,且没有地域限制。

(四) 金融业

1. 银行业

所有地域与客户限制将于入世后 5 年内取消,只根据审慎标准颁发许可证,取消一切现有的限制外国银行所有权、经营及法律形式的非审慎措施,包括有关内部分支机构和许可证的限制;开放金融租赁业务和汽车信贷业务,外资非银行金融机构可以按照中国人民银行即将公布的有关管理办法的规定,申请设立独资或合资汽车金融服务公司,办理汽车消费信贷业务;外国投资者可以按照中国人民银行公布的《金融租赁公司管理办法》的规定,申请设立独资或合资金融租赁公司,提供金融租赁服务。入世之时,将取消对外资金融机构外汇业务服务对象的限制,允许设在上海、深圳的外资金融机构正式经营人民币业务,设在天津、大连的外资金融机构可以申请经营人民币业务;入世后外汇业务将取消地域及客户限制,1年内推广至广州、珠海、青岛、南京和武汉;2年内推广至济南、福州、成都和重庆;3年内推广至昆明、北京和厦门;4年内推广至汕头、宁波、沈阳和西安。入世5年内取消地域限制。入世2年内外资银行可以对国内公司开展人民币业务,5年内外国银行可以为国内个人客户开展人民币业务。

2. 保险业

保险分为寿险、非寿险两类。

企业设立形式方面。对外国非寿险公司,在我国加入 WTO 时,允许其在华设立分公司或合资公司,合资公司外资股权比例可以达到51%,在我国加入 WTO 后2年内,允许其设立独资子公司。对外国寿险公司,在我国加入 WTO 时,允许其在华设立合资公司,外资股权比例不超过50%,外方可以自由选择合资伙伴。对于外资保险经纪公司,在我国加入 WTO 时,合资保险经纪公司外资股权比例可以达到50%;在我国加入 WTO 后3年内,外资股权比例不超过51%,加入后5年内,允许设立外资全资子公司。

地域方面。在我国加入 WTO 时,允许外国寿险公司和非寿险公司在上海、广州、大连、深圳、佛山提供服务;在我国加入 WTO 后2年内,允许它们在北京、成都、重庆、福州、苏州、厦门、宁波、沈阳、武汉和天津等10个城市提供服务;在我国加入 WTO

后 3 年内取消地域限制。

业务范围方面。对外国非寿险公司来说,在我国加入 WTO 时,允许其从事没有地域限制的"统括保单"和大型商业险保险;允许其提供境外企业的非寿险业务、在华外商投资企业的财产险、与之相关的责任险和信用险服务;在我国加入 WTO 后 2 年内,允许其向中国和外国客户提供全面的非寿险服务。对外国寿险公司来说,在我国加入 WTO 时,允许其向外国公民和中国公民提供个人(非团体)寿险服务;在我国加入 WTO 后 3 年内,允许其向中国公民和外国公民提供健康险、团体险和养老金/年金险服务。对外国再保险公司来说,加入时,允许其以分公司、合资公司或独资子公司的形式提供寿险和非寿险的再保险业务,且没有地域限制或发放营业许可的数量限制。

中外直接保险公司目前向我国再保险公司进行 20% 分保的比例,在我国加入 WTO 时不变,加入后 1 年降至 15%;在我国加入 WTO 后 2 年降至 10%,加入后 3 年降至 5%;在我国加入 WTO 后 4 年取消比例法定保险。但是,外资保险公司不允许经营机动车辆第三者责任险、公共运输车辆和商业用车司机和承运人责任险等法定保险业务。

3. 证券业

在我国入世 3 年内,外资证券公司可以建立合资公司(外资占 1/3),承销 A 股、承销并交易 B 股和 H 股以及政府与公司债券;在我国入世后,外资证券公司还可以直接跨国界交易 B 股。

4. 资产管理

入世后外资占少数股权(33%)的合资企业可以从事国内证券投资基金管理业务;入世后 3 年内外资股权上限可提高至 49%。

(五) 其他服务业

1. 法律

在我国入世 1 年内,将取消外资律师事务所经营地域与数量上的限制。

2. 会计

在我国入世后,通过中国注册会计师资格考试的外国人将获得国民待遇,即可以合伙或合并成立会计师事务所;已有的合资公司不只限于雇用持有中国注册会计师证的会计师。

3. 管理咨询

在我国入世后将允许外方在合资公司中占多数股权,6年内允许建立全资子公司。

4. 广告

分别在我国入世2年后和4年后允许在合资公司中占多数股权及建立全资子公司。

5. 音像

在我国入世后,每年引进20部大片,收入分成;允许通过合资公司的形式发行音像视像产品(不包括电影);电影院继续允许外方最多占49%股权。

6. 建筑业

在我国入世后,将允许外资在合资企业中占多数股权,3年内将允许成立外国独资企业。

7. 旅游业

不迟于2003年12月31日,外国投资方在中国建设、改造和经营饭店、餐馆,将取消设立形式和股权方面的限制;不迟于2003年1月1日,允许外商控股旅行社;不迟于2005年12月31日,允许外商独资旅行社,并取消合资旅行社设立分支机构的限制。

8. 教育

外资占多数股权的合资学校可以提供小学、初中、高中、成人教育及其他教育服务。

三、知识产权领域

我国加入了《与贸易有关的知识产权协定》即 TRIPS 协定。为了与 TRIPS 协定保持一致,我国政府制定、审查、修改了与之相关的 8 个法律、法规:《著作权法》、《著作权法实施条例》、《计算机软件保护条例》、《商标法》、《商标法实施吸则》、《保护植物新品种条例》、《反不正当竞争法》、《集成电路布图设计保护条例》;同时废止了 4 个部门规章:《关于农业、畜牧业和渔业专利管理的暂行规定》、《关于〈图书、期刊版权保护试行条例〉的通知》、《关于发布〈图书、期刊版权保护试行条例实施细则〉和〈图书约稿合同〉、〈出版合同〉的通知》、《关于〈图书、期刊版权保护试行条例〉第 15 条第 4 款的解释》。

我国政府承诺对外国国民在知识产权保护方面提供国民待遇和最惠国待遇;加强执法力度,在主要城市设立专门的知识产权法庭以加快案件的审理;承诺要加大打击假、冒、伪、劣产品的力度,尤其是加强打击盗版(对药品专利的保护则从 2010 年开始);加大处罚力度,从高额罚金到关闭工厂、商店,再到判处拘役、有期徒刑等,此外,还要加强针对公众的法律宣传和教育工作,以保证中国的执法环境满足 TRIPS 协定的要求。

四、投资领域

根据 WTO《与贸易有关的投资措施协议》,我国将取消对外国投资者的外汇平衡、出口实绩、当地含量及技术转让要求。中国主管机关也不执行有此类要求的合同条款。进口和投资的分配、许可或权利将不以国家或地方各级主管机关所规定的实绩要求为条件,或受到诸如进行研究、提供补偿或其他形式的产业补偿,包括规定类型或数量的商业机会、使用当地投入物或技术转让等间接条件的影响。投资许可、进口许可证、配额和关税配额的给予应不考虑是否存在与之竞争的国内供应商。关于汽车产业政策,我国政府承诺对汽车生产者适用的,限制其生产汽车的类别、类型或车型的所有措施在入世后2年内完全取消;同意提高只需在省一级政府批准的汽车制造商投资比例的限额,从入世前的3 000万美元,提高到入世后第1年的6 000万美元、第2年的9 000万美元、第4年的1.5亿美元;对于汽车发动机的制造,同意自加入WTO时起取消合资企业外资股权比例不得超过50%的限制。

五、透明度领域

透明度是指政府有关经贸方面的法律法规、政策、办事程序、司法解释以及各种措施等基本情况都要对外公布。这是最基本的规则。我国承诺改善关税制度的透明度。在议定书的贸易制度透明度条款中规定"所有有关货物贸易、服务贸易、与贸易有关的知识产权,以及外汇管制方面的法律、规章和措施,公布后才能实施,并应提供给WTO成员国、企业和个人"。

中国承诺只执行已公布的,且其他WTO成员、个人和企业容易获得的有关或影响货物贸易、服务贸易、与贸易有关的知识产权和外汇管制方面的法律、规定和其他措施。此外,所有此类措施在实施或执行前,应使其他WTO成员容易获得,在紧急情况下,应使法律、法规及其他措施最迟在实施或执行之时可获得。

中国将设立一个官方刊物,用于公布所有有关或影响货物贸易、服务贸易、与贸易有关的知识产权和外汇管制方面的法律、规定和其他措施,并且在该刊物上公布之后,在实施之前应提供一段合理的时间以向有关主管机关提出意见,但涉及国家安全的法律、法规及其他措施,确定外汇汇率或货币政策的特定措施以及一旦公布会妨碍法律实施的其他措施除外。中国应定期出版该刊物,并使个人和企业容易获得。此外,政府还要设立经贸政策咨询点,企业及个人对中国各种经贸政策、中国履行WTO义务等各方面的问题都可以在此得到权威性的答复,一般在收到请求后30天内答复,在例外情况下可在45天内作出答复,以增加政府工作的透明度;另外,定期向WTO成员国提供经济和贸易数据。

除此之外,在技术性贸易壁垒方面,中国应在官方刊物上公布作为技术法规、标准或合格评定程序依据的所有正式或非正式的标准;中国应自加入时起,使所有技术法规、标准和合格评定程序符合TBT协定,并保证对进口产品和国产品一视同仁地适用。

第二节 中国应对WTO国际惯例的策略

履行"入世"承诺,是我国应尽的义务。怎样把"入世"的冲击降到最低限度,就需要我们采取适当的策略来化解冲击。总的来说,可以采取以下3种策略:履行承诺,遵守国际惯例;利用WTO规则的例外、漏洞来保护自己;提高企业的国际竞争能力。本节主要阐述前两者,下一节将阐述怎样提高企业的国际竞争能力。

一、履行承诺,遵守国际惯例

中国自加入WTO以来,采取了一系列行动履行承诺。

(一)货物贸易领域

1. 关税

根据中国加入WTO承诺,我国政府早已开始统一关税制度,在20世纪90年代采取5年过渡办法,逐步取消了经济特区进口自用物资的免税政策,西藏自治区的"小税则"从2001年起也停止执行。此外,中国于2002年1月1日大幅下调了5 000多种商品的进口关税,关税总水平由15.3%降低到12%。工业品的平均税率由14.7%降低到11.3%,农产品(不包括水产品)的平均税率由18.8%降低到15.8%。2003年、2004年仍在继续降低关税。

2. 非关税措施

按照入世承诺,中国自 2002 年 1 月 1 日起取消了粮食、羊毛、棉花、腈纶、涤纶、聚酯切片、化肥、部分轮胎等产品的配额许可证管理。中国大量减少了扭曲贸易的国内补贴并取消了所有农产品的出口补贴。根据《货物进出口管理条例》的规定,还制定了《进口配额管理实施细则》和《特定产品进口管理细则》。2002 年 2 月 6 日,机电产品配额总量已以公告形式对外公布。

国家计委于 2001 年 11 月 8 日公布了《农产品进口关税配额管理办法》的征求意见稿,在征求意见的基础上进行了修改,该管理办法现已公布,并已于 2 月 5 日正式实施。2 月 8 日,国家计委公布了《2002 年重要农产品进口关税配额管理暂行办法》、《2002 年羊毛、毛条进口关税配额管理实施细则》,以上两个文件于 2 月 10 日实施。

国家经贸委于 2001 年 11 月 12 日公布了《化肥进口关税配额管理办法》的征求意见稿,《化肥关税配额管理办法》和《有关 2002 年化肥配额申请的公告》已经公布。

另外,按照入世承诺,中国已修改和废止了一批与 WTO 规则不符的法律、法规。同时,一批新的法律、法规相继出台。其中,《中华人民共和国反倾销条例》、《中华人民共和国反补贴条例》、《中华人民共和国保障措施条例》已于 2001 年底公布,2002 年 1 月 1 日起施行。相关的配套措施也已相继出台。

(二) 服务贸易领域

加入 WTO 前后,中国政府根据所作出的承诺在一些重要的服务贸易部门颁布了新的有关外资进入中国的审批法规和条例,包括《外国律师事务所驻华代表机构管理条例》、《外商投资电信企业管理规定》、《中华人民共和国外资金融机构管理条例》、《外资保险公司管理条例》、《中华人民共和国国际海运条例》、《中外合作音像制品分销企业管理办法》、《国务院关于修改〈旅行社管理条例〉

的决定》等。对于以上法规,中国政府各部门还将根据需要制定实施细则,以便使这些法规更具操作性。此外,还有一些法规正在积极制定之中,如《外商投资商业企业管理暂行办法》、《中外合资证券公司审批规则》,其中《中外合资证券公司审批规则》还在网上公开征求了公众意见。以上法规在完成有关程序后将尽快公布。

(三) 知识产权领域

我国已于 2000 年和 2001 年完成了对《专利法》、《专利法实施细则》、《商标法》、《著作权法》、《计算机软件保护条例》等法规的修改,制定了《集成电路布图设计保护条例》,《商标法实施细则》、《著作权法实施细则》、《药品管理法实施办法》的修改工作也将于近期完成。这些法规修改完成后,我国的知识产权保护在立法方面可望完全符合 TRIPs 协议的要求。

(四) 投资领域

中国立法机构已经对《中外合资企业法》、《中外合作企业法》和《外资企业法》等 3 个关于外商直接投资的基本法律及实施细则进行了修订,修订内容包括外汇平衡条款、"当地含量"条款、出口业绩要求和企业生产计划备案条款。通过税制改革也已统一了内外资企业的流转税制;取消了对外商投资企业的高收费;废除了对外籍人员购买飞机票、车票、船票、门票、公共设施的双重收费标准。根据入世承诺,新的《外商投资产业指导目录》和汽车产业政策已经公布。

(五) 透明度领域

根据我国加入 WTO 有关透明度的承诺,商务部通报咨询局自 2001 年 12 月 11 日我国成为 WTO 成员之日起,即正式开展工作。

2002 年 1 月 1 日,该局在商务部政府网站公布了《中国政府世贸组织通报咨询局咨询办法》(暂行)和《中国政府世贸组织通报咨询局咨询办法登记表》,就提供有关贸易咨询的范围、方式和时限向公众作了明确说明,咨询方式为书面形式,咨询问题将在30个工作日内得到答复。

1月14日,中国政府WTO咨询点正式开始向各界提供咨询服务,就我国所有有关或影响货物贸易、服务贸易和与贸易有关的知识产权或外汇管制的法律、法规和其他措施的信息向社会各界提供咨询。

截至目前,该局共收到来自各国驻华使馆、中外企业和个人的书面咨询300余件。在各有关部门的支持配合下,已对绝大部分的咨询问题作了书面解答。

为了保证咨询工作的准确性和权威性,还组织成立了中国政府世贸组织通报咨询局咨询专家组,专家组成员包括商务部、其他部委以及相关研究机构的WTO专家和学者。

此外,为了更好地履行中国政府咨询点的承诺,该局已经开始筹建中国政府WTO咨询网站。通过咨询网站,公众将获得简单、快捷、全面的信息咨询服务。

二、利用WTO规则的例外、漏洞来保护自己

在国际贸易游戏规则中,任何例外规则都有自身的规律性,WTO例外规则也不例外。研究WTO例外规则,其目的不仅是要明确把握WTO例外规则的内容和特征,更重要的是要研究和认识WTO例外规则的变化趋势及应对策略。

(一)WTO例外规则的主要特点

1. WTO例外规则在WTO规则中占有极其重要的地位

在WTO规则中,例外规则所占比例是总数的2/3以上,是WTO基本规则的2倍多。在WTO多边贸易谈判中,对WTO例外规则的讨论历来都是重头戏。

2. WTO例外规则错综复杂

这主要表现在两个方面:一是WTO例外规则的交叉点或重

叠面极多，如 GATT 第 19 条的保障条款不仅是 WTO 市场准入原则的例外，也是公平原则的例外；二是 WTO 例外规则之中还有例外。WTO 例外规则本身是 WTO 的例外，但是，在这些例外之中还存在着例外规定。例如，数量限制是普遍取消数量限制的例外，但在数量限制例外中还规定了数量限制的非歧视原则例外。这些例外中的例外使 WTO 例外规则更显错综复杂。

3. WTO 例外规则漏洞多

WTO 例外规则本身存在不少漏洞，即使后来被修补，仍存在漏洞，而且在修补中又产生了新的漏洞。例如，GATT 第 19 条保障条款中存在诸多漏洞，特别是在对"严重损害或严重损害威胁"的判别上没有规定标准，尽管后来在乌拉圭回合中作了不少修补，规定了在对损害确认时应全面考虑可以量化的因素，包括进口增加程度、市场份额、销售水平、产量、生产率、开工率、利润和就业等，但是，在确定损害时并没有形成确定的量化标准，易于被人为操纵，这就为某些成员滥用这一措施留下了"漏洞"。同样，《反倾销协议》和《补贴与反补贴措施协议》在损害标准的确认上也存在类似的漏洞。此外，还有 WTO 规则未涉及的但影响国际贸易的领域如国内竞争政策。

4. WTO 例外规则处于不断完善中

由于 WTO 例外规则存在诸多漏洞，因此，在各个多边贸易谈判回合中都针对其中的某些漏洞进行修补，形成了各种有关 WTO 例外规则的补救措施。这些补救措施主要体现在不断增加的谅解条款或增加的新协定上，如 1994 年乌拉圭回合中达成的诸多谅解和协议。

5. WTO 例外规则是各成员利益调和的体现

由于经济水平的悬殊和社会制度的差异，GATT/WTO 各成员方为了各自国家或地区的利益，在谈判中不可避免地发生各种分歧和矛盾，因而大家不得不作出妥协，在一定程度上容忍某些成员方对 GATT/WTO 基本规则的偏离,从而导致了 WTO 例外规则的产生。

6. WTO 例外规则主要体现为保障措施条款

这些保障措施条款主要有:(1)反倾销;(2)反补贴;(3)国际收支平衡保障;(4)特定工业(幼稚工业)保护;(5)第 19 条紧急保护;(6)第 25 条一般豁免;(7)一般例外;(8)安全例外;(9)关税重新谈判。

7. WTO 例外规则是导致贸易保护的重要来源

WTO 例外规则允许成员方在一定条件下可以背离 WTO 的基本原则,这是 WTO 正常运转所必须的,然而,在实践中 WTO 许多成员方却滥用这些例外规则来对国内产业进行保护。由于这些例外规则是"合法"的,所以它们很容易成为贸易保护主义的有效挡箭牌。据 WTO 反倾销委员会的统计,1987 年到 1997 年间,各成员国提起反倾销调查案 2 196 起,平均每年 220 起!共有 1 034 起裁定倾销成立,平均每年 103 起!另根据 WTO 统计,从 1995 年初至 2003 年底,各成员方反倾销立案共 2 416 起,平均每年超过 240 起!反倾销调查大有愈演愈烈之势!

8. 在 WTO 例外规则中,对发展中国家成员方优惠的例外占有一定的地位

在 WTO 各个协议中几乎都有对发展中国家成员方例外的规定,如允许发展中国家成员方在市场准入方面承担较低的义务,允许发展中国家成员方有较长的过渡期,减免某些义务,在争端解决程序上具有灵活性,或者对发展中国家成员方作出最大努力承诺和提供技术帮助等。

(二)我国应用 WTO 例外规则的对策

在 GATT/WTO 走过的 50 多年历史中,发达国家成员方通过利用这些例外不断获取实质利益,发展中国家成员方也通过这些例外对国内产业进行保护,促进国内经济发展。因此,我国在

"入世"之后,应对WTO例外规则条款给予足够的重视,并制定出相应的对策。

1. 应用WTO例外规则的总体对策

首先,要加强对WTO例外规则的研究。在每年应用WTO例外规则的大量案件中,多半是由发达国家成员方发起的,特别是反倾销例外规则,美国、欧盟、加拿大、澳大利亚四国对其的应用几乎占到总数的80%以上。这些国家能随心所欲地应用这些例外,这与它们对WTO例外规则的深刻理解是分不开的。研究WTO例外规则、吃透WTO例外规则,是成功应用这些例外、维护自己利益的前提。为此,我国要采取如下措施:要有意识地培养研究WTO例外规则的专门人才,使他们能够既懂各国反倾销法,又熟悉WTO反倾销协议,且其有多年的实践经验,还可以运用英语直接辩护。欧盟目前的反倾销调查官员(不包括秘书)有200人,其中100人负责倾销调查,100人负责损害调查。而中国从事反倾销调查的人员连欧盟的1/10都不到。要建立起相关的研究机构,不同研究机构之间要互相协作,以避免低水平重复研究;不能只重视对WTO大规则的研究,还要重视对各国相应的具体规则的研究;不能只对现有规则作表面性的研究,还要对这些规则的历史根源及演变过程进行研究;不能只研究抽象的原则和条款,还要研究大量的案例,细心揣摩其中的关键及微妙之处,特别要对专家小组和上诉机构的报告给予充分的重视;要注意收集各种数据,以便在申诉及应诉时使用。

其次,制定和完善有关WTO例外规则的国内立法。相关法律的制定和完善,一方面,可使中国在贸易方面及与贸易相关的立法上与国际接轨,与WTO规则相一致;另一方面,我们也可以利用这些法律在WTO基本原则下合法地维护自己的利益。在具体立法上,我国已经有了部分相关立法,如《中华人民共和国对外贸易法》、《中华人民共和国反倾销和反补贴条例》等。但这些立法有不完善之处,我们应继续采取"法律"这个合乎国际惯例的形式来完善,而不应采取"政府直接干预"这种容易招致其他国家异议的形式;目前要尽快制定《反垄断法》,除此之外,有必要针对WTO例外规则专门制定一个法律,对实施WTO例外规则作一个全面系统的规定,在此立法下,可针对每一种例外制定细则,如《保障措施条例》、《幼稚工业保护条例》等。

最后,应用WTO例外规则时要遵循WTO基本原则,重视与贸易伙伴之间的磋商工作。应用例外时要遵循WTO的基本规则,特别在利用例外进行保护时,在实施保护的时间、程度、形式和程序等方面要做到合法性和合理性,至少在法律上或表面形式上要符合WTO规则,否则,很容易与贸易伙伴发生争端,产生适得其反的效果。还要重视与受影响的国家或地区进行预先磋商,以免受到不必要的报复或者破坏了与这些国家或地区正常的贸易关系。

2. 应用WTO例外规则的具体对策

(1) 豁免例外对策。我国政府可以利用豁免条款,为国内关键性产业申请豁免,特别是那些重要的现代服务业,如专业技术服务等。

(2) 关税重新谈判例外对策。如果我国在执行承诺时,国内产业无法承受,可以提出修改承诺,恢复关税。通过向世贸组织提出申请修改、恢复或提高关税的意见,同时与有关缔约方进行谈判、达成协议后就可以执行了。但WTO成员极少采用该项例外,主要是该条款应用程序复杂,牵涉到的利益方太多,不容易使用。

(3) 幼稚工业保护例外对策。WTO规定发展中国家可对幼稚产业进行保护,最长期限为8年,我国显然可以利用此条款对国内没有竞争力的产业进行保护。为此,首先要制定《幼稚工业保护条例》,做到有法可依。其次,在保护时,要注意两点:第一,要选择好保护的对象,要有所为有所不为,突出重点,千万不要犯对弱小的产业都进行保护这种错误;第二,保护要适度,如果保护过了头,很容易使被保护的产业变成"侏儒产业",在这方面,巴西就是失败的典型例子,而日本、韩国则取得了成功。适度保护可从以下角度去判断:进入该产业的企业数量不可太多,要有最低进入门坎;在该产业内的少数企业会不断被淘汰,只有优秀企业才能生存下去;在该产业内的企业只能得到平均利润,而不是暴利;要实行开放性保护,使国内企业时时感受到国际竞争的压力。

(4)反倾销、反补贴例外对策。从历史和现实来看,WTO例外规则中应用最多的就是反倾销规则,对我国出口产品阻碍最大的就是反倾销起诉。据 WTO 反倾销委员会的统计,1987 年到 1997 年间,各成员国提起反倾销调查案 2 196 起,共有 1 034 起裁定倾销成立,裁定率 47%。而其中,针对中国产品的调查有 247 起,占总数的 11.25%,158 起裁定倾销成立,占总量的 15.3%,裁定率高达 64%。这 3 个数字均列各国之首。而同期,中国占世界贸易的份额只有 3.8%。从 WTO 成立至 2003 年底,涉及中国的反倾销立案共 356 起,占成员方立案总数的 1/7。随着我国对外贸易的迅速发展和国际地位的迅速上升(2004 年将居全球贸易第 3 位),我国已成为全球反倾销的主要对象。

当前我国应对反倾销最大的问题是"市场经济地位"问题和应诉不力。由于欧盟、美国不给予中国"市场经济地位",在计算中国产品的实际成本时,采用第三国替代方法,用第三国同类产品的价格与中国产品比较(一般选择比中国产品成本明显高的国家作比较),从而过高地估计倾销幅度,使我国企业在反倾销中处于极为不利的地位。以中国彩电业为例,中国彩电于 1988 年遭到欧盟反倾销,当时彩电出口欧盟每年仅为 1.16 亿美元,这些年中国彩电业有了突飞猛进的发展,但是却长达 15 年不能进入欧盟市场,据保守的计算,中国彩电业的直接损失至少为 5 亿或 6 亿美元。因此,当务之急是要尽早让国外承认我国的市场经济地位,以免在判定倾销幅度时遭受不公平的待遇。欧盟已经同意个案处理反倾销案,欧盟委员会日前宣布,包括宁波新海、温州东方在内的5家申请市场经济地位的打火机企业,其申请全部获得通过,这是个良好的开端。这种努力应通过WTO向其他国家,尤其是向美国扩散,目前新西兰、新加坡已经承认了我国完全市场经济地位。另外中国加入WTO后,WTO中国工作组将保留并利用政策评审机制对中国贸易体制和政策进行两年一次的评议,中国应利用评审机会尽快摆脱"非市场经济"国家的帽子。

除此之外,要积极应诉。对国外的反倾销投诉,中国企业没有必要大惊小怪,更不要有恐惧心理。要敢于应诉,敢于打"洋官司",利用国际贸易中的有关法律法规来捍卫自己的合法权益。1994年BIC公司代表美国一次性打火机制造业向美国商务部和国际贸易委员会提出,对向美国出口一次性打火机的中国57家公司征收反倾销税。消息传来,只有中国海外贸易总公司等3家公司挺身应诉,其余的企业则偃旗息鼓。裁决下来,有2家应诉企业的关税由初裁的百分之几十降到零,1家降到百分之二十几。没有应诉的53家公司被裁以197.85%的高关税而失去了市场。

反倾销"杀手锏"别人可以用,我国也可以用。在这方面我国要学习印度。印度对WTO关于反倾销的规定给予高度重视,认为这是保护有关产业健康发展的有力武器。在世贸组织刚刚成立的1995年1月,印度政府就修改了相关的法律,加入了反倾销条款,印度商业部还于1998年4月13日成立了反倾销管理总局,专门负责受理国内企业提出的倾销投诉案件,并开展相关的反倾销调查事宜。据统计,目前该局从反倾销案件开始调查到最终裁定是否征收反倾销税的整个过程通常只需要7个月,这比欧盟国家的效率还要高。从1995年1月世贸组织成立到2001年底,印度商业部共对29起反倾销案件作出征收反倾销税的决定,目前还有10多起反倾销投诉案件正在调查处理之中。可以说,印度是世界上对其他国家商品发起反倾销调查次数最多的国家,也可以说印度是发展中国家里利用世贸组织有关反倾销规定维护国家利益效果最好的国家。目前我国已有相关的反倾销条例,对国外的反倾销起诉也有成功的先例,如对新闻纸的反倾销调查。现在要对其进行完善,从而使之更具有杀伤力。我国政府和企业要把握好、利用好这个规则,对进口产品反倾销要达到随心所欲、游刃有余的地步,对国外针对我国的反倾销要"魔高一尺、道高一丈",据理力争,使之彻底化解或减轻。

(5) 保障条款例外的对策。首先,要制定《保障措施条例》,做到有法可依,避免争端。其次,如果因为进口的增加对国内产业造成损害或损害威胁时,可以申请实施限制进口的保障措施。关键要抓住保障条款在损害标准上不易确定的漏洞,使之为我服务。保障措施使用时间限制在 4 年,最长不超过 8 年;再次,对农业的保护要高度重视,"三农"问题关系到我国小康能否实现,而运用 WTO 对农业的特殊保障条款可以对农业进行有效的保护。具体来说,就是要用足、用好 WTO 允许的"黄箱"政策和"绿箱"政策。

WTO 将产生贸易扭曲、需减让承诺的国内支持政策称为黄箱政策,要求各成员方用综合支持量(简称 AMS)来计算其措施的货币价值,并以此为尺度,逐步予以削减。具体包括给予农业贷款的财政贴息及用于对农业生产者无偿提供大宗农产品(粮、棉、油)新品种的支出,以及提供低价化肥、农药、农膜、农用油、农业机械的支出。"黄箱"支持的具体计算分为特定产品和非特定产品 2 类,谈判中确定我国特定产品为大米、玉米、小麦、棉花 4 个品种,以 1996 年～1998 年为基期,按各相关产品产值的 8.5% 计算,我国政府对上述 4 种产品的补贴还有 66.25 亿美元的空间;非特定产品的支持是指政府对农产品及农业生产资料的其他补贴和农业投资补贴(如贷款贴息),按农产品总产值(扣除水产品)的 8.5% 计算,非特定产品的支持空间为 209.82 亿美元,减去已发生部分

第九章 中国"入世"承诺及应对策略

尚有174.4亿美元的空间,合计有近2 000亿美元的支持空间。除了要用足外,还要调整补贴结构,由主要补贴流通环节更多地转向补贴生产环节和农民。

WTO"绿箱"政策是指对生产和贸易扭曲最小的措施,指由公共基金资助的政府计划而给予的支持(不包括消费者转移支持),并对生产者没有价格支持作用。具体包括对农业基础设施建设、农业科研、植保、技术推广、病虫害防治、粮食安全储备、作物保险、自然灾害救济、区域开发、农业结构调整、保护生态环境以及渔民转产转业的投资、补贴,共12项,我国尚有6项是空白的,其他的支持量也还有限。

当然,我国政府还有很多支持农民而又不违反WTO规定的措施,如取消向农民的收费、集资、摊派;取消中小学收费,真正普及义务教育;建立覆盖农民的医疗保险、失业救济和最低生活保障。简言之,给农民国民待遇,就可以极大地减轻农民的负担,从而使之有更多的财力发展农业。

最后,WTO对纺织品和服装也规定了过渡保障措施,显然发达国家引用较多。鉴于纺织品与服装是我国的主要出口产品,我国要重视对其中条款的研究,以便在发生争端时削弱其他国家应用该措施的保护能力。

(6)一般例外对策。我国政府可以援引一般例外或《实施卫生与动植物检疫措施协议》(SPS协议)来保护国内产业。具体有:为了维护公共道德,可以限制某些产品的进口,如不能进口赌具;为了保护人民、动植物健康,可以限制进口,但应当注意的是,要列举充足的数据和事实,强调进口产品对人类健康或者环境造成了严重损害或损害威胁,并尽量将其限制在一个适当的范围内,使相关的贸易方易于接受,而不至于引起贸易争端;与国内限制生产或消费相一致的为保护可用竭的自然资源而对进口进行限制。

(7)安全例外对策。安全例外规则在WTO历史上援引很少,在特殊情况下即国家的安全受到威胁时,才可以考虑援引该条款进行保护。

(8) 国际收支平衡保障例外对策。根据我国目前的情况,没有必要以国际收支平衡为名进行保护,但是,在将来发生贸易逆差时仍可考虑援引该条款进行保护。印度对该条款运用较多。作为世贸组织创始成员国,长期以来,印度一直以"国际收支平衡"为由,对一些商品进口实行严格的数量限制。到1997年5月,在印度受到数量限制的进口商品还有2 714种,印度成为世贸组织成员国中保持进口数量限制最多而又得到世贸组织认可的少数国家之一。1997年由于美国等西方国家对印度实行的商品进口数量限制向世贸组织提出起诉,印度政府才被迫从2000年4月1日起,首批取消714种商品进口的数量限制。

(9) 发展中国家成员方的优惠例外对策。在WTO规则中,几乎每一个协定都有对发展中国家的优惠例外规定。我国要利用发展中国家成员方的身份充分利用这些例外,如普惠制待遇(GSP)、更长的过渡期等。例如,知识产权协定规定,发达国家在世贸组织协定生效日起1年内没有协定适用的义务,发展中国家、正在向市场经济过渡的国家,5年内没有协定适用的义务;对于物质权利的保护,世贸组织协定生效日起10年内没有协定适用的义务,最不发达国家11年内没有协定适用的义务。我国可根据知识产权的现有保护水平,在世贸组织协定生效日起5年内没有协定适用的义务,对于物质权利的保护10年内没有协定适用的义务;至于要废除违背国民待遇和数量限制的与贸易有关的投资措施,废除期限为发达国家2年,发展中国家5年,最不发达国家7年,我国可以在5年之内废除;再如,如果发展中国家倾销幅度低于2%或损害微不足道,以及原产于一个发展中国家成员方的倾销产品数量不足进口国同类产品进口总量的3%,则终止倾销调查,不征收反倾销税;原产于发展中国家的受调查产品所得到的补贴不及该产品单位价值的2%(发达国家相应数字为1%,最不发达国家为3%)时,或者受补贴产品进口不到进口国同类产品进口总值的4%,且所有不到4%发展中国家的合计进口量不及进口国同类产品进口总值的9%时,则立即取消反补贴调查。

(10) 区域经济一体化例外对策。WTO规定,区域经济一体化内部成员之间可以互相提供优惠,而不需将优惠扩大到区域外的国家或地区。因此,我国可以积极推动对己有利的区域经济一体化安排。目前我国和东盟已经达成了到2010年建成自由贸易区的协议,广东与香港达成了CEPA协议。下一步应该积极推动大中华经济圈的一体化(大陆、港澳、台湾)、东北亚自由贸易区(中国、南韩、日本)的建设,探讨与蒙古、俄罗斯及其他邻国,中东、南亚等其他发展中国家建立区域经济一体化的可能性。

(11) 环境保护与劳工标准例外对策。目前WTO在环境保护与劳工标准方面还没有系统的、完善的法律规范,因而相当容易被有关成员滥用。为此,首先要加强对这两个问题的研究,对进口国的环境保护与劳工标准要熟练地认识和把握,以免我国产品出口受到阻碍;其次要加强对环境保护与劳工标准的国内立法,在我国要限制国外产品进口时,做到有法可依。

(12) 申请特批免除WTO义务。即使没有特殊理由而申请特批免除WTO义务也是允许的。但这个程序非常困难,需经过理事会讨论,部长大会3/4表决通过,才能批准申请免除义务。但世贸组织要对申请国进行年审,审查其申请特批的原因,以及批准后在调整工业、恢复竞争能力等方面采取的措施。

(13) 利用WTO有关国内竞争政策的空白。WTO是规范国际贸易的,对各国国内贸易没有涉及,而国内贸易与国际贸易又是联系在一起的。因此,可以通过国内贸易来达到影响国际贸易的目的。1998年WTO争端解决机构审理的美国柯达公司和日本富士公司之间的争议案就说明,一个国家的国内垄断可能影响这个国家的对外贸易。富士公司在日本胶卷市场上占有 70% 的份额,并且与 4 家企业订立了长期独家供货协议。富士公司的国内垄断地位得到了日本政府的默许,这个限制竞争表面看来是一个日本国内贸易的问题,但它事实上会有效地抵制外国胶卷产品进入日本市场。然而由于 WTO 争端解决机构只能处理政府行为,而不能处理私人企业的行为,因而美国败诉。现在越来越多的发达国家鼓励国内大企业兼并、合并,获得更大的规模经济,这样即使发达国家开放市场,别国产品也无法进入,从而可以"合法"地限制进口;而且这些企业还可以利用国内的垄断地位更好地打开别国的市场。

综上所述,WTO 基本规则有许多例外,我们可以在遵循国际惯例的同时,充分利用 WTO 的例外规则来保护自己。但在运用时,要根据具体情况及具体需要选择最有效的保护方式。例如,如果已约束关税的关键产品受到重大损害时,援引 WTO 第 19 条紧急保障条款来保护只能解决燃眉之急,为了有效地、长久地保护受到损害的产品,可以选择第 28 条"关税重新谈判"来重新约束关税。又如,在某些重要的农产品方面,如果我们承担 WTO 义务会导致严重后果,可以申请豁免。美国在 1955 年就根据国内的具体情况,对农产品申请了豁免,保护了它的农业。

第三节 应对 WTO 最根本的对策
——提高企业的国际竞争能力

对 WTO 各种例外规则的应用只能缓解一时的困难,而不能从根本上解决问题。"打铁还须自身硬",要从根本上解决问题,只有提高企业的国际竞争能力,使之在国际市场竞争中成为强手中的强手。为此,政府和企业要同心协力,携手并进,才能实现此目标。下面,将详细介绍一下政府和企业各自需要采取的措施。

第九章 中国"入世"承诺及应对策略

一、政府要采取的措施

（一）充分利用 WTO 的例外规则，为企业提高竞争能力创造一个缓冲期。

这一部分前已述及，在此不再赘述。

（二）精简政府机构，转变政府职能

我国政府机构历经多次改革、调整，管理水平、办事效率已经大有改善。但是，与企业的要求相比，与多数发达国家的政府相比，仍有很大的差距。政府机关人浮于事、职责不清、办事扯皮、暗箱操作甚至吃、拿、卡、要等现象仍很普遍。据 2003 年 4 月 14 日《组织人事报》报道，从全国 4 000 家国有和非国有企业的抽样调查中发现，仍然有高达 44% 的企业经营者要花费主要的时间和精力与政府部门打交道，而不是用于企业的经营管理。我国政府官员的合法收入水平不高，但是工资"含金量"很高，"油水"很足。1980 年~1996 年，我国行政管理费增长了 14.5 倍，而同期财政支出只增长了 5.46 倍，远远超过同期 GDP 的增长速度！

为此，要转变政府职能，精简政府机构，规范政府行为，推行政务公开，改暗箱操作为"阳光下的操作"，有条件的还可进行网上办公，提高行政效率，降低服务成本；特别要彻底整顿"三乱"（乱收费、乱摊派、乱罚款），规范预算外资金的管理，鼓励舆论监督，以彻底制止腐败，减轻企业负担。总的来说，政府要从管理型向服务型转变，从"大政府、小社会"向"小政府、大社会"转变，政府不要"缺位"、不要"错位"、不要"篡位"。

（三）统筹盘活所有的资产存量，鼓励企业兼并重组，做大做强

提高企业竞争能力的重要一环是企业的兼并重组，以改变企业规模小、低水平竞争严重的状况，做大做强。衡量产业组织结构是否合理的一个重要指标是行业集中度。行业集中度太低，说明大企业规模小、数量少，未能达到经济规模。我国多数行业的产业

集中度(最大的 8 个企业销售额占整个行业销售额的比重)在 20%以下,而发达国家多是 60%～80%,甚至 90%以上,这是由分散投资、重复建设、地方保护等多种原因造成的,结果导致资源分散投入,企业规模小,竞争力弱。为此,政府要进一步健全有关的法律法规,加大执法力度,打破地区分割,以形成统一的市场和公平竞争的市场环境;要完善资产评估制度,大力发展产权交易市场,为企业兼并重组提供平台;加快建立社会保障制度,让兼并重组的企业轻装上阵,解决其后顾之忧。

(四) 大力发展为生产服务的第三产业,推动社会分工向纵深发展

发达国家第三产业很大部分是从第二产业独立出来的并为第二产业服务的,经过长时间的发展,服务职能本身越来越专业化,服务水平越来越高,如咨询、银行、保险、证券、财务审计、经营托管等非常发达,致使生产企业的很多职能可由外部中介机构行使,从而大大提高了生产企业的效率和降低了成本。目前发达国家"业务外包"非常盛行,如原材料采购、产品设计和开发、产品销售、市场调查等都可"外包"给外部中介机构。而我国第三产业落后尤其是为第二产业服务的第三产业落后,这就增加了企业的经营成本,因为企业很难依靠外部资源进行分工协作,多数情况下只能靠自己。造成这一问题的原因是我国转向市场经济体制的时间较短,在传统的计划经济体制下,企业之间的分工协作都是靠政府部门的计划,没有中介机构的存在,多数企业形成"大而全"、"小而全"的组织结构和"万事不求人"的小农经营思想;在面向市场经济的时候,主观上许多企业领导人的传统经营观念一时难以改变,客观上中介机构多数由政府机关转变而来,人员素质良莠不齐,服务水平不高,致使我国生产企业"业务外包"进展缓慢。

我国第三产业落后并不仅仅表现在总量落后上,即占 GDP 的比例较低,而且还表现在其结构不合理上,传统服务业如饮食、运

输、旅游、建筑所占比重较高,而新型服务业如保险、计算机与信息、法律、管理咨询、技术贸易、批零服务、所有权收益等所占比重较低。随着知识经济的到来,以高科技与教育为核心而展开了知识的生产、知识的传递、知识的创新、知识的积累以及知识的应用、知识的存储等等,并形成了大批新的服务行业,同时又带动了更多的服务行业的更新换代,为制造业的整个过程——产前、产中和产后提供全方位、高水平的服务,大大提高了生产的效率,降低了生产成本。因此,要大力发展新型服务业,特别要开放服务业市场,通过引进外资来促进国内新型服务业的发展,同时对现有的中介机构进行整顿,提高其服务水平。

(五)大力发展教育,提高普通职工和管理者的素质

现代竞争归根到底是人才的竞争。我国人员素质低,生产效率差,致使单位劳动成本居高不下,廉价劳动力的优势不能充分发挥。"中国教育与人力资源问题报告"(参见《中国青年报》2003年2月14日,第5版)资料显示,我国15岁以上国民人均受教育年限仅为7.85年,25岁以上人口人均受教育年限为7.42年,2项平均仍不到初中二年级的水平,与美国100年前的水平相当,比韩国低近4年;2000年,我国从业人员仍以具有初中和小学受教育水平的人员为主体,占75%左右,其中仅接受过小学教育的占33%,而接受过高中和中等职业技术教育的占12.7%,接受过高等教育的仅占4.7%。2003年,我国教育经费支出占GDP的比重仅为2.8%,远低于发展中国家4%、发达国家6%的水平。为此,要大力增加教育经费支出,在扎扎实实普及九年制义务教育的基础上,迅速普及高中教育,大力发展高等教育,完善职业培训体系,逐步建立终身学习体系和学习型社会,大幅度地提高劳动者的素质;通过多种途径,造就一支职业企业家队伍,提高企业管理水平。企业家是在市场实践中锻炼出来的,而非学校培养出来的。当前要三管齐下:要鼓励应届大学生、研究生、机关干部到中小企业、乡镇企

业、私营企业去工作,经过一段或长或短的时间后,将有一部分脱颖而出,成长为企业家;对现有的中小企业创业者、国有企业负责人要加强培训,充实、更新他们的理论知识,使其实践经验得到升华;引进人才,并不仅仅局限于技术人才,而且包括管理人才。当然无论采取何种途径,都是一个长期的过程,决非一蹴而就。

(六) 加强宏观调控,制止重复建设

由于宏观调控失效,导致产业结构趋同、重复建设严重。"九五"计划期间,在全国30个省区市中(未含重庆和香港),以机械作为支柱产业的有25个、电子24个、化工23个、汽车22个、建筑和建材19个、冶金15个、轻纺11个。结果供需总量失衡,生产能力过剩,固定成本大大增加。据国家信息中心公布的资料,1997年,全国900多种工业品生产能力,有半数利用率在60%以下,对其中的82种主要工业品生产能力利用率的分析,达到满负荷运行的只有9种,占11%;利用率在80%～99%之间的23种,占28%;利用率在50%～79%之间的32种,占39%;利用率在50%以下的18种,占22%。据统计,在现有的4万亿国有固定资产存量中,闲置和利用率不高的占1/3左右即1万多亿元。如今又出现了以电子信息、新材料、生物工程、新能源、光机电一体化为代表的高新技术产业新一轮趋同现象,因为全国52个国家级高新技术产业开发区都以此为发展方向。为此,政府要调整存量,优化增量。首先,要制止新一轮重复建设,以免再演过度竞争的悲剧;其次,对已经过度竞争的行业,实施援助退出政策,帮助扭亏无望、毫无竞争力的企业转产,推动剩余企业兼并重组,以调整企业组织结构,发展规模经济。

二、企业要采取的措施

(一) 尽快熟悉和学会运用世贸组织的有关规则

首先,要尽快学习和了解世贸组织的有关知识和规则。其次,要学会充分利用世贸组织的规则合法地保护自己的权益。吉林纸业集团等9家企业对进口新闻纸申请反倾销调查,是我国第一起反倾销案,最终申诉成功,减少了进口倾销造成的实质损害,为自身的发展创造了条件。最后,要加快培养相关人才。世贸组织规则不仅牵涉到大量复杂的法律问题,而且专业性很强。对企业来说,仅仅了解一般世贸组织规则是不够的,要采取多种形式,尽快培养大批熟悉世贸规则、精通外语、掌握行业知识的复合型人才。

(二) 加快建立现代企业制度,切实转换企业经营机制

企业制度不适应市场经济要求,经营机制不活,是影响企业竞争力的根本原因。为此,国有企业要按照现代企业制度的要求进行公司体制改革,做到产权明晰、权责明确、政企分开、管理科学,特别要建立规范的法人治理结构,形成科学合理的企业领导体制和组织制度,建立一套有效的激励机制和约束机制。民营企业、私营企业也要尽快建立现代企业制度,摆脱家族制的局限。

(三) 进行准确的战略定位,走专业化道路,培养核心竞争优势

目前我国多数企业缺乏长远的战略规划,突出表现是盲目追求多元化,短期行为严重。许多公司认为多元化能够分散经营风险,因此普遍进行跨行业投资,有的多达十几个行业,行业与行业之间没有什么联系,似乎跨的行业越多,风险就越分散。其实不然,多元化投资的公司短期之内并不会有什么问题,甚至有可能获得"成功",但从长期来看必然落伍,这已被无数正反两方面的事实所证明。因为现代社会是个分工的社会,对国家、对地区、对企业、对个人也是一样;在买方市场条件下,企业竞争越来越激烈,那种"百货商店式"的企业必将被淘汰,1997年亚洲金融危机中南朝鲜大企业的倒台就是明证,而据麦卡锡公司的调查,美国经营最好的100家公司有77%是专业化经营;要保持可持续发展,就必须走专业化道路,确立适合自己的发展方向,然后集中力量扎扎实实地往这个方向努力,以培养、壮大自己的核心竞争优势。核心竞争优势是长期积累的结果,绝非一日之功,尤其是在其他企业还盲目发展的时候,首先进行正确的战略定位可以获得捷足先登的优势,最终取得事半功倍的效果,要有"谁笑到最后谁笑得最好"的自信,那种只顾眼前暴发的企业必将成为明日黄花。为此,未雨绸缪、提前收缩战线方为上策,要慎搞多元化,通过主辅分离,集中投资,做大、做强主业。

(四)促进技术进步,提高技术创新能力

技术创新能力是企业竞争能力的核心,对生产企业尤其如此。目前,我国企业技术创新能力差,多数靠模仿外国技术生存,缺乏具有自主知识产权的核心技术和主导产品,处处受制于人。所以,要建立和完善技术创新体系。首先,要加大研究开发投入。与先进国家相比,我国的研究开发经费支出额不及美国的1/30,约是日本的1/18、韩国的1/2。2000年我国的研究开发经费总支出只有896亿元,占GDP的1%,远远低于发达国家。其次,要使企业真正成为技术创新的主体、开发投入的主体和推广运用的主体,大力发展具有自主知识产权的核心技术和产品,提高企业的核心竞争力,占领技术制高点。再次,政府要加强基础学科的研究,形成与企业搞应用研究的合理分工。最后,鼓励产学研结合,推动科研成果产业化。目前设立风险投资基金、开设二板市场、建立为中小企业的融资体系尤为急迫。

(五)增强开拓市场能力,提高国际化经营水平

加入WTO后,企业要按照国际先进的产品质量标准组织生产,推广国际认证制度。要有强烈的品牌意识,运用多种形式提高国际知名度,树立我国产品良好的国际形象。要学会运用现代化

的营销手段,完善销售网络,强化售后服务,有条件的企业可以走出国门投资办厂,发展成跨国公司。

（六）加强和改善企业管理,提高企业整体素质

加强和改善企业管理,提高科学管理水平,既是建立现代企业制度的重要组成部分,也是提高竞争能力的重要途径。只有加强管理,才能把企业机制改革的活力和技术进步的效力充分发挥出来,这是提高企业竞争力永恒的主题。企业领导要不断提高自身素质,与时俱进地更新管理思想和提高管理能力,除此而外,还要完善职业培训体系,提高普通职工的素质,逐步建立终身学习体系和学习型企业。当前要着重抓好成本管理、财务管理和质量管理,使我国企业管理水平有一个较大的提高。

思考题

1. 简述我国"入世"之后可以享有的基本权利。
2. 什么是农业的"黄箱"政策和"绿箱"政策？
3. "入世"之后,我国在投资领域有何承诺？
4. WTO例外规则有何特点？
5. 了解反倾销、反补贴例外、保障措施例外、发展中国家成员方优惠例外、区域经济一体化例外、环境保护与劳工标准例外的内容及对策。
6. 为什么说提高企业竞争能力是应对"入世"挑战的根本之策？政府与企业各要采取何种措施？

【附录】

考试大纲

Ⅰ. 课程性质与设置目的要求

《WTO 与国际经贸惯例》课程是江苏省高等教育自学考试国际商务、国际贸易专业的必修课,是为培养和检验自学应考者的国际贸易基本知识和基本技能而设置的一门应用性课程。

《WTO 与国际经贸惯例》是一门比较实用的国际贸易方面的专业课程。随着我国加入世界贸易组织和改革开放的进一步推进,我国经济已在越来越大的程度上融入了经济全球化。作为融入标志的对外贸易与引进外资正在飞速发展——2003 年,我国对外贸易总额达 8 500 多亿美元,位居世界第四,2004 年将超过 10 000 亿美元而位居全球第三,占 GDP 比例超过 80%,这意味着我国绝大部分国民产出要通过与国际市场交换来实现,其比例之高在大国中绝无仅有!最近几年,我国每年引进外资都超过 500 亿美元,仅次于美国,居世界第二位,外商直接投资占全国固定资产投资比例 10% 左右,外资企业进出口占全国对外贸易额的一半以上,外资企业销售收入占国内销售收入的 1/3 以上,且比重越来越高。对外交往已经成为每个企业的正常业务活动乃至个人生活的一部分。所有这些,都意味着我们必须遵守国际规则,遵循国际惯例。总之,在经济全球化的背景下,离开国际惯例寸步难行,所以，我们有必要学习、了解国际惯例，掌握国际惯例的实质和例外，从而在经济活动中既不违反国际规则，又能游刃有余地利用好它们。

设置本课程具体的目的要求：使自学应考者对国际经贸惯例的来源与性质、国际经贸惯例的种类和主要内容、国际经贸惯例的例外、国际经贸惯例的应用等方面均有详尽的了解。通过系统而专门的学习，培养国际贸易专业、国际商务专业考生分析问题和解决问题的能力，以适应对外开放形势下工作的需要。

Ⅱ．课程内容与考核目标
（考核知识点、考核要求）

第一章 世界贸易组织和国际经贸惯例概述

一、考核知识点

（一）关贸总协定与世界贸易组织的一般知识

（二）世贸组织的主要规则

（三）世界贸易组织的管辖范围、世贸组织在协调多边贸易关系上的作用

（四）国际经贸惯例的一般知识

（五）中国经贸活动如何遵循国际经贸惯例

二、考核要求

（一）关贸总协定与世界贸易组织的一般知识

1. 识记 （1）关贸总协定的含义；（2）关贸总协定的产生与发展；（3）世贸组织的建立；（4）世贸组织的宗旨；（5）世贸组织的主要职能：制定和规范国际多边贸易规则，组织多边贸易谈判，解决成员国之间的贸易争端等。

2. 领会 （1）世贸组织与关贸总协定的联系与区别；（2）为什么说国际货币基金组织、世界银行和关贸总协定是战后世界经济

体系的三大支柱。

(二) 世贸组织的主要规则

1. 领会 (1)以市场经济为基础,开展自由竞争的原则;(2)互惠原则;(3)非歧视原则;(4)关税保护与关税减让原则;(5)透明度原则;(6)公平贸易原则;(7)一般禁止数量限制原则;(8)协商与协商一致原则;(9)保障措施和原则例外。

2. 应用 世贸组织的主要规则构成国际经贸惯例的基本原则,可联系 WTO 所裁决的各国贸易纠纷,运用规则对案例进行分析。

(三) 世贸组织的管辖范围、WTO 在协调多边贸易关系上的作用

1. 识记 世界贸易组织的管辖范围:(1)有关货物贸易的多边协议;(2)《服务贸易总协定》;(3)《与贸易有关的知识产权协定》;(4)《关于争端解决规则和程序的谅解》;(5)贸易政策审议机制;(6)诸边贸易协议。

2. 领会 在对 WTO 总体了解的基础上,理解 WTO 在协调多边贸易关系上的作用(不限于教材的内容)。

3. 运用 (1)贸易政策审议机制及其作用;(2)WTO 是怎样协调多边贸易关系的?

(四) 国际经贸惯例的一般知识

1. 识记 (1)狭义与广义国际经贸惯例的概念;(2)国际经贸惯例的特点;(3)国际经贸惯例的形成、变革与未来发展趋势。

2. 领会 国际经贸惯例形成的原因:(1)最小化交易成本;(2)习俗;(3)冲突与协调;(4)经济国际化;(5)经济利益。

(五) 中国经贸活动如何遵循国际经贸惯例

1. 领会 如何按国际经贸惯例办事:(1)由谁来按国际惯例办事;(2)按什么样的国际惯例办事;(3)怎样按国际惯例办事。

2. 应用 (1)中国自"入世"以来,对 WTO 规则的履行情况;

(2)在中国经贸活动中如何遵循国际惯例。

第二章　WTO货物贸易国际惯例

一、考核知识点

（一）农产品贸易扩大市场准入、绿色补贴政策和黄色补贴政策的内容

（二）纺织品、服装贸易一体化进程的时间表及过渡性保障措施的内容

（三）倾销与反倾销的规定

（四）补贴的种类及反补贴措施的内容

（五）实施卫生与动植物检疫措施时的义务及限制性条件

（六）制定技术法规和标准的条件

（七）货物通关各环节（商品分类、海关估价、装船前检验、原产地、进口许可证程序）的规定

（八）保障措施的3种形式及实施条件

二、考核要求

（一）农产品贸易扩大市场准入、绿色补贴政策和黄色补贴政策的内容

1. 识记　(1)扩大市场准入的概念；(2)绿色补贴政策的概念；(3)黄色补贴政策的概念。

2. 领会　(1)扩大市场准入的具体内容；(2)绿色补贴政策的具体措施；(3)黄色补贴政策的具体措施。

3. 应用　如何利用绿色补贴政策和黄色补贴政策来保护我国农业。

（二）纺织品、服装贸易一体化进程的时间表及过渡性保障措施的内容

1. 领会　(1)纺织品、服装贸易一体化进程的时间表及具体做法；(2)过渡性保障措施的实施。

2. 应用 2005年1月1日纺织品与服装配额取消后,我国如何扩大纺织品与服装的出口。

(三) 倾销与反倾销的规定

1. 识记 (1)倾销的定义;(2)"正常价值"的3种确定方法;(3)损害的定义;(4)反倾销措施的种类。

2. 领会 (1)采取反倾销措施的条件;(2)征收反倾销税时应遵循的原则。

3. 应用 (1)我国企业如何应对外国的反倾销(联系最近的反倾销案例);(2)如何利用反倾销来限制进口,保护本国工业。

(四) 补贴的种类及反补贴措施的内容

1. 识记 (1)补贴与反补贴定义;(2)禁止性补贴概念;(3)可诉补贴的概念;(4)不可诉补贴的概念;(5)反补贴措施的种类。

2. 领会 (1)3种补贴各自的具体内容;(2)禁止性补贴和可诉补贴的不同救济措施;(3)征收反补贴税的条件。

3. 应用 (1)如何利用不可诉补贴措施加大我国产品的出口;(2)如何应对外国的反补贴措施?

(五) 实施卫生与动植物检疫措施时的义务及限制性条件

1. 识记 (1)WTO卫生与检疫制度的构成;(2)风险评估的概念。

2. 领会 (1)实施卫生与动植物检疫措施方面的义务;(2)实施卫生与动植物检疫措施的透明度要求;(3)采取某项检疫措施的限制条件。

(六) 制定技术法规和标准的条件

1. 识记 (1)技术法规和标准的区别;(2)技术规定须符合的条件。

2. 领会 (1)技术性贸易壁垒的5个正当目标;(2)进口品的合格评定程序、认证制度;(3)发展中国家成员方的特殊待遇。

3. 应用 如何利用《贸易技术壁垒协议》的规定合理设置技

术性贸易壁垒。

(七)货物通关各环节(商品分类、海关估价、装船前检验、原产地、进口许可证程序)的规定

1. 识记 (1)海关估价的6种方法;(2)原产地规则的概念;(3)普惠制的概念;(4)进口许可证的概念。

2. 领会 (1)商品名称及编码协调制度;(2)普惠制下的原产地规则;(3)自动进口许可证和非自动进口许可证的区别;(4)进口成员方政府在装船前检验方面的义务。

3. 应用:如何在遵循货物通关国际惯例的前提下,建立合理的海关壁垒实施贸易保护。

(八)保障措施的3种形式及实施条件

1. 识记 (1)保障措施的概念;(2)保障措施的3种形式;(3)灰色区域的概念。

2. 领会 (1)保障措施与反倾销、反补贴措施的区别;(2)实施保障措施的条件;(3)发展中国家成员方的特殊待遇。

3. 应用 我国如何利用灰色区域措施限制进口。

第三章 货物贸易其他国际惯例

一、考核知识点

(一)发盘与接受的国际惯例

(二)FOB、CIF、CFR贸易术语的相关规定

(三)《海牙规则》的主要内容

(四)《中国保险条款》(简称CIC)和《协会货物条款》(简称ICC)的主要内容

(五)信用证的主要内容和结算程序

(六)国际贸易合同履行中各环节的规则

(七)国际商事代理行为的法律效力及代理权终止的几种情况

二、考核要求
(一) 发盘与接受的国际惯例
1. 识记 (1)发盘的概念;(2)发盘的构成;(3)接受的概念;(4)接受的构成。
2. 领会 (1)发盘的撤回和撤销;(2)发盘终止的几种情况;(3)逾期接受的法律效力。
3. 应用 (1)发盘终止情况下的几种实例;(2)接受与合同成立之间的关系。

(二) FOB、CIF、CFR 贸易术语的规定
1. 识记 (1)贸易术语的概念;(2)FOB、CIF、CFR 的概念和各自所规定的买卖双方的义务。
2. 领会 (1)使用 FOB、CIF 术语时需要注意的几个问题;(2)EXW、FCA、CPT、CIP、DDP 贸易术语的概念;(3)《1932 年华沙—牛津规则》和《1941 年美国对外贸易定义修订本》的主要内容。
3. 应用 (1)3 个主要贸易术语的相关实例;(2)FOB 和 CIF 几种变形的具体适用。

(三)《海牙规则》的主要内容
1. 识记 《海牙规则》的主要内容:(1)承运人的责任与义务;(2)承运人的免责事项。
2. 领会 《维斯比规则》和《汉堡规则》对《海牙规则》内容的主要修改。
3. 应用 《海牙规则》的具体适用。

(四)《中国保险条款》(简称 CIC)和《协会货物条款》(简称 ICC)的主要内容
1. 识记 (1)国际货物运输保险的概念;(2)共同海损的概念及构成条件;(3)单独海损的概念;(4)共同海损与单独海损的区别。

2. 领会 (1)《协会货物条款》下的(A)险、(B)险、(C)险条款的内容;(2)我国海洋运输货物保险条款下的 3 种基本险和 11 种一般附加险、两种特殊附加险(战争险、罢工险)。

3. 应用 (1)共同海损的判断;(2)保险公司保险责任的具体适用。

(五) 信用证的主要内容和结算程序

1. 识记 (1)汇付的概念和种类;(2)托收的概念和种类;(3)信用证的概念及其性质。

2. 领会 (1)汇付的结算程序;(2)托收的结算程序;(3)信用证的主要内容和结算程序。

3. 应用:(1)不同情况下如何选用不同的支付方式;(2)利用信用证结算方式时应注意的问题。

(六) 国际贸易合同履行中各环节的规则

1. 识记 (1)合同履行过程中买卖双方的义务;(2)确定质量的 5 种方法;(3)溢短装条款;(4)不可抗力的概念及处理方法。

2. 领会 (1)质量的机动幅度条款和质量公差条款;(2)出口国检验,进口国复验的具体内容;(3)根本违反合同和非根本违反合同的区别;(4)损害赔偿额的限定。

3. 应用 与合同履行过程中各环节相关的案例分析。

(七) 国际商事代理行为的法律效力及代理权终止的几种情况

1. 识记 代理人所施的各种行为的法律效力。

2. 领会 (1)代理权的设定;(2)代理权终止的几种情况;(3)国际货物销售与国际货物销售代理的区别。

3. 应用 怎样防止越权代理的发生。一旦发生,如何处理。

第四章 WTO 服务贸易国际惯例

一、考核知识点
(一)国际服务贸易的概念和分类
(二)《服务贸易总协定》的框架和内容
(三)《金融服务协议》的主要内容
(四)《基础电信协议》的主要内容
二、考核要求
(一)国际服务贸易的概念和分类
1. 识记 (1)国际服务贸易的概念;(2)12 大类服务贸易名称。
2. 领会 (1)以部门为中心的服务贸易分类方法;(2)每一个大类包括哪些服务,重点掌握商业性服务项目。
3. 应用 区分服务贸易与其他贸易,并为具体的服务项目归类。
(二)《服务贸易总协定》的框架和内容
1. 识记 服务贸易的 4 种形式。
2. 领会 (1)《服务贸易总协定》的框架结构、一般责任和义务、特定义务,重点掌握最惠国待遇、透明度、发展中国家更多地参与、国内法规、对服务提供者资格的认可、例外条款、市场准入和国民待遇等内容;(2)服务贸易自由化的实施;(3)服务贸易争端解决机制;(4)服务贸易理事会的基本作用。
3. 应用:辨别服务贸易中的各种行为是否符合《服务贸易总协定》的要求。
(三)《金融服务协议》的主要内容
1. 识记 金融服务的定义和范围。
2. 领会 (1)《金融服务协议》的主要内容,重点掌握金融服务贸易中的国民待遇和市场准入、提供服务的方式、开放的具体金融部门等内容;(2)国际金融业的开放状况,重点掌握国际金融服务贸易壁垒的多种表现形式及其形成原因。

3. 应用 我国银行业如何利用《金融服务协议》将"走出去"与"引进来"结合起来。

(四)《基础电信协议》的主要内容

1. 领会 《基础电信协议》的主要内容,重点掌握法规的透明度、最惠国待遇及豁免、市场准入的具体减让、对法规环境的具体承诺等内容。

2. 应用 我国电信业如何迎接对外开放。

第五章 WTO 与贸易有关的国际投资惯例

一、考核知识点

(一) WTO《与贸易有关的投资措施协议》的适用范围和各种例外规定

(二) 世界贸易组织禁止的投资措施

二、考核要求

(一) WTO《与贸易有关的投资措施协议》的适用范围和各种例外规定

1. 识记 (1)与贸易有关的投资措施的概念;(2)《与贸易有关的投资措施协议》的适用范围;(3)《与贸易有关的投资措施协议》中有关过渡期的具体安排、国民待遇原则和禁止数量限制原则的内涵。

2. 领会 (1)《与贸易有关的投资措施协议》的作用与目的;(2)《与贸易有关的投资措施协议》的各种例外规定(一般例外;安全例外;非歧视原则的例外;数量限制的例外;国际收支保障的例外;外汇安排的例外;紧急措施的例外;边境贸易、关税同盟和自由贸易区的例外等);(3)发展中国家成员方可以享受的特殊优惠规定;(4)《与贸易有关的投资措施协议》中关于透明度的规定;(5)管理机构——与贸易有关的投资措施委员会的主要职责。

3. 应用 (1)《与贸易有关的投资措施协议》规定与贸易有关的投资领域仍适用国民待遇原则,那么是否意味着所有的外国直接投资活动都可以享有国民待遇;(2)《与贸易有关的投资措施协议》的适用范围如何,存在哪些局限性。

(二) 世界贸易组织禁止的投资措施

1. 识记 《与贸易有关的投资措施协议》禁止使用的投资措施:(1)不符合国民待遇原则的投资措施:当地成分含量要求;贸易外汇平衡要求;(2)不符合禁止数量限制的投资措施:进口用汇限制;国内销售要求。

2. 领会 (1)各国引进外资中常见的限制性投资措施,如当地含量要求、贸易平衡要求、外汇平衡要求、出口实绩要求、生产制造限制、技术转让要求、当地股份要求、外汇管制、国内销售、产品授权要求、许可要求、汇款限制等的含义;(2)例外规定:GATT1994中的所有例外;发展中国家例外;过渡期例外。

3. 应用 (1)在我国对外资同时存在"低国民待遇"和"超国民待遇"现象,谈谈你对此现象的认识,"入世"后我国政府在引资政策上应作何种调整;(2)《与贸易有关的投资措施协议》有哪些例外规定,作为发展中国家的我国理论上可以享有哪些优惠例外;(3)在何种情况下,成员方可以对过渡期内新建公司沿用和已建公司相同的与贸易有关的投资措施?

第六章 WTO与贸易有关的知识产权国际惯例

一、考核知识点

(一) WTO知识产权保护的基本原则

(二) WTO《与贸易有关的知识产权协议》的主要内容

(三) WTO知识产权规则的执行

二、考核要求

(一) WTO 知识产权保护的基本原则

1. 识记　(1)《与贸易有关的知识产权协议》中国民待遇原则的含义、国民待遇原则的例外；(2)协议中最惠国待遇原则的含义、最惠国待遇原则的例外；(3)权利用尽或权利穷竭的含义；(4)保护公共利益原则的含义。

2. 领会　(1)协议中"国民"一词的内涵；(2)"所有成员在知识产权保护方面，对其他成员的国民给予的待遇，与它给予其本国国民的待遇相比，不应较为不利"的含义；(3)相对以往的知识产权国际公约而言，《与贸易有关的知识产权协议》的重大变化是什么。(最惠国待遇条款)

3. 应用　(1)《与贸易有关的知识产权协议》对发达国家和发展中国家的影响是否相同及其原因；(2)我国的知识产权保护如何适应《与贸易有关的知识产权协议》的要求。

(二) WTO《与贸易有关的知识产权协议》的主要内容

1. 识记　(1)知识产权的概念；(2)赋予专利权的"三性"要求、专利权的内容(范围)、专利权的保护期限；(3)商标的定义与使用目的、商标保护的注册条件、商标权的保护期限及续展；(4)版权及邻接权的概念、版权及邻接权保护的三原则、最低保护标准原则、版权权利保护的范围；(5)地理标志的概念及与原产地名称的区别、地理标志侵权的救济方式、地理标志的3种标示方式；(6)工业品外观设计的保护条件、外观设计所有权人的权利范围、外观设计的保护期限；(7)对集成电路布图设计(拓扑图)的保护范围、不需要获得集成电路布图设计(拓扑图)权利所有者同意的使用行为；(8)未公开信息受保护的条件、未公开信息的保护内涵；(9)许可合同中常见的滥用知识产权限制竞争的行为。

2. 领会　(1)授予发明专利的例外、产品专利和方法专利的区别、专利申请人的义务和条件、专利权的例外限制及强制许可使用问题;(2)商标的使用要求、驰名商标的特殊保护及其与普通商标保护之间的差异(保护条件、保护范围);(3)狭义的版权范围、广义的版权范围、作品保护期限、对发展中国家的优惠安排;(4)各成员方在保护地理标志中的义务,对葡萄酒和烈性酒地理标志的额外保护;(5)集成电路布图设计(拓扑图)的保护期限;(6)未公开信息的范围、对试验数据的保护。

3. 应用 (1)一项产品或方法的发明要想获得专利必须具备哪些要求,拥有专利的所有权人又能享受哪些权利;(2)世贸组织规定商标持有人在行使独占权时不应损害任何已有的在先权,请问在先权是指哪些权利;(3)商标权的保护期限和专利权的保护期限规定存在何种差异,专利权的保护期限可以续展吗;(4)目前我国大量知名商标被国外抢注,该怎么办。

(三) WTO知识产权规则的执行

1. 识记 (1)WTO知识产权规则的执行方式;(2)协议规定的有关知识产权执法的总的义务;(3)司法部门采取制止侵权行为的临时措施的情况。

2. 领会 (1)公平、公正、合理的民事司法程序的内涵;(2)对知识产权持有人的民事救济的主要规定;(3)刑事救济的手段;(4)假冒商标商品和盗版商品的区别;(5)海关中止放行措施的适用条件;(6)海关中止放行措施的程序(申请、提供保证金或等值担保、海关中止放行的通知和期限、对进口者和商品所有者的赔偿、检查权和通知权);(7)司法机关采取临时措施的程序(请求人提交证据和保证或担保、通知被告并进行复核、验明商品、临时措施的撤销、对被告的赔偿);(8)对发展中国家的优惠安排;(9)《与贸易有关的知识产权协议》针对发展中国家和最不发达国家规定的过渡性条款的主要内容;(10)过渡期安排的保障。

3. 应用 (1)《与贸易有关的知识产权协议》规定成员方可以采取哪些救济方式来阻止知识产权侵权行为的发生;(2)对其权利

受到侵犯的知识产权持有人,司法部门该如何进行民事救济;(3)什么情况下成员方的司法机关和行政机关可以采取临时措施以制止侵权行为的继续,临时措施又该如何实施;(4)为了迅速有效地打击国际贸易中侵犯知识产权的商品,《与贸易有关的知识产权协议》对边境措施作了什么规定,该措施又该如何执行;(5)主管部门根据其获得的初步证据对有关正在侵犯知识产权的货物中止放行时,拥有哪些权利,又需承担哪些义务;(6)在过渡期内,发展中国家成员方能采取任何导致现有知识产权保护水平降低的措施吗。

第七章 WTO贸易争端解决国际惯例

一、考核知识点

(一)WTO争端解决机制及其与GATT争端解决机制的比较

(二)WTO贸易争端解决机制的原则

(三)贸易争端的解决渠道

(四)专家组程序

(五)WTO国际仲裁惯例的主要程序

二、考核要求

(一)WTO争端解决机制及其与GATT争端解决机制的比较

1. 识记　(1)GATT争端解决机制的不足之处;(2)WTO争端解决机制的作用;(3)WTO争端解决机制的职能。

2. 领会　(1)WTO的争端解决机制与GATT争端解决机制的比较;(2)WTO贸易争端解决机制的弱点。

3. 应用　(1)分析WTO贸易争端解决机制的性质;(2)以WTO争端解决机制处理的一些争端案例为例,来分析WTO争端解决机制的优势和不足之处;(3)我国企业如何利用WTO争端解决机制来解决与别国的贸易摩擦。

(二) WTO 贸易争端解决机制的原则

1. 识记　(1)WTO 争端解决机制的法律基础;(2)适用于统一程序原则的争端;(3)WTO 争端解决机制中哪些是必要程序,哪些是自愿程序;(4)磋商要求的时间规定。

2. 领会　(1)WTO 贸易争端解决机制的三大原则;(2)WTO 贸易争端的解决渠道。

3. 应用　如何运用 WTO 贸易争端解决机制,寻求最佳的国际贸易争端解决方法。

(三) 贸易争端的解决渠道

1. 识记　(1)磋商的概念;(2)斡旋的概念;(3)调解的概念;(4)调停的概念;(5)仲裁的概念。

2. 领会　(1)争端的解决渠道;(2)磋商的原则;(3)争端解决渠道的时间要求。

3. 应用　(1)每种解决渠道的优点和局限;(2)如何选择最佳的解决渠道。

(四) 专家组程序

1. 识记　(1)专家组的作用;(2)专家组程序的启动条件。

2. 领会　(1)专家组的工作程序;(2)专家组报告的内容;(3)专家组报告的执行方式。

3. 应用　就委内瑞拉与巴西诉美国的汽油标准案的案例排列出专家组的工作程序。

(五) WTO 国际仲裁惯例的主要程序

1. 识记　(1)普通仲裁和特殊仲裁的意义;(2)仲裁裁决的执行程序。

2. 领会　从仲裁裁决的执行程序对发展中国家的特殊待遇来回顾 WTO 对发展中国家的优惠政策和待遇。

3. 应用　欧盟香蕉争端案中涉及的国家较多,有发达国家也有发展中国家,运用 WTO 对发展中国家的特殊待遇来分析此案中 WTO 对发展中国家和发达国家的态度。

第八章 WTO 其他国际惯例

一、考核知识点

（一）《政府采购协议》的主要内容

（二）《民用航空器贸易协议》的有关措施规定

（三）贸易政策审议的原则和过程

（四）电子商务和国际电子商务的作用

（五）《电子签名示范法》的主要内容

二、考核要求

（一）《政府采购协议》的主要内容

1. 识记　（1）政府采购在实际操作中遇到的问题；（2）对招标、投标程序的规定；（3）《政府采购协议》的质疑程序；（4）《政府采购协议》对发展中国家的差别待遇。

2. 领会　（1）《政府采购协议》的基本原则；（2）《政府采购协议》的三大特点。

3. 应用　我国政府采购时是否要遵守《政府采购协议》，为什么。

（二）《民用航空器贸易协议》的有关措施规定

1. 识记　（1）《民用航空器贸易协议》的适用范围；（2）《民用航空器贸易协议》促进贸易自由化的有关措施规定。

2. 领会　《民用航空器贸易协议》的宗旨。

3. 应用　我国政府准备发展大型民用飞机制造业，是否应受《民用航空器贸易协议》的束缚？为什么？

（三）贸易政策审议的原则和过程

1. 识记　（1）贸易政策的概念；（2）贸易政策透明度的概念；（3）贸易政策审议的流程；（4）审议会议的程序。

2. 领会　（1）贸易政策审议的五大原则；（2）审议过程的具体

程序;(3)审议会议的主要内容。

3. 应用　世贸组织对我国进行贸易政策审议的内容和作用,并说明审议的具体程序。

(四) 电子商务和国际电子商务的作用

1. 识记　(1)狭义电子商务的概念;(2)广义电子商务的概念;(3)国际电子商务的概念。

2. 领会　电子商务的产品和服务。

3. 应用　(1)电子商务在企业的运用;(2)国际电子商务在整个国际贸易过程中的运用。

(五)《电子签名示范法》的主要内容

1. 识记　(1)《电子签名示范法》的核心内容;(2)签名人使用电子签名时负有的义务。

2. 领会　(1)如何确定一项电子签名满足法律对签名的要求;(2)如何证明服务提供者是否可靠。

第九章　中国"入世"承诺及应对策略

一、考核知识点

(一) 我国"入世"的主要承诺

(二) 我国"入世"后在货物贸易领域、投资领域采取的措施

(三) WTO例外规则的主要特点

(四) WTO主要例外规则(反倾销例外、"黄箱"政策和"绿箱"政策例外、一般例外、发展中国家成员方优惠例外、区域经济一体化例外、有关国内竞争政策的漏洞)的内容

(五) 为提高企业的国际竞争能力,政府和企业要采取的措施

二、考核要求

(一) 我国"入世"的主要承诺

1. 识记　关税配额的概念、电信业和保险业的分类、透明度的概念。

2. 领会 (1)关税减让的幅度及其与关税配额的区别;(2)对外贸易权、批发和零售业、电信业和金融业开放的时间表;(3)在投资领域取消对外国投资者的外汇平衡、出口实绩、当地含量及技术转让要求的后果;(4)在知识产权领域、透明度领域的承诺。

3. 应用 (1)工业品、农产品、信息技术产品、汽车关税下降幅度及其影响;(2)农产品关税配额的执行;(3)在对外贸易权、批发和零售业、电信业和金融业对外开放之前如何首先对内开放。

(二)我国"入世"后在货物贸易领域、投资领域采取的措施

识记 (1)我国的关税减让措施;(2)我国的非关税减让措施;(3)我国"入世"后在投资领域采取的措施;(4)我国政府WTO咨询点的网址、咨询范围和答复时间。

(三)WTO例外规则的主要特点

1. 识记 WTO例外规则的主要条款:(1)反倾销;(2)反补贴;(3)国际收支平衡保障;(4)特定工业(幼稚工业)保护;(5)第19条紧急保护;(6)第25条一般豁免;(7)一般例外;(8)安全例外;(9)关税重新谈判。

2. 领会 (1)WTO例外规则的漏洞;(2)WTO例外规则的错综复杂性;(3)WTO例外规则处于不断完善中;(4)WTO例外规则是导致贸易保护的重要来源;(5)对发展中国家成员方优惠的例外。

(四)WTO主要例外规则(反倾销例外、"黄箱"政策和"绿箱"政策例外、一般例外、发展中国家成员方优惠例外、区域经济一体化例外、有关国内竞争政策的漏洞)的内容

1. 识记 (1)"黄箱"政策概念;(2)"绿箱"政策概念;(3)区域经济一体化例外的概念;(4)国际收支平衡保障例外的概念;(5)一般例外的概念。

2. 领会 (1)市场经济地位与反倾销的关系;(2)我国反倾销败诉的主要原因;(3)"黄箱"政策和"绿箱"政策的主要内容;(4)一

般例外的主要内容;(5)发展中国家成员方优惠例外的主要内容。

3. 应用 (1)怎样利用反倾销的"杀手锏"保护国内产业、限制外国产品进口;(2)怎样应对国外的反倾销起诉;(3)怎样利用"黄箱"政策和"绿箱"政策来保护我国农业;(4)欧美发生"疯牛病"等流行性疫情时,我国应采用何种例外;(5)作为发展中国家成员,我国优惠例外有哪些;(6)如何利用区域经济一体化例外;(7)如何完善我国国内的竞争政策以应对"入世"。

(五)提高企业的国际竞争能力,政府和企业要采取的措施

领会 (1)政府腐败与企业国际竞争力的关系;(2)第三产业落后与企业国际竞争力的关系;(3)重复建设与企业国际竞争力的关系;(4)职工和管理者的素质与企业国际竞争力的关系;(5)企业经营机制与企业国际竞争力的关系;(6)专业化经营与企业国际竞争力的关系;(7)技术创新能力与企业国际竞争力的关系;(8)开拓市场能力与企业国际竞争力的关系。

Ⅲ. 有关说明和实施要求

为了使本大纲的规定在个人自学、社会助学和考试命题中得到贯彻和落实,兹对有关问题说明如下,并提出具体的实施要求。

一、关于考核目标的说明

为使考核目标具体化和考试要求标准化,本大纲在列出考试内容的基础上,对各章规定了考核目标,使自学应考者能够进一步明确考试内容和要求,有目的地对教材进行系统地学习,使社会助学者能够更全面地有针对性地分层次进行辅导;使考试命题能够更加明确命题范围,更准确地安排不同层次试题的难易程度。

本大纲在考核目标中,按照识记、领会、应用三个层次规定其应达到的能力层次要求,三个能力层次是递进等级关系,各能力层次的含义是:

识记，指能知道有关的名词、概念、知识的意义，并能正确认知和表述。

领会，指在识记的基础上，能全面地把握基本概念、基本规范、基本方法，能掌握有关的概念、规范、方法的区别与联系，并内化成自己的实际能力。

应用，指在识记和领会的基础上，能对问题进行正确的阐述和分析，能运用所学知识处理和解决实际问题，使国际经贸惯例在发展对外贸易、引进外资中发挥更大的作用。

二、关于自学教材

国际经贸惯例考试全省统一名题指定使用的教材是《WTO与国际经贸惯例》，汪素芹、张玉和主编，苏州大学出版社 2004 年版。

三、关于自学方法指导

1. 在全面系统学习的基础上掌握基本概念、基本知识、基本方法和技巧。本课程内容涉及国际经贸惯例的各个方面，既包括 WTO 的国际经贸惯例，又包括非 WTO 的国际经贸惯例，范围比较广泛。全书是一个整体，各章又有相对独立性。自学者应首先全面系统地学习各章，深刻领会主要国际经贸惯例的内容和例外规定，同时注意各章之间的联系，然后，在全面系统的基础上掌握重点，有目的地深入学习重点章节，切忌在没有了解全貌的情况下孤立地去抓重点，押题目。

2. 要把学习理论和分析案例结合起来自学，自学应考者应该懂得，国际经贸惯例是一门实践性很强的课程，在学习中切忌死记硬背，而应当把课程内容与现实经济生活联系起来，通过分析案例来领会教材内容，将知识内化为自身的素质，以提高自己分析问题和解决问题的能力。

四、对社会助学的要求

1. 社会助学者应根据本大纲规定的考试内容和考核目标，认真钻研指定教材,明确本课程与其他课程不同的特点和学习要求,对自学应考者进行切实有效的辅导,引导他们防止自学中的各种偏向,把握社会助学的正确方向。

2. 要正确处理书本知识与应用能力的关系,努力引导自学应考者将识记、领会同应用联系起来,把基本知识转化为实际工作能力,在辅导的基础上,着重培养和提高自学应考者分析问题和解决问题的能力。

3. 要正确处理重点和一般的关系。课程内容有重点与一般之分,但考试内容是全面的,而且重点与一般是相互影响的,不是截然分开的。社会助学者应指导自学应考者全面系统地学习教材,掌握全部考试内容和考核知识点,在此基础上再突出重点。总之,要把重点学习同兼顾一般结合起来,切勿孤立地抓重点,把自学应考者引向猜题押题。

五、关于命题考试的若干要求

1. 本课程的命题考试,应根据本大纲所规定的考试内容和考试目标来确定考试范围和考核要求,不要任意扩大或缩小考试范围,提高或降低考核要求。考试命题覆盖到各章,并适当突出重点章节,体现本课程的重点内容。

2. 试题要合理安排难度结构。题目难易度可分为易、较易、较难、难四个等级。每份试卷中,不同难易试题的分数比例一般为:易占20%,较易占30%,较难占30%,难占20%。必须注意,试题的难易度与能力层次不是一个概念,在各能力层次中都会存在不同难度的问题,切勿混淆。

3. 本课程考试试卷采用的题型一般有:填空题、单项选择题、多项选择题、名词解释、判断题、简答题和案例分析题。

Ⅳ. 题型样题及其解答要求

一、填空题

1. 保险业分为<u>寿险</u>和<u>非寿险</u>两类。

2. 按照 CPIC《海洋运输货物保险条款》规定,海洋运输货物保险的基本险别分<u>平安险</u>、<u>水渍险</u>和<u>一切险</u> 3 种。

二、单项选择题

1. 普遍优惠制的主要原则是(A)
   A. 普遍的、非歧视的、非互惠的
   B. 普遍的、非歧视的、对等的
   C. 普遍的、平等的、非互惠的

2. 确定"正常价值"的 3 种方法中,(A)是最主要、最常用的方法。
   A. 出口国国内的该产品的销售价格
   B. 产品出口到第三国市场销售的价格
   C. 该产品的结构价格

三、多项选择题

1. 按照《金融服务协议》,金融服务包括(A、B、C)。
   A. 保险及与保险有关的服务　　B. 银行服务
   C. 融资租赁　　　　　　　　　D. 公共退休计划服务

2. GATS 确定的国际服务贸易形式包括:(A、B、C、D)。
   A. 过境交付　　　　　　　　　B. 境外消费
   C. 商业存在　　　　　　　　　D. 自然人流动

四、判断题

1. 根据《与贸易有关的知识产权协议》中国民待遇原则的规定,不可以给予外国国民比本国国民更为有利的待遇。(错)

2. 根据《与贸易有关的知识产权协议》的规定,任何发明只要

具备新颖性和创造性就可授予专利。(错)

五、名词解释

1. 权利穷竭：又称权利用尽，是指知识产权人行使一次即告用尽了有关权利，不能再次行使。在合法贸易中才会适用权利穷竭原则，对非法制作的产品，不论其处于制造、运输、销售或者已经进口、出口阶段，知识产权人的权利不会穷竭。

2. 地理标志：是指表明一种商品来源于某一成员方的领土内或者该领土内的一个地区或地方的标志，并且该商品的特定品质、声誉或其他特征与该地理来源密切相关。

六、简答题

1. 简述国际经贸惯例形成的主要原因。

答：(1) 最小化交易成本。为了获取尽可能大的利益，最小化交易成本成了确立和改进人与人之间交易关系的基本动力。

(2) 习俗。习俗是促成交易规则重复使用的最重要因素之一。由于习俗的存在，使得最初的行之有效的约定得以不断地、反复地采用，逐渐得到广泛认同，成为被交易当事人所普遍遵守的惯例。

(3) 冲突与协调。经济关系是人以及由人组成的各个经济行为主体如居民、企业与政府之间的关系。由此形成的交易方式和交易规则，只能是各经济行为主体利益冲突与协调的结果。

(4) 经济国际化。人类经济活动，受其内在的利益机制的驱使，具有扩张倾向，必然从地方不断扩大至全世界；与此相适应，原先在各地方形成和适用的交易规则或经济惯例，经过冲突与协调，必然从地方惯例扩展为国民惯例，进而突破国家界限而扩展为国际经贸惯例。

(5) 经济利益。国际经贸惯例的形成有着历史与逻辑、时间与空间的多元因素，但归根到底，利益及利益最大化是经贸惯例形成、演化、扩展与稳定的根本原因。

2. WTO 例外规则有何特点？

答：(1)WTO 例外规则在 WTO 规则中占有极其重要的地位；(2)WTO 例外规则错综复杂；(3)WTO 例外规则漏洞多；(4)WTO 例外规则处于不断完善中；(5)WTO 例外规则是各成员方利益调和的体现；(6)WTO 例外规则主要体现为保障措施条款；(7)WTO 例外规则是导致贸易保护的重要来源；(8)在 WTO 例外规则中，对发展中国家成员方优惠的例外占有一定的地位。

七、案例分析题

1. 某年，我某外贸公司出售一批核桃给数家英国客户，采用 CIF 术语，凭不可撤销即期信用证付款。由于核桃的销售季节性很强，到货的迟早，会直接影响货物的价格，因此，在合同中对到货时间作了以下规定："10月份自中国装运港装运，卖方保证载货轮船于12月2日抵达英国目的港。如载货轮船迟于12月2日抵达目的港，在买方要求下，卖方必须同意取消合同，如货款已经收妥，则需退还买方。"合同订立后，我外贸公司于10月中旬将货物装船出口，凭信用证规定的装运单据（发票、提单、保险单）向银行收妥货款。不料，轮船在航行途中，主要机件损坏，无法继续航行。为保证如期到达目的港，我外贸公司以重金租用大马力拖轮拖带该船继续航行。但因途中又遇大风浪，致使该轮抵达目的港的时间，较合同限定的最后日期晚了数小时。适于核桃市价下跌，除个别客户提货外，多数客户要求取消合同。我外贸公司最终因这笔交易遭受重大经济损失。试问：我外贸公司与英国客户所签订的合同，是真正的 CIF 合同吗？请说明理由。

答：我外贸公司与英国客户所签订的合同，不是真正的 CIF 合同。因为按照2000年国际贸易术语解释通则的规定，真正 CIF 合同是"装运合同"，而不是"到达合同"，即卖方只要保证在装运港按时交货，而无需保证按时到达目的港。在本案中，我方需保证12月2日抵达目的港，这显然不是真正的 CIF 合同，而是 CIF 的变形。

2. 我某企业与某外商按国际市场通用规格订约进口某化工原料。订约后不久,市价明显上涨。交货期限届满前,该商所属生产该化工原料的工厂失火被毁,该商以该厂火灾属不可抗力为由要求解除其交货义务。对此,我方应如何处理?为什么?

答:根据国际惯例,构成不可抗力的条件是无法预见、无法预防、无法控制和无法避免。本例中工厂失火是无法预见、无法预防的,但是可以控制和避免的,因为卖方要交货的化工原料是国际市场通用规格,完全可以在别处采购,所以不能免除其交货义务;如果化工原料是指定该工厂生产的,且属特殊规格,别处无法生产,则可要求卖方交付近似货物或替代货物,或延迟交付,而不能轻易免除其交货义务。

参考文献

1. 联合国国际贸易中心英联邦秘书处. 世界贸易体系商务指南. 上海：上海财经大学出版社，2001
2. WTO 研究编写组. WTO 国际规则惯例现用现查. 呼和浩特：内蒙古人民出版社，2002
3. 朴永日. WTO 规则与对策. 北京：中国对外经济贸易出版社，2002
4. 刘才子. WTO 规则必备手册. 西安：陕西旅游出版社，2002
5. 徐进亮. 最新国际商务惯例与案例. 南宁：广西科学技术出版社，2000
6. 张晓堂. 国际贸易惯例通论. 北京：人民出版社，1999
7. 刘力，刘光溪. 世界贸易组织规则读本. 北京：中共中央党校出版社，2000
8. 吴百福. 进出口贸易实务教程. 上海：上海人民出版社，2001
9. 杨荣珍. 世界贸易组织规则精解. 北京：人民出版社，2001
10. 陈静. 案释 WTO 反倾销协议. 北京：对外经济贸易大学出版社，2002
11. 宋明顺. WTO《贸易技术壁垒协议》规则·实践及对策. 北京：中国计量出版社，2002
12. 杨荣珍. 世界贸易组织规则精解. 北京：人民出版社，2001
13. 刘东升. 国际服务贸易. 北京：中国对外经济贸易出版

社,2002

14. 龙永图.入世与服务业市场开放.北京:中国对外经济贸易出版社,2000

15. 陶明、吴申元.服务贸易学.太原:山西经济出版社,2001

16. 王粤.服务贸易——自由化与竞争力.北京:中国人民大学出版社,2002

17. 徐佟根.WTO规则解析.重庆:西南财经大学出版社,2002

18. 范开石.WTO与国际贸易惯例实用手册.北京:对外经济贸易大学出版社,2002

19. 王忠明.WTO规则实务培训读本.北京:中共中央党校出版社,2002

20. 顾永才.WTO学习精要与习题解答.北京:中共中央党校出版社,2002

21. 刘力.WTO案例精解.北京:中共中央党校出版社,2002

22. 汪尧田、周汉民.世界贸易组织总论.上海:上海远东出版社,1995

23. 曹建明.关税与贸易总协定.北京:法律出版社,1994

24. 吴焕宁等.重要的国际经济条约.贵阳:贵州人民出版社,1995

25. 朱钟棣.WTO知识培训教程.北京:经济科学出版社,2004

26. 王新奎.WTO争端解决机制概论.上海:上海人民出版社,2001

27. 孔祥俊.WTO法律的国内适用.北京:人民法院出版社,2002

28. 余敏友.世界贸易组织争端解决机制法律与实践.武汉:武汉大学出版社,1998

29. 朱榄叶.世界贸易组织国际贸易纠纷案例评析.北京:法律出版社,2000

30. 佟志广.WTO基础知识读本.北京:中国对外经济贸易出版社,2002

31. 赵维田.WTO的法律制度.长春:吉林人民出版社,2000

33. 曹建明.世界贸易组织.北京:法律出版社,1999

34. 王福明.世界贸易组织运行机制与规则.北京:对外经济贸易大学出版社,2000

35. 黄葱、袁元等.中国从容应对入世.瞭望新闻周刊,2001(12)

36. 杜厚文.世贸组织规则与中国战略全书.北京:新华出版社,1999

后 记

目前我省外向型经济发展很快,对外贸易与引进外资都走在全国前列,随着江苏经济越来越与国际社会融为一体,按国际规则和国际惯例办事已成为社会共识。为此,想学习、了解 WTO 规则和国际经贸惯例的人越来越多。为了普及有关 WTO 和国际经贸惯例的基本知识,满足广大读者的自学要求,我们受江苏省自学考试办公室的委托,编写了这本教材。

与其他书籍相比,本教材有如下特点:

1. 突出重点,简明扼要

有关 WTO 的文件有数百万字,规则浩如烟海,还有许多影响国际贸易的重要惯例如国际结算惯例、国际贸易术语惯例并不在 WTO 规则之内,如果全面介绍,面面俱到,只能适合少数专业人士的需要,对多数读者来说,没有时间也没有必要。现有些专门介绍 WTO 规则的书籍,对不在 WTO 之内的其他重要的国际经贸惯例不加涉及,或者主要介绍其他重要的国际经贸惯例,对 WTO 规则一笔带过,过于简略,这就使读者很难找到一本全面而又简要地介绍影响国际贸易的国际规则和惯例的教材。本教材就是为了满足读者的这一要求而专门编写的,它抓住了影响国际贸易的主要规则和惯例,并对其作扼要介绍,删繁就简,突出重点,既包括 WTO 的主要规则,也包括不属于 WTO 但对国际贸易有重要影响的国际惯例,以使读者在最短的时间内了解有关的国际经贸惯例。

2. 通俗易懂,便于自学

WTO规则和其他国际经贸惯例多数牵涉到国际法,许多惯例本身就是国际法,原文都是深奥难懂的、严谨的法律语言,非专业人士很难理解。作为自学教材,显然不能采用此语言,为了便于读者理解,编者在消化原文的基础上,用通俗易懂的语言将其实质表达出来,便于读者自学。

3. 理论讲解与案例分析相结合

单纯讲解规则是抽象的甚至是枯燥的,读者也难以理解,为此,编者选择了大量的案例,在介绍每一个规则或惯例的时候,都尽可能联系案例进行分析,介绍规则在实践中的运用,使读者联系实际去学习规则,从而避免了"空对空",也使本教材更加贴近实际。

本教材主要是为参加自学考试相关专业的学生编写的,适合大学三、四年级学生使用,也可作为实务人员的职业培训教材,对政府机关人员、企业管理人员、社会中介人员也有参考价值。

全书共分为九章,第一章由汪素芹编写,第二章、第三章由翟冬平编写,第四章由卢映西编写,第五章、第六章由凌冬梅编写,第七章、第八章由戴晓芳编写,第九章由张玉和编写。全书由汪素芹提供思路和负责审稿,张玉和进行文字统稿。

由于时间仓促,编者水平有限,本书的缺点和错误在所难免,欢迎广大读者批评指正!

在编写过程中我们参阅了大量的图书报刊资料,在此,对所引用资料的作者和相关出版单位一并致谢!

编 者

2004年7月26日于南京